2018下半年

《人文与科技》（第二辑）编辑委员会

Humanities &
Science Technology

2

人文与科技（第二辑）

◎王 林 刘实鹏/主编

中央民族大学出版社
China Minzu University Press

图书在版编目（CIP）数据

人文与科技．第二辑／王林，刘实鹏主编．—北京：中央民族大学出版社，2019.2

ISBN 978-7-5660-1616-4

Ⅰ.①人…　Ⅱ.①王…　②刘…　Ⅲ.①高等学校—教学管理—贵州—文集　Ⅳ.①G642-53

中国版本图书馆 CIP 数据核字（2018）第 289355 号

人文与科技（第二辑）

主　　编　王　林　刘实鹏
责任编辑　舒　松
责任校对　肖俊俊
封面设计　布拉格
出 版 者　中央民族大学出版社
　　　　　北京市海淀区中关村南大街 27 号　邮编：100081
　　　　　电　话：68472815（发行部）　传真：68932751（发行部）
　　　　　　　　　68932218（总编室）　　　　68932447（办公室）
发 行 者　全国各地新华书店
印 刷 厂　北京建宏印刷有限公司
开　　本　787×1092（毫米）　1/16　印张：20
字　　数　280 千字
版　　次　2019 年 2 月第 1 版　2019 年 2 月第 1 次印刷
书　　号　ISBN 978-7-5660-1616-4
定　　价　88.00 元

序

《人文与科技》（第二辑）是贵州民族大学人文科技学院2018年倾力推出的第二部学术研究成果。

贵州民族大学人文科技学院创办于2001年，是一所新机制独立学院。在17年的建设与发展中，学院人才培养体系逐步完善，人才培养质量稳步提高，科学研究和服务社会能力持续提升，现已发展成为贵州省独立学院中的佼佼者。学院现有两个校区：花溪校区坐落于山清水秀、被誉为“高原明珠”的贵阳市花溪区；大学城校区坐落在产城融合创新、生态文明示范的贵安新区，毗邻贵州财经大学、贵州医科大学、贵州师范大学等高校。随着2017、2018级学生入驻大学城校区，学校在硬件设施方面的投入也步入了新台阶。

科研工作是一所高校提高教育质量、增强竞争力的基石，也是学校形成自身特色，实现可持续发展的重要支撑。近年来，为大力提升学院综合实力，全面推进内涵式发展，学院近年来高度重视科研工作的建设与发展，通过完善科研制度，搭建研究平台等多元举措，逐渐形成了较为浓郁的科研氛围，被全国社科联评选为“创建新型先进智库社会组织”。学院拥有教育部民族教育发展中心“民族民间文化教育传承创新重点研究基地（高等教育）”，国家民委人文社科重点研究基地“南方少数民族非物质文化遗产研究基地”，中国少数民族文学学会“中国南方少数民族文学艺术与文化传播研究基地”，中国民俗学会民俗教育专业委员会“非物质文化遗产传承与教育研究基地”，中国社科院法学研究所“法治国情调研基地”。近五年来，学院教师科研能力显著提升，陆续推出了一批研究成果，其中自有教师主持省部级以上科研项目15项；发表学术论文400余篇，其中SCI、EI、ISTP检索及核心期刊论文40余篇；出版专著15部。

伴随着科研发展的良好态势，学院自2014年以来采取以书代刊的形式，连续5年组织出版有关独立学院建设发展的学术论文集，为全院广大师生提供了一个良好的学术交流平台。这本《人文与科技》（第二辑），即是学院继《问题与探索》《状态·轨迹·思考》《人文与科技》《人文学术·过程与方法》《人文学术·思辨与实证》《人文学术·创新与实践》之后推出的第七本学术论文集。

《人文与科技》（第二辑）收录了校内外作者35篇论文，共设置“学科建设”“教育教学”“大学管理”“学术研究”四个栏目。收录的论文中，呈现了教师们开阔的探究领域、深入的思维触角，既有个性，又有共性。有的从管理角度探讨，有的从学科教学切入，有的是对某个问题的思考论证，有的是对某节课例的反思推敲，文章都反映了一个共同的理念与行动，那就是注重以人为本，注重贴近学生，注重教学设计，注重激疑求趣，通过追求教学的有效性，努力构建和谐课堂。这些论文凝聚着教师们的汗水与智慧，大多能以先进的教育思想、教学理念指导教育教学与管理实践，其中不乏有见地、有深度的力作。所收录的文章皆是作者们立足于独立学院工作实际，结合自身的教学工作与研究实践，从不同的视角进行的专业研究，无不凝聚着作者们的心血。

积沙成塔，集腋成裘，集小流终成江海。这本论文集，正是记忆的整合、理念的碰撞。一本文集是一尊巨大熔炉，冶炼出教育思想的创新；一本文集是异彩纷呈的理念碰撞，迸射出教学改革进步的光芒。《人文与科技》（第二辑）记载了我们在教学科研道路上的点点滴滴，她或许是百草园的蟋蟀，或许是苏州园林的亭台楼榭，或许是高尔基笔下高傲飞翔的海燕，引人深思，让人发现。在此，我们要向《人文与科技》（第二辑）的每一位作者表示感谢，希望大家再接再厉，充分利用学院提供的科研平台和科研政策，不断深化和完善自己的思考，提升自身专业素养，推出更多优秀的新成果。

目 录

团体沙盘游戏在高校心理健康教育中的应用*

崔慧慧

（黔南民族幼儿师范高等专科学校，贵州贵定 551300）

摘　要：团体沙盘游戏在高校心理咨询中是一种比较新颖的心理咨询方式，能够在较短时间内，对参与的学生团体进行心理健康教育，其效果显著。团体沙盘形式的心理健康教育被广泛地应用于大学生的人格障碍的诊断与治疗、改善大学生人际交往的现状、帮助大学生更好地进行职业生涯规划，参与团体沙盘游戏的学生在人格塑造、情绪培养、人际交往以及职业生涯的认识方面均有显著的提升，沙盘游戏能够促进学生健康发展。

关键词：团体沙盘游戏；心理健康教育；人格；人际交往；职业生涯规划

引言：沙盘游戏疗法（Sand Play Therapy）是由多拉·卡尔夫创设的，是通过沙子、沙盘、沙具来进行心理辅导的一种心理分析技术，属于心理咨询的一种，沙盘游戏是在一个安静、受保护的安全空间内，由来访者在沙盘内对沙子进行塑造，将象征人或物的沙具摆放在沙盘内，与沙子形成

---

* 崔慧慧（1988—），女，河南商丘人，黔南民族幼儿师范高等专科学校讲师，研究方向：认知发展。

一个和谐一致的整体，从而建立一个独特的沙盘图画世界[1]。来访者将个体的无意识世界及内心的活动以沙盘这一有形的形式展现出来，在心理咨询师的引导下探索自我的内心世界，发掘自我的无意识能量，从而使意识与无意识的对立也逐渐融合与转化，最终达到人格的和谐一致及整合[2]。

一、团体沙盘游戏的含义

团体沙盘游戏一般由4—8个人组成一个团体，在同一个沙盘上按照一定的游戏规则进行沙子的塑造及沙具的摆放。团体沙盘游戏是在个体沙盘游戏的基础之上，同时结合了团体心理辅导的优势发展而来。在团体沙盘游戏中，团体成员共同围绕着一个沙盘进行沙盘图画的创作，共同创造一个反映团体内在世界的图画，心理咨询师则通过团体沙盘游戏中个体的行为表现对参与成员的个性特征进行判断，同时帮助其成员更好地认识自己、接纳自我。除此之外，团体沙盘游戏还存在着人际交互作用，促使其参与成员观察并反馈他人的情绪情感状态，进而学习新的态度与行为模式，促使个体适应社会的能力得以提升。

二、团体沙盘游戏的规则

团体沙盘游戏治疗室一般设置在较宽敞、清净的室内，室内设置有团体沙盘、沙子、沙具、椅子等物品。团体成员一般控制在4—8人，在沙盘游戏开始操作之前，团体成员共同约定个体摆放沙具的次序，团体沙盘操作的时间一般以不超过一小时为宜，每个人操作的次数不低于5次，以5—8次为宜，具体操作次数应由心理咨询师根据团体成员的总人数以及沙盘游戏的目的来确定。心理咨询师在沙盘游戏开始前首先宣布游戏规则：团体成员可以自愿选择摆放沙具的顺序，第一名和最后一名成员比较关键，尤其是最后一名成员拥有一个特权——在最后一轮中其他成员全部摆放完沙具之后，可以对整个沙盘进行调整。团体成员摆放沙具的次序首先确定好第一名及最后一名的人选，之后依次确定第二名、第三名、第四名……

确定好沙具摆放次序的人选之后，首先由第一名成员选择沙具并进行摆放，其余成员在沙盘外围观看，每人每轮只能进行一次动作，也可以选择不做任何动作，放弃本轮操作，摆放一个或一组（统一主题）沙具、移动沙具的位置、掩埋一个沙具、摆弄沙子（开辟河流、道路、山、沙漠等造型）等均算完成一次动作。在全部摆放过程当中，团体成员间不可以有任何言语或肢体的交流互动，有疑问时只能跟心理咨询师进行交流。团体沙盘操作过程中，心理咨询师通过观察团体成员每次摆放沙具前后的动作细节，对其进行分析和指导，同时在整个沙盘游戏摆放结束后对团体进行引导，鼓励其成员积极表达自己的想法，学会通过沙盘语言探索自我的内心世界……

沙盘游戏是一种新颖的，适合对多数参与者同时进行心理教育的辅导方式[3]，在高校心理健康教育中发挥着重要作用，同时也得到越来越多的认可。团体沙盘游戏有以下优势：一是能够在较短的时间内，对较多学生同时进行辅导，省时省力；二是团体参与的形式，相对于个体沙盘游戏来说，参与的成员能够更加轻松自如，感受参与集体游戏的愉悦感，同时能够打消独自面对心理咨询师的种种顾虑，以全然放松的姿态参与其中；三是对于部分存在心理健康问题的学生，咨询师可以通过沙盘游戏过程中学生的表现，做出初步判断，能够快速初步筛选有心理健康问题的学生；四是可以把团体沙盘游戏的心理辅导形式引入到学生课堂，让更多的大学生参与进来，对参与者来说能够更好地探索自我，更好地理解、宽容他人，同时对参与游戏的所有成员心理上放松有很大的帮助。

三、团体沙盘游戏在高校心理健康教育中的应用

（一）用于人格障碍倾向的诊断和治疗，培养大学生积极心理品质

作为高校的大学生，其人格已经基本形成，但仍然处于不够完善和成熟的阶段。具有人格障碍倾向的大学生在躯体上是没有任何缺陷的，但是

内在的人格上却存在明显缺陷，人格障碍的表现形式是多种多样的，如边缘型人格障碍、回避型人格障碍、偏执型人格障碍、表演型人格障碍、自恋型人格障碍、强迫型人格障碍等，其本人对此却缺乏觉察和内省，由此慢慢演变为个性偏差和缺陷。

具有人格障碍倾向的大学生其人际交往能力可能会存在一定的问题，同时也不能很好的悦纳自己，借助团体沙盘游戏的形式，来访者可以迅速、直观、明了地发现自我人格方面存在的问题，提高对于自我的觉察与内省；在沙盘游戏过程当中，成员在一个全新的没有任何压力的环境氛围中，可以轻松地表达自我的情绪和内心感受，尤其是团体沙盘游戏中“经验分享历程”式的团体讨论方式，在自我分享和听取他人分享的过程中可以引发个体更好地对自我的情感和行为进行深入思考，进而形成正确的人格观念，同时适当的觉察和修正自我人格状况，使大学生人格偏差得以适时矫正、个性不断完善[4]。

团体沙盘游戏对缓解大学生的社交焦虑和大学生的考试焦虑作用也很显著，而且随着时间的推移，依然能看到比较好的效果[5]。团体沙盘游戏过程中，咨询师为团体成员提供一个“自由与受防护的空间”，在这样安全的同时又令人专注的环境中，团体成员间能够相互理解、支持，对缓解紧张、焦虑的情绪有很大帮助。

（二）用于改善大学生人际交往的状况

孙长安、周琳等试图研究团体沙盘游戏对改善大学生人际交往状况是否有效。对筛选出的人际交往问题较严重的 12 名大学生进行团体沙盘游戏训练，通过对训练前后人际交往状态的改变情况进行对比，结果发现训练后这 12 名被试大学生的人际交往焦虑总因子分以及人际交往回避因子分均出现明显下降，人际交往苦恼因子分也呈现出下降的趋势。由此得知，团体沙盘游戏对于缓解大学生人际交往焦虑状态，改善大学生社交回避行为，降低社交苦恼程度十分有效，对改善大学生人际交往不良有很好的治疗效果[6]。

王瑞雪、李华以团体沙盘对改善大学生的宿舍人际关系进行研究，在结束沙盘时，研究者发现尽管团体成员间还存在部分公私矛盾及漠视行为，但出现的次数较之前已大大减少，所呈现的沙盘主题趋于统一，团体动力充足。团体成员共进行四个阶段的沙盘操作，在沙盘所呈现的自由的空间里，自然地摆放矛盾、释放情绪，在咨询师分步骤的启发下，团体成员间自由互动和讨论，进而摒弃原有的认知习惯和处事方式，能够更加客观地认识自我、理解及宽容他人、以宿舍关系和谐为目标、在形象化的世界里得以成长[7]。

崔新芝、郑艺群将团体沙盘游戏用于对人际交往不良的学生进行团体干预，研究结果证实，经过冲突呈现、协调学习、理解整合三个阶段之后，被试在交际交友方面的问题得以明显的缓解，同时自我像呈现也表现出明显的变化。通过团体沙盘游戏的形式来改善学生人际交往问题是一种有效的尝试。团体沙盘游戏能够多层面提升大学生的人际交往，有效促进大学生的心理成长[8]。

（三）团体沙盘游戏在大学生职业生涯规划中的应用

杨扬尝试将团体沙盘游戏应用于大学生职业生涯规划中，结果发现经过团体沙盘游戏辅导之后，团体成员在自我了解、自信心方面与沙盘游戏辅导前相比呈现出了明显差异，由此得知团体沙盘游戏在大学生职业生涯规划中起着重要的作用。沙盘游戏对于大学生来说操作简单、成果方便保留，通过沙盘游戏的形式能够促进师生间的有效交流。将团体沙盘游戏应用到大学生职业生涯规划中，为学生更好地进行自我探索提供了空间和机会，在潜移默化中提高学生解决实际问题的能力，同时能够释放个人压力。团体沙盘游戏让大学生对自我有更清晰的认识，对增强个体的自信心、明确人生理想目标、提升决策能力等方面得以大大提升[9]。

方航对团体沙盘游戏对于大学生职业决策中的自我效能的影响进行了研究，研究结果表明通过团体沙盘游戏训练，大学生在自我评价、收集信息、选择目标、制定规划、问题解决等维度上的得分有了显著的提高；团体沙盘游戏对于大学生的职业决策自我效能感、自我探索、人际互动等方面有一定的帮助；团体沙盘所呈现的主题可以促使成员加强对于就业现状的探索和认识，并充分结合自身现有的优势和不足，从而为理想的职业目标进行科学的规划，做到职业目标既符合实际又有实现的可能[10]。

四、结　语

作为一种可以和更多学生一起工作的方式，利用团体沙盘游戏的形式对学生的人格障碍的诊断和治疗省时省力，能提高心理咨询师的工作效率，被越来越多地应用于高校的心理咨询工作当中。同时，沙盘游戏还被运用于解决高校中的人际交往问题，对于改善大学生的社交焦虑、社交回避现象，同时可以应用于解决宿舍的人际冲突问题有一定的帮助，在团体沙盘游戏中，通过咨询师的引导、沙盘游戏过程的分享，促进宿舍成员的交流，改善宿舍间人际关系。除此之外，团体沙盘游戏还被引入到高校的课堂，学生通过沙盘游戏实现对自我的探索，了解自己的职业偏好，从而为今后的职业选择提供方向。随着社会发展的需要，团体沙盘游戏将不再仅仅局限于心理咨询室当中，而是根据课程的需要逐步引入到学生的日常课程当中，学生通过沙盘游戏提高个体的心理成熟度，丰富课堂学习内容。团体沙盘游戏还可以引入到学校的社团，增强团队有效协作能力，促使社团成员愉悦情绪，健康交往，完善自我。

参考文献

[1] 吴青枝. 团体沙盘游戏疗法在大学新生适应问题干预中的应用[J]. 兵团教育学院学报，2011（6）.

[2][4] 吴青枝. 团体沙盘游戏疗法对大学生人格障碍倾向的治疗机制探究［J］. 心理健康教育，2012（4）.

[3] 张澜，蔺娜，李翘彤，秦晔. 团体沙盘训练在大学生心理健康教育中的应用研究［J］. 天津中德职业技术学院学报，2016（5）.

[5] 贾娇，李笑燃，周明，李向京，吴大海. 团体沙盘游戏对学生焦虑的干预研究［J］. 内蒙古师范大学学报，2016（4）.

[6] 孙长安，周琳，朱媛，蔡冰冰，陈惠闲. 团体沙盘游戏训练对大学生人际交往影响的研究 [J]. 苏州市职业大学学报，2012 (12).

[7] 王瑞雪，李华. 团体联合沙盘对高职生宿舍关系和谐的实效性研究 [J]. 内蒙古师范大学学报，2015 (3).

[8] 崔新芝，郑艺群. 团体沙盘游戏对技师生人际交往能力的干预研究 [J]. 胜利油田党校学报，2014 (9).

[9] 彭贤，朱丽霞. 团体沙盘游戏在大学生职业生涯规划中的应用 [J]. 心理科学，2011 (3).

[10] 方航. 团体沙盘游戏对大学生职业决策自我效能感的影响 [J]. 合肥师范学院学报，2011 (1).

习近平的青年观与当代青年教育

丁文杜鹃*

（贵州民族大学人文科技学院，贵州贵阳 550025）

摘　要：党的十八大以来，习近平总书记对于当代青年的教育问题发表了一系列的讲话。当代青年是社会发展的中坚力量，对他们的教育模式不应只局限于课本教育，还应进行更全面的培养。习总书记提出的青年观，不仅鼓励青年勤奋学习、脚踏实地、志存高远，更注重对青年德行和创新能力的培养。而在当今的教育模式下，青年观与当代青年教育模式相吻合，不仅适用于中国青年，对全球青年的教育发展也同样适用。因此，认真学习习总书记的青年教育思想对于当代青年的培养有着重要意义。

关键词：习近平；青年观；当代青年教育

少年兴则国家兴，少年强则国家强。改革开放40年来，中国青年随着社会形势和全球发展经历了“文化大革命”“泛文化思潮”、多元文化涌入等时期[1]，而青年作为少年成长的下一阶段，是当今社会上最具创造力、最富活力与朝气的群体，是实现中国梦的中坚力量，更是推进全球可持续

---

* 丁文杜鹃（1992—），女，汉族，广西南宁人，贵州民族大学人文科技学院教师，硕士学历。

发展的重要担当，应勇做走在时代最前端的奋进者、开拓者、奉献者，因此，青年兴则国家兴，青年强则国家强。[2] 习近平总书记高度重视青年工作，密切关注青年发展，对当代青年寄予了充分的信任和殷切的期望。在与青年的多次座谈和发表的讲话中，习总书记对于青年成长成才问题明确提出，世界的未来属于年轻的一代，要让增长本领成为青春搏击的能量。作为为社会的中坚力量传道、授业又解惑的一员，不仅是青年，还有教育青年学生的青年教师，应积极响应习总书记的号召，通过持续不断的努力，钻研实现青年学生全面发展的有效路径，争做能为社会做出贡献的好青年。[3]

一、习近平的青年观

青年是国家的未来、民族的希望，我国历届领导人对于当代青年的教育问题都给予了密切的关注。1955 年 9 月 28 日，全国青年社会主义建设积极分子大会召开，邓小平同志在会上指出，青年是祖国的希望和将来，任何力量都不能够阻挡中国新青年前进的脚步[4]。胡锦涛同志也提出应将马克思主义基本原理和我党治党治国的思维方式应用到对当代青年的教育与培养中，注重青年的精神文明建设，全面实施素质教育，让青年成为“世界的未来”[5]。习近平总书记在与学生的多次座谈与发表的讲话中提出的“青年成才观”，表明“立德树人”是青年教育的根本，还应把社会主义核心价值观融入进去，引导青年全面发展。习总书记的青年观包括了五个方面，即修德、立志、勤学、创新和笃实。

（一）修德——“扣好人生第一颗扣子”

国无德不兴，人无德不立。中华民族作为拥有几千年文明历史的礼仪之邦，在这块土地上诞生的所有生命都懂得，讲文明、懂礼貌是我们的传统美德。只有先修身，才能齐家、治国、平天下，而修身的首要任务便是修德，修德先于修业，青年作为引导社会风气的力量之首，应在其精神风貌和道德水准上体现出一个民族的文明素养。因此，在对青年进行教育时，应注重对其道德修养方面的培养，自觉弘扬爱国主义思想，让自己的实际行动成为社会的榜样，从而使社会中的不良风气逐渐减少，建设一个更美好的社会环境。

（二）立志——“志当存高远”

人的一生，能够做到拥有自己的理想和信念，并能够为了自己的梦想而不断努力奋斗，才是有意义的人生。随着社会的进步，当代青年表现自己的舞台更为广阔，实现梦想的前景也更加光明。当代青年应当珍惜现在所拥有的资源与时光，不断奋发向上，树立正确的人生信念，并将个人理想与国家的前途、民族的命运相结合，才能创造出一个更强大、更美好的社会。

（三）勤学——“人才有高下，知物由学”

学习是成长进步的阶梯，时间是提高本领的途径。学无止境，更何况是处于如今这个知识更新速度日益加快的时代，如果不能做到不断学习新事物、新知识，就无法跟上这个社会的脚步。青年人正处于最适合学习、最善于吸收和应用知识的阶段，对于“两个百年”目标的实现、“四个全面”战略布局的实施、中华民族伟大复兴中国梦的实现进程，青年人都应该承担起最主要的责任，更应该把学习作为人生该阶段的首要任务，不断吸收新的知识，提高自身的素质和能力，并在“术业有专攻”的基础上不断拓展自己的知识面，让自己成为能够全面发展、见多识广的新时代有为青年。

（四）创新——“苟日新，日日新，又日新”

创新是当今时代发展的主旋律，一个国家、一个民族想要兴旺，勇于创新就是最为关键的因素。面对日益复杂的国际局势和国内“四个全面”的艰巨任务，现在的中国正处于最需要创新驱动的迫切时刻[6]。毫无疑问，机遇总是更眷顾那些勇于创新的人们，而当代社会上最有朝气、最富活力、最具想象力和创造力的群体，非青年莫属，他们享受着这个发展快速的时代给他们提供的优质的教育环境和更多、更好的实践机会，应该将所学到的知识积极运用到新时代的建设中，吃苦耐劳、开拓进取、勇于创新、激发活力，对加强环境治理、完善国家制度机制、建设美丽中国做出更多更实际的贡献。

（五）笃实——“道不可坐论，德不能空谈”

“空谈误国，实干兴邦”。为了实现中华民族伟大复兴的中国梦，每个当代青年都应该认认真真地干好事业，脚踏实地地做好工作。当代青年有着大好的机遇，社会各个行业都为青年提供了无数能够展现自己的平台，但若心浮气躁，朝三暮四，三分钟热度，即使舞台再大、机会再好，都无法真正地实现自我价值，成就属于自己的精彩人生。从自身做起、从点滴做起、迈稳步子、夯实基础、埋头苦干，在经受困难时坚持到底，在得到赞赏时谦虚前行，才能不断开辟事业发展的新天地。

二、当代青年教育现状及趋势

青年一词，在不同的社会和文化背景下含义是不同的，其定义也会随着政治、经济、环境等因素的变化而变化。曾经，青年的定义为 15 至 24 岁之间的人，但随着全球老龄化的情况逐渐加剧，世界卫生组织与 2013 年将青年的年龄范围重新界定为 15 至 44 岁的人。青年年龄分段的扩大，也预示着全世界、全社会的中坚力量人数在不断增加，预计到 2050 年，全球青年人口将达到 11.76 亿人，这也意味着有更多的人需要担负起发展社会、弘扬民族文化的重任，而能够承担起如此重要的责任的前提，就是受到良好的教育。现今，全世界的绝大部分地区对于青年的教育都十分重视，但由于国家文化及社会环境的不同，世界各地的教育方式也存在一定差异。

（一）国内青年教育模式现状

中国式教育，曾是世界上最先进的人才遴选制度之一。古代社会盛行的科考，对于社会各个阶层之间的流动起着至关重要的作用。现今社会，更常见的中国式教育则是“应试教育”。过去几十年，中国式的应试教育是一种灌输式教育，从小学到大学，只注重于学生对于知识的记忆能力的考察，对于学生所学到知识的运用、创新能力和学生本身的素质修养则考虑较少，仅仅是先将前人积累下来的经验刻板地传授给学生，让学生按照现成的经验按部就班地去操作，在所谓“成功法则”的经验指导下学习实践。中国的孩子们都在“尊老爱幼”“中规中矩”等思想中成长，帮孩子做决定甚至过分干涉孩子的决定也成了大部分中国父母的习惯，久而久之，孩子们就失去了果断决策的能力，独立的能力也会相对欠缺。在这样相对保守、过于享受前人成果的生活背景中，学生在学习中虽然也能得到自己的结论，但因缺少创新思维，往往很难跳出已有的固定模式。在习惯了小学到高中的有老师及时指导、时时监督的教育模式，没有任何过渡就陡然进入以学生自学为主、以教为辅的大学学习模式，绝大多数学生都无法适应。近几年，人们逐渐意识到这样的教育模式与家庭、与社会、与时代脱轨，学生在学校中学到的很多知识和技能都无法运用到实践之中，学生的个性特征能在学习中展现的机会很少，学校提供的教育模式也太过呆板而不灵活，因此，提倡素质教育、参与式教学模式的呼声也日益提高。当代青年，大多数属于80后、90后，有人认为他们是“垮掉的一代”，也有人认为他们是“值得托付的一代”，而无数实例说明，80后、90后拥有较高的社会责任感，在关键时刻能够表现出担当意识和高尚的思想品德，对于新事物的接受能力也相对较高，课余活动和爱好也不再局限于各类只为应对考试、能顺利通过“人生重要转折点”的补习班、技能班，而是能够多方面发展自己的兴趣爱好；同时，学校也逐渐将被动的学习转变成主动的学习，设置多种教育模式，如网课、社团等，多方面体现学生的自主性、参与性和主体性，有效地增强了学习的理性和乐趣，减少了教学的盲目性。

（二）国外青年教育模式现状

外国的教育模式与中国的教育模式存在很大差异，尤其是欧美国家，对于学生的教育更倾向于兴趣的发展和素质的提高。倘若中国式教育称为

"应试教育"，那么西方国家的教育则更偏向于一种"尝试教育"，即先让学生对各类学科、各种事物进行体验，在体验中发现针对自身的难点，然后由学生自己发现问题，在解决针对性较强的难点中积累经验、得出结论，而这样的结论，才能够成为学生真正获得的成果。不同于中国大多数时候都将分数作为评判学生的首要参考值，西方教育从多方面评估学生的综合情况，相对较为客观和公正，成绩评判模式也不仅仅局限于考试，还有论文、小组讨论、演讲、成果展示等。这种方式能够更好地培养学生的创造力，让学生能够灵活应用知识，自由选择自己感兴趣的方面进行研究，使得外国青年学生能够自强自立、务实并注重个人能力，敢于冒险、创新，这也是现今社会更提倡的教育模式。自 17 世纪 60 年代起，欧洲上流社会的青年开始流行起一种以开拓自身视野、学习不同国家的文化或语言而环游世界的新的学习模式，即"大旅行"（The Grand Tour）。至今则已发展成为以 18 至 25 岁的青年脱离学校 3 个月到 1 年，利用此期间进行文化交流，发现自我，完善自我，建立全球意识，增进对全人类的理解的"间隔年"（gap year）[7]。

（三）当代青年教育趋势

随着时代的发展和科学的进步，无论是中国教育还是其他国家的教育，现今都趋向于一种逐渐相似的模式，即在进行学科教育的同时，素质教育也应得到重视。当代青年的教育，不仅仅是在他们的青年阶段进行的教育，还应包括对他们从小的培养。当下，随着社会竞争力的不断增加，家长对于学前教育的重视程度已大幅度提高，许多国家也都将学前教育纳入了国家教育系统，并将其与小学教育紧密衔接，同时延长义务教育的年限，迄今为止，世界上已有超过三分之二的国家实行九年或九年以上的义务教育制度。在高等教育阶段，随着社会生活的丰富多样化和高等教育的大众化，以及新时代对于青年的要求逐渐提高，传统的以钻研学术为主的教育模式已经逐步发生变化，除了以学科知识为主要教学内容，还注重对于当代青年学生的技能培养，包括生活技能、职业技能、社会技能等。对学生的考评方法也不仅仅局限于考试，教育类型日益多样化，如近几年来兴起的“互联网+教育”的新型教育模式[8]。而随着终身教育的提倡，对于以获得文凭为学习目的的学历教育模式已经逐渐转变成通过学习不断完善自我的社会教育模式，交通、通信技术的发展，世界也不断缩小，留学、游学已成为当代青年不断扩展学识、发现自我、锻炼自我的方式。通过接触不同的社会背景和文化传统，不断完善对世界的认知，找寻自己真正的人生目标，用更开阔、更全面的思想理念应对日益全球化的社会。

三、习近平的青年观对当代青年教育的价值

习近平总书记提出的青年观，是顺应当代中国发展的青年观，更是符合世界发展模式的青年观。青年作为最活跃的群体，学习能力强，对于社会的各类观念都还未完全定型，对于新事物的接受程度和创新能力也极高，具有较高的可塑性，能辩证科学地抛弃陈旧的观念，但由于生活经验较为缺乏，还需要得到国家和社会的正确引导。青年是未来促进国际关系友好发展的重要桥梁，对他们实施的教育应是“继承优秀传统文化又弘扬时代精神，立足本国又面向世界”[9]，让他们树立平等互助、互相尊重的正确观念和重责任、讲团结的价值取向，激发他们的创新思维，才能跟上时代的脚步，走在时代的最前端。青年是国家的未来、民族的未来，更是世界的未来，不仅是中国青年，全球青年都应该将勤奋学习作为首要任务。在找寻理想信念和人生追求的同时树立正确的价值观，脚踏实地，勇于创新，对推进人类和平和发展崇高事业提供源源不断的强大力量，让青春年华在为国家、为人民的奉献中焕发出绚丽光彩。

而担任着正确引导青年思想重任的教师，尤其是教育经验累积还有所欠缺的青年教师，更应该积极响应习总书记的号召，成为有道德、有信念、有理想、有情操、有学问、有爱心的好教师，做中华优秀传统文化的继承者、传播者和创新者。青年教师作为新时代的青年人，与学生之间存在着较小的年龄差异，因此在教育教学中，更应该做到对学生“感同身受”，能够从学生的角度看待师生间或学习过程中出现的问题，耐心地与学生沟通，让学生感受到自己与老师的地位是平等的，而不是认为老师只

是一种高高在上的形象，难以沟通。通过这种师生相处模式，学生才更容易对老师敞开心扉，老师也能清楚了解学生所面临的问题并帮助其妥善解决，从而能够避免走许多不必要的弯路，让双方都能在师生关系中处于一种舒适的状态。在过去的教学过程中，普遍存在着教师讲、学生听、少互动的课堂模式，教师填鸭式的将知识教给学生，学生只能通过死记硬背来强化知识记忆，导致许多学生，尤其是需要掌握大量专业理论知识的学生把学习视作最痛苦的事。而现在，青年教师虽然资历尚浅，应该不断充实自己，通过向老教师学习、上网课等多种方式扎实学问。但作为能够灵活快速的接收新时代信息的青年人，青年教师可以在教学中加入一些现代化的、学生喜爱的教育元素，如多元化的互动、用当下热门的话题与教学内容相联系、使用新技术、新科技辅助教学，等等。用学生感兴趣的方式调动学生的课堂积极性，实现寓教于乐，营造一个轻松、活跃的课堂氛围。

党的十八大以来，习近平总书记通过多种形式表达了对作为当代社会发展的中流砥柱的青年人的深切期望，并要求社会“关注青年、关心青年、关爱青年、倾听青年心声、做青年朋友的知心人、青年工作的热心人、青年群众的引路人”。我校“修身、自信、乐学、笃行”的校训，也正与习总书记提出的修德、立志、勤学、创新、笃实五方面的青年观相吻合。作为一名青年人以及培养当代青年的教育者，应与所有青年一样，运用马克思基本原理和理论进行学习，在学习中不断提升自己，在实践中不断完善自己，坚定理想，不抛弃、不放弃，为社会、甚至世界奉献自己的绵薄之力，创造属于自己的独特的精彩人生。

参考文献

［1］王成龙，刘淞月．改革开放40年青年教育发展状况［J］．青年探索，2018（1）：5-19. DOI：10. 13583/j. cnki. issn1004-3780. 2018. 01. 001.

［2］王悦佳．习近平青年教育思想及其时代价值［J］．改革与开放，2017（24）：117-118. DOI：10. 16653/j. cnki. 32-1034/f. 2017. 24. 054.

［3］展亚冰．习近平青年教育观及现实意义［J］．山东工会论坛，

2016 (1): 94-96. DOI: 10. 3969/j. issn. 1008-6153. 2016. 01. 027.

［4］孔繁金，王郡华．毛泽东、邓小平青年教育思想比较透视［J］．教育探索，2001 (7): 7-8. DOI: 10. 3969/j. issn. 1002-0845. 2001. 07. 002.

［5］史洁．胡锦涛的青年思想政治教育理论与实践［J］．商情，2011 (12): 8-9，42.

［6］杨章文，邓显超．习近平青年教育观及其对青年思想政治教育工作的启示［J］．江西理工大学学报，2016 (6): 10-14. DOI: 10. 13265/j. cnki. jxlgdxxb. 2016. 06. 003.

［7］陈艳萍．“间隔年”：国外青年教育的新路径［J］．青年探索，2014 (4): 36-41. DOI: 10. 13583/j. cnki. issn1004-3780. 2014. 04. 006.

［8］蒋广学，王志杰．“互联网+青年教育”的热实践与冷思考［J］．中国青年研究，2017 (7): 114-119.

［9］李士峰．习近平青年教育思想的主体结构与内在逻辑［J］．理论导刊，2017 (2): 73-76.

新时代思想政治教育现代转型的基本逻辑*

逯修琪　陈彩利**

（贵州民族大学人文科技学院，贵州贵阳　550025）

摘　要：在中国特色社会主义进入新时代的背景下，思想政治教育面对新的社会环境、新的社会群体、新的价值取向，需要不断进行改革创新，从而适应新时代的现实需要。新时代思想政治教育的现代转型是适应新的社会转型而产生的变革，其基本逻辑遵循：以历史逻辑为基础，现实理论逻辑为依托，未来指向逻辑为出发点，以此来探讨新时代思想政治教育现代转型的范式途径。

关键词：思想政治教育；历史逻辑；现实理论逻辑；未来指向逻辑

思想政治教育作为意识形态塑造的一种手段，始终受到来自社会环境的影响，同时又与社会环境形成了双向的互动关系。新时代思想政治教育的现代转型是建立在中国特色社会主义制度进入新的历史时期，我国社会

---

* ［基金项目］贵州省教育厅高校人文社会科学思政类项目“微时代贵州高校思政课教育方法创新研究”的阶段性成果［编号：17szk30］。

** 逯修琪（1987—），女，汉族，河南焦作人，贵州民族大学文学院研究生。

陈彩利（1974—），女，汉族，河南郏县人，贵州民族大学人文科技学院副教授。

现阶段的主要矛盾是：“人民日益增长的美好生活需要和不平衡不充分的发展之间的矛盾。”[1] 这样的一种新的社会环境中所形成的，基于新时代的急剧社会转型和变革，对于人们的意识形态产生了深刻的影响，同时使得人们的思想观念与社会转型之间形成了一道鸿沟。这就需要思想政治教育发挥其传导主流意识形态、调节社会精神生产、引导人们的思想行为的功能。新时代思想政治教育的现代转型是适应新的社会转型而产生的变革，需从当代中国思想政治教育的历史中深挖教育资源，从实践中总结思想政治教育的理论和方法，不断提升思想政治教育的理论水平，以未来指向逻辑为出发点，不断深化对于新时代思想政治教育现代转型的基本逻辑。

一、新时代思想政治教育现代转型的历史逻辑

在人类历史的长河中，任何事物的发展历程都经历着诞生、发展和灭亡的过程，都带有自身轨迹的历史，这种带有自身轨迹的历史就是其历史逻辑。思想政治教育作为意识形态工作的重要手段，同样遵循这样的历史逻辑。思想政治教育在不同的历史时期所扮演的角色和地位都有所不同。新中国成立后，我国思想政治教育的现实模式呈现了四个阶段的发展：“以政治为中心”的思想政治教育阶段；“以经济为中心”的思想政治教育阶段；“以人为本”的思想政治教育阶段；“以实践为中心”的思想政治教育阶段。出现这四个思想政治教育阶段的缘由正是与我国社会治理历史环境的改变相对应，正如马克思、恩格斯所指出的那样：“人们的观念、观点和概念，一句话，人们的意识，随着人们的生活条件、人们的社会关系、人们的社会存在的改变而改变。”[2]50-51 思想政治教育始终遵循这样的一种逻辑进路，与时代环境相呼应、与时代变化相跟进，不断地调整和完善思想政治教育的现代性转型，从而构建起更加适合社会环境的思想政治教育现代转型的路径。

对于思想政治教育的现代转型而言，历史过程往往根据社会发展的角度来构建历史逻辑，再依据历史时间中的社会意义来修正思想政治教育中

的偶然性。从历史时间和事实出发，建构思想政治教育现代转型的必然性逻辑，从而使得思想政治教育理论适应现实生活环境的转变。正如雷蒙·阿隆所说："在历史现实的意义上，经验历史有着双重的方式：我们经验着过去，而这过去仍是我们的现在。"[3] 这就是讲"现在"是从"过去"发展来，同时也承载着"未来"，"过去""现在""未来"一脉相承。正如习近平总书记所讲：过去、现在、未来是相通的。对于新时代思想政治教育现代转型的思考，"站起来"需要解决的是人心凝聚的问题、"富起来"解决的是公民个人自身修养的问题、"强起来"解决的是公民具备更宽广的胸怀和视野的问题，三个不同的历史阶段给思想政治教育提出了不同的任务和要求。新时代思想政治教育的现代转型需要从："站起来、富起来、强起来"三个历史分期来进行探讨。正如马克思、恩格斯所讲的："人的依赖关系（起初完全是自然发生的），是最初的社会形式，在这种形式下，人的生产能力只是在狭小的范围内和孤立的地点上发展着。以物的依赖性为基础的人的独立性，是第二大形式，在这种形式下，才形成普遍的社会物质变换、全面的关系、多方面的需要以及全面的能力的体系。建立在个人全面发展和他们共同的、社会的生产能力成为从属于他们的社会财富这一基础上的自由个性，是第三个阶段。第二个阶段为第三个阶段创造条件。"[4]52

思想政治教育的发展历程被赋予了鲜明的时代特征，所以对于新时代思想政治教育现代转型的把握需要用历史的眼光来把握当代中国思想政治教育的历史逻辑。对于历史逻辑而言，毛泽东在《抗日战争胜利后代时局和我们的方针》一文中说："国民党怎么样？看它的过去，就可以知道它的现在；看它的过去和现在，就可以知道它的将来。"[5]1123-1124 这就是通过历史逻辑来推演实践的历史佐证，为认识历史的发展和分析未来指向提供了宏观轮廓。从一定的历史阶段来看，不断地建构以不同的发展内容的历史逻辑，从现实实践到未来预见，是历史逻辑发展的目标指向。

首先，在这个过程中就是需要透过历史知识的凝练、升华，弄清新中国成立后思想政治教育开展的社会背景、现实条件改变的本质、实践历程的演变等，更需要通过意识形态的根源来把握思想政治教育背后所体现的历史意识。

其次，要用大局观来看待思想政治教育历史的发展过程，客观地看待思想政治教育发展过程所经历的长期性和曲折性，以宏观视角所具备的包容性来看待思想政治教育发展过程中所遇到的问题，从其形成和发展再到成熟的进程中，不断深化对于思想政治教育在特定的历史时期的地位、价值和时代精髓的理解，这将有助于对于思想政治教育的历史逻辑向度有更深层次的把握。

探究当代中国思想政治教育发展的历史，可以清晰地看到思想政治教育历程中始终伴随着这样一种历史的逻辑，即随着社会意识的不断变化，旧的意识形态的内在凝聚力还在发生作用，还在影响人们对于新的思政教育模式的接受，新旧思政教育没有融合，他们之间的不同使得他们之间的衔接存在间隙。鉴于这种现实境地，就需要正确地把握思想政治教育发展过程中的历史逻辑，用历史和发展的眼光来分析新思政教育和旧意识形态之间从衔接到融合的过程，并将其看成是思想政治教育发展融合改变过程中所必须经历的。根据历史启示和历史发展的规律来理解思想政治教育的历史和观察思想政治教育的发展状况，从而将其在现实世界中所遇到的困境做更为周全的认知，从而形成更加符合现实需要的思想政治教育模式。正如恩格斯所说：“历史从哪里开始，思想进程也应当从哪里开始，而思想进程的进一步发展不过是历史过程在抽象的、理论上前后一贯的形式上的反映。”[6]14

二、新时代思想政治教育现代转型的现实理论逻辑

新时代对于思想政治教育而言，需要从现实的理论出发，汲取新时代、新的发展理念中的最新成果并应用到思想政治教育的全过程中。马克思在《黑格尔法哲学批判》导言中所指出的：“理论只要说服人，就能掌握群众；而理论只要彻底，就能说服人。所谓彻底，就是抓住事物的根本。”[7]9-10马克思通过强调理论的彻底性来分析理论是否能说服人，也就是说理论要能反映实践的本质，才能得到人们的认可。对于新时代的思想政

治教育的现代转型而言，一方面，在思想政治教育实践过程中所使用的新方法、进行的新的思想政治教育的新尝试，以及在思想政治教育过程中所取得的新经验，都需要思想政治教育工作者从理论的层面做出总结和凝练。这就是说生动的实践理论是思想政治教育的根本动力来源，思想政治教育的发展必然是在实践发展的进程中不断地完善的过程。

从思想政治教育发展的历程可以看出，思想政治教育是中国共产党在三个不同的历史时期（新民主主义革命时期、社会主义建设时期、改革开放时期）思想政治教育工作现实经验的总结、凝练和升华的过程，不断地将较为分散的思想政治工作的方法、做法、经验概括为系统的理论体系的过程。可以说："思想政治教育是党的工作的生命线。"重视在不同历史时期的思想政治教育工作的地位，始终坚持思想政治工作是党的"生命线"的原则，就是要在思想政治教育的现实实践基础上不断发展和完善思想政治教育理论，在现实思想政治教育的实践过程中不断地探索思想政治教育的理论创新。面对新的历史时期，各种思想观念、意识形态、思想政治教育工作载体和方式方法的变革和更新，将思想政治教育从理论和实践的基础上不断地运用新的实践成果，使用新的创新方法，同时充分利用这些丰富的实践经验，对比正反两个方面的实践经验进行科学概括，使得理论更加符合思想政治教育实践的发展，不断推进新时代思想政治教育工作的现代化转型和发展。

新时代是思想政治教育机遇与挑战并存的时代，这些挑战主要来自："思想政治教育理论与实践的切入点是否恰当、思想政治教育工作能否与时代主题相贴近、思想政治教育工作能否跟上社会对于人的意识形态的改变的节奏、思想政治教育工作是否能够置忧患于未然等。"面对新时代思想政治教育实践中存在的这些问题，面对这些新的问题，我们在开展思想政治教育的过程中不能够让理论脱离实际问题，同时也不能够用现成的理论来裁剪实际的问题，而是需要从思想政治教育工作的实践过程中，找出能够更好地发挥理论指导思想政治教育实践活动的新方法，从而更好地来应对现实实践中所遇到的问题。"社会的实践是不断向前发展的，我们的思想认识也必须根据实践的要求不断前进。实践中出现的新问题，并非是对思想政治教育已有理论的否定，而是为思想政治教育的理论创新与发展提供了最好的契机。每一次社会实践的发展与新问题的出现必然要求思想政治教育对新问题进行回应，倒逼理论创新。”[8] 这就是新时代思想政治教育在已有的理论和现实世界变化发展的基础上的有机统一，面对思想政治教育实践中的新问题，思想政治教育必然会进一步探索人类思想理论的最新成果，运用已有的思想政治教育理论来应对发展变化着的社会发展变化中产生的新问题。在解决思想政治教育紧跟时代发展过程中遇到的新问题的这一实践过程中，将这种解决问题的经验再一次升华、凝练使思想政治教育的理论水平得到进一步的提升和完善，从而有效地促进理论和实践的良性互动。

当代中国是以马克思主义理论为指导的整体意识形态理论，其与时俱进的理论品质是其显著特征，党的十八大以来的最新理论成果，其内容可以用：“八个明确、十四个坚持”，从世界观和方法论的高度，全面地回答了进入新的历史时期后中国共产党的“新目标”“新使命”、面临的“新矛盾”等一系列带有根本性的问题。习近平新时代中国特色社会主义理论为新时代有效思想政治教育工作奠定了丰裕的理论基础，将习近平新时代中国特色社会主义理论应用到思想政治教育现代转型中，不仅能够有效地推进思想政治教育工作理论创新和理论完善，还能够使思想政治教育紧扣时代脉络、社会发展方向，在更大程度上满足思想政治教育所面临的现实实践和意识形态建设的需求。

同时还能够准确把握新时代的脉搏，顺应历史发展的潮流，在思想政治教育的现实实践中不断地认识新情况、解决新问题、凝练新理论，从而不断地推进新时代思想政治教育理论的创新和完善。

三、新时代思想政治教育现代转型的未来指向逻辑

新时代思想政治教育的现代转型在确定历史意识和朝向历史逻辑的过程中，需要在这个过程中弄清楚现实世界，总结思想政治教育在现实生活中的经验，新时代思想政治教育的现代转型，在确定历史意识和朝向历史

逻辑的过程中，需要在这个过程中弄清楚现实世界，总结思想政治教育在现实生活中的经验，为新时代思想政治教育工作的未来搭建起有效的平台。德国哲学家恩斯特·布洛赫在《希望的原理》中对于未来指向逻辑给予了最明晰的解释，他认为："希望不是与现实的既成事实相联系，而是与未知的未来事实相联系……希望照明未来视域、纵览全体，构成各种未来思想的理论基础。"[9]2 新时代思想政治教育所遵循的未来指向就是要给人们建立起对于未来生活的憧憬，对于生活在现实生活中的人们而言，在日常琐碎的生活中给予他们精神动力的来源就是能够看到希望。也正如习近平总书记在参观《复兴之路》展览时所说："每个人都有理想和追求，都有自己的梦想。现在，大家都在讨论中国梦，我以为，实现中华民族伟大复兴，就是中华民族近代以来最伟大的梦想。这个梦想，凝聚了几代中国人的夙愿，体现了中华民族和中国人民的整体利益，是每个中华儿女的共同期盼。"[10]36 从这里可以看出，新时代面对新的社会环境、新的社会群体、新的价值取向，如何将人们的思想凝聚到一起，不断激发奋发有为、艰苦奋斗的精神状态，最主要的还是要将全体中华儿女的理想和追求凝聚到一起，只有这样才能够汇聚建设中华民族伟大复兴中国梦的强大力量。

建立起共同的理想和信念以后，就要不断地增强人们对于未来社会的期许，以未知的期待和对未来生活的希望贯穿到思想政治教育的全过程中，以未来指向搭建起有效提升思想政治教育现实效果的价值维度。按照马克思主义的观点，未来指向与实践的观点是互不相容的两个对立观点，因为未来指向是一种不确定的、不安定的因素，而实践的观点确实审视的、稳固的一种观点。马克思主义的继承者 H·马尔库塞在揭示单向度社会的虚假幸福时，同样将未来指向搁置到了一旁。J·哈贝马斯同样也不例外，他对于未来指向同样兴趣索然。从他们两位关于未来指向的认识上面，还没有达到马克思的深度，这主要来自马克思主义继承者对于未来、对于希望的认识没有切身的经历。20 世纪著名的马克思主义者、德国哲学家恩斯特·布洛赫将希望视为是人类展望未来，纵览全体的原理和范畴。在他看来："人类是不能没有希望的，没有希望就没有梦，没有梦就没有努力，就没有成功，就归于灭亡。"[11]5 按照恩斯特·布洛赫的理解，马克思主义为人们在现实世界中，指出了一条通往未来希望的道路，这主要归因于马克思主义不仅给予人们希望，同时还鼓励、动员人们积极投身到现实的变革过程中。在这种参与社会变革的全过程中，人们逐渐树立起了对美好生活的追求，从这里可以看出马克思主义就是一种为未来发展方向做出指向的哲学、就是一种未来的希望的哲学。马克思主义的未来指向和希望哲学正是新时代思想政治教育现代转型的应有之义，给接受思想政治教育的客体以未来的期许，不断提升思想政治教育的实效性和针对性。

新时代思想政治教育的现代转型，就是要让人民群众树立起坚定的共产主义的理想信念，实现中华民族伟大复兴的精神动力来源。而未来指向逻辑是从思想政治教育的价值指向出发，将对于人的本质和精神世界的追求，从现实的世界引领到了人类追求的未来。从这个角度来看新时代思想政治教育的转型，就是将未来指向逻辑赋予思想政治教育的品质，同时也圈定了新时代思想政治教育的逻辑出路，将这种未来指向逻辑向度转变成了思想政治教育的方法论。从这里我们能够看到思想政治教育与人性本质的一种关联，同时这种未来指向逻辑实现了思想政治教育的方法、转变和超越。为新时代思想政治教育的现代转型提供了可以思考的空间。英国教育家戴伦·韦伯曾经说过："希望于人类而言是人类不可分割的一部分，它被描述为人类存在的基本主题和追求人类生活可能性的一个条件。"[12]4 从戴伦·韦伯的关于希望对人类的作用上面可以看出，希望对于思想政治教育的作用是将时代的主题和人类生活的内容互为一体化了的过程，是将对于未来的"可能"变为了"必然"来看待，这就是对于思想政治教育过程中的现实和未来连接了起来。

新时代思想政治教育现代转型的未来指向逻辑中，对思想政治教育的客体而言，从对未知世界的憧憬，表现在了对于信仰的一种追求。在未来指向逻辑中，信仰往往被看成了受教育者最重要的人性品质和善良的初衷。受教育者坚定自身的信仰，就是不断地提升自身综合素养的过程，在这个过程中不断强化受教育者的对于未来生活的理想追求，从而构建起了一条思想政治教育从历史逻辑到现实理论再到未来指向逻辑的逻辑进路，为新时代思想政治教育的现代转型提供了可供选择的方法论依据。

四、结束语

综上所述，新时代带给思想政治教育的不仅仅是时空上的转变，更是思想政治教育现代转型的开始。在新时代思想政治教育的现代转型进行深入分析的过程中，我们看到在推进新时代思想政治教育现代转型过程中不仅要从历史逻辑的维度来深入挖掘思想政治教育的历史阶段，更要理顺思想政治教育现代转型的阶段性特征，从而有效把握新时代思想政治教育现代转型的方向。还需要借鉴现实世界的理论，用新时代中国特色社会主义理论的最新成果来厚实新时代思想政治教育现代转型的理论基础，不断增强人民群众对思想政治教育所包含的意识形态的认同度。从而使得人民群众更加坚定思想政治教育所指向的理想信念、凝聚对未来社会的期许和共识，不断在未来指向上深化对受教育者的引导，从而达到新时代思想政治教育现代转型的目的。

参考文献

[1] 习近平．决胜全面建成小康社会夺取新时代中国特色社会主义伟大胜利——在中国共产党第十九次全国代表大会上的报告［M］．北京：人民出版社，2017.

[2] 马克思恩格斯文集-2［M］．北京：人民出版社，2009：50-51.

[3]〔法〕雷蒙·阿隆．西尔维．梅叙尔，编著．历史讲演录［M］．张琳敏，译．上海：上海译文出版社，2011.

[4] 马克思恩格斯文集-8［M］．北京：人民出版社，2009：52.

[5] 毛泽东选集-第四卷［M］．北京：人民出版社，1991：1123-1124.

[6] 马克思恩格斯选集-2［M］．北京：人民出版社，2012：14.

[7] 马克思恩格斯选集-1［M］．北京：人民出版社，2012：9-10.

[8] 王易．论思想政治教育学科的理论创新［J］．高校辅导员，2016（4）3-13.

[9] 恩斯特·布洛赫．希望的原理-1 [M]．上海：上海译文出版社，2012：2.

[10] 习近平谈治国理政 [M]．北京：外文出版社，2014：36.

[11] 恩斯特·布洛赫．希望的原理-1 [M]．上海：上海译文出版社，2012：5.

[12] Darrenwebb. Pedagogies of hope [J]. Studies in Philosophy & Education, 2013：4.

任务型教学法
在对外汉语教学中的应用

覃　思*

（贵州民族大学人文科技学院文传学院，贵州贵阳　550025）

摘　要：任务型教学法在20世纪末已经为欧美地区教育界所用。自2000年以来，国内外的教育工作者都开始意识到任务型教学法的优越性，并纷纷开始将该种教学法应用到他们的教学工作中。其中，对外汉语作为教学界的一大分支，在此之后开始研究讨论这个新的独特创新教学法理论。经过后来专家学者的不懈实践、研究、探讨，发现该教学法完全符合在语言学习过程中，学习者和教师对学习最佳状态的需求，也就是充分而实在地使用语言进行交流，并且激发学生的积极性。但在很长时间内，任务型教学法被海内学者及教师在教授外语过程中采用，相对而言在对外汉语领域的探索比较少见。笔者阅读、整理和汇集了大量的文献资料，对任务型教学法的定义及相关研究进行了阐释，旨在寻求对外汉语课堂教学模式的突破。

关键词：任务型教学法；对外汉语教学

---

* 覃思（1992—），女，汉族，硕士研究生，贵州民族大学人文科技学院教师。

引 言

改革开放以来，中国的经济不断发展，已超过日本成为世界第二大经济体。经济的快速发展也使得我国在世界舞台上占据越来越重要的地位，因此学习和运用汉语的人数日趋上升。自然地，在对外汉语教学过程中也暴露出了更多的问题，例如一部分的学生在外国无法真实自如地运用汉语进行学习和交流等。

任务型教学法认为，学习的动力即是“任务”，教师要按照所要学习的内容来设计安排“任务”，学习者在执行“任务”的时候运用所学的语言。其次，任务型语言教学法的核心是“从‘做’中‘学’”，它的终极目标就是培养学习者的交际能力。所以该教学法对对外汉语教学工作有一定帮助，同时，帮助越来越多的汉语学习者学好汉语、了解汉语、说好汉语。

一、任务型教学法概述

（一）任务的定义

20 世纪 80 年代初，“任务”（task）这个词受到了西方教育学家和语言学家的广泛关注。在那时，虽然“任务”在应用语言教学领域中非常流行，但是对于这个词的定义还没有一个统一、权威的结论。

20 世纪 80 年代末，西方教育学家以及语言学家 Long（1985：89）首次贴合生活，研究了“任务”一词。他认为，油漆工刷油漆、做饭、买衣服、购买车票、逛超市等与人们生活、消遣、工作等方面息息相关的行为都能称之为任务。由此，他给任务下了以下定义——我们为自身或为他人服务所做出的行为都能称之为任务，并且我们可能会因为这种服务行为而获得相应的报酬。所以任务是和人们生活息息相关的，运用到课堂教学中就是说要以交代“任务”的方式让学习者尽力去完成它，并在过程中用所学的语言进行基本生活语言的操练，并培养交际能力。

随后，Richards 等人在 Long 研究的基础之上，也加入了“任务”一词的研究中，他们认为“任务”一词往往需要在开始时听到命令，在结束时看到完成任务的标志（Richards Platt & Weber，1985：289）。以我们的外语教学为例，在课堂开始之时，需要老师给同学们一个该堂课要完成的目标，在最后时，老师还要展示同学是否完成目标的标志。由此可见他对“任务”下的定义慢慢地在任务的制定和语言的理解之间搭起了桥梁。

在西方语言学家 Prabhu 对于“任务”一词的研究试验中，我们可知，他已将思考也纳入了任务的范畴。他认为人们在完成任务的过程中，要不断思考如何才能更完美地完成任务，并且根据自己的思考来不断纠正之前存在的错误（1987：17）。

西方教育学家 Breen 开创性地提出——我们可以将任务和语言学习相结合。并给这种任务性的语言学习行为下了以下定义：将语言教育作为最终目的，通过一系列的任务分配达成教学目标（1987：23）。

20 世纪 80 年代末，著作 *Designing Tasks of the Communicative Classroom* 诞生，它是世界上第一本有关于任务型教学的图书，并且它的作者 Nunan 也在他的书籍中提出了“任务涉及学习过程方方面面”的观点。他认为老师应该更加注重学生的口语练习，而不应该把课堂的重心都集中在自己的讲授过程中，并且在整个课堂过程中，老师讲课，同学练习，同学完成作业等行为都可称之为任务（1989：10）。

Littlewood 则认为，任务可以是由个别学生单独完成的，但是在多数的时候是由小组完成的；任务可能是在某项竞争中完成的，但更多时候是合作完成的（2002：10）。从他给的定义中我们可以看出，任务的完成需要成员之间配合、合作，而不仅仅是成员之间的简单的语言交际活动。

Ellis 也给任务做出了最简单浅显的阐述，他认为在我们的语言交流过程中，所有传输我们本意的运动活动都可称之为任务（2003：9）。

我们对比参照以上众多教育家、语言学家关于“任务”一词的认知，可以知道他们每个人由于种种原因，最终对于“任务”一词的看法都不尽相同。当然，不可否认的是每种观念都对人们对于“任务”一词的认知起到了推动作用。

（二）任务型教学法的概念

任务型教学法是以任务为整个教学设计和实施中心的教学法，也就是由教师带领学生在课堂上完成所给任务来进行教学的方法。简单地说，在一次具体的教学活动中，教师根据课文内容来设计安排一项合理有趣的任务，在课上要求学生用对话、问询、阐释等方式完成这次任务，最后达到真正意义上培养语言交际能力的目的。

美国应用语言学家 Kumaradivelu 的研究可以帮助我们从本质上理解任务型教学法。他认为，大部分的语言教学法都可根据其关注的焦点分为以语言为中心的教学法（language-centered approaches）、以学习者为中心的教学法（learner-centered approaches）和以学习为中心的教学法（learning-centered approaches）等三大类（1993：69）。据此归类，任务型教学法是属于第三类教学法，较另两种学习法更注重于学生的学习过程。任务型教学法重视给学生在课上足够多的时间和机会去用语言进行操练，同时帮助学生学习课本知识。

（三）任务型教学法的特点

任务型教学法的主要特点有以下三点：

第一，运用与生活息息相关的语言材料。相对于传统的教学模式，任务型教学法提供了更加真实的语言练习环境以及内容。

第二，重视语言练习的过程。在任务型教学法指导下的语言学习课堂，更加注重培养学生运用所学语言交际的能力。

第三，强调课堂教学以学生为中心。

所以我们可知，任务型教学法同传统教学法不同，它鼓励将学生作为课堂授课的重点，注重学生实践与学生学习的关系，二是充分调动起了学生的主动性，强调学生的主体地位。

（四）任务型教学法的原则

在运用任务型教学法进行指导教学时，教师应该遵循以下的原则：

第一，互动性原则

互动性原则使得学习者有更多语言输出的机会，由于教师布置了一定的任务，为了完成任务学生就必须说出学习的语言，在学生和教师的互动中，能够同时关注教师与学生的语言信息输出和输入情况。

第二，真实性原则

首先教师要保证任务设计的真实性，这中间包括教师根据课文内容在设定社会生活场景时的真实性，还包括这个任务设置是对学习者学习该部分语言知识是起到有益的帮助作用。

第三，学生为主原则

任务型教学法指导下的教学活动，必须是紧紧围绕学生是主体的原则，教师只是起到辅助、引导以及组织的作用。教师必须拿出一个良好的设计，这个设计有利于学生之间积极的交流，给学生足够的语言表达空间。让学生在较为轻松、快乐的状态下运用学习的语言进行沟通，学习新知识，完成所给任务。

第四，课堂语言学习与课外语言运用的相关性原则

在学中用，在用中学，学生会因为自己现在所学的内容是和自己的生活、学习息息相关的，而激发自己的学习兴趣。若所学习内容切实贴近生活，学生也更愿意运用该语言进行交流。

（五）任务型教学法的实施步骤

研究者们先后提出了不同的操作模式，在这些模式中有一些已经得到了教育界广泛的认同，并且用于实践，比如 Willis（1996）模式，故本文主要运用该模式进行研究设计。

Willis 是一位英国的语言教育学家，其研究内容主要是关于任务型教学法的实践研究。Willis 首次提出了在我们进行任务型教学时，可以将口语教学分为三个独立的步骤：前任务（pre-task）、任务环（task-cycle）、语言聚集（language focus）。并且这些阶段在他的著作 *A Framework of Task-Based Learning* 中都有详细的阐述，并且这本书因为影响巨大，在世界很多国家都已发行，其中，在中国名为《任务型课堂教学结构》。

1. 前任务

授课刚刚开始时，老师就要向同学介绍本节课的前任务，并且往往每堂课的前任务都不尽相同，都有独立的主题，使学生知道自己大概要做什么，以便之后任务完成过程的顺利展开。

（1）介绍话题

老师向同学讲授本堂课进行所围绕的主题，使得同学们能够发散思维，联想到更多的有关本堂课的知识，有利于提高同学听课的积极性。

（2）激活语言

教师向学生做一些初步的词汇学习引导工作，让学生先熟悉一些重要词汇。

（3）准备活动

不仅需要老师课前进行备课，同学也可以事先查阅本堂课的一些语法知识以及发音技巧。

2. 任务环

任务环并不是一个单一的过程，它占据课堂的大部分时间，通常要兼顾任务、计划以及汇报三个方面的内容。

（1）任务

任务这一环节考验学生灵活使用语言的能力，它需要学生同搭档或者整个学习小组之间应用上堂课所学的语言知识，进行沟通交流。学生要以自己被安排的角色为根据来与别的同学进行沟通交流。在这段时间内，教师应尽量地少说，在一边观察以及掌控局面，让学生自由发挥，不用担心自己的语言偏误，直到完成任务。

（2）计划

老师事先给学生分配任务，并要求同学在最后以汇报的形式，将每个小组完成任务的结果展示出来。那么这样，学生内部自己讨论派哪位同学作为代表作报告并且商量本组的报告内容。这个时候，教师根据设计情况可以变身语言顾问，给需要帮助的学生一定的指导和建议。

（3）汇报

考虑到时间问题，汇报这一环节就需要每个小组都选举出一位代表向老师以及同学汇报本组完成任务的情况，其中，在汇报的过程中，汇报者不仅要展示最终的结果，也要介绍本组完成任务时的分工情况等。这时教师可充当评审人员对每组的任务报告和完成状况作出相应评价。

3. 语言聚焦

完成教师所给任务的最终目的是可以帮助学生系统而完整地掌握语言项目，并且对所学语言知识能够主动积极地运用和练习。

最后我们会发现，任务型教学并不像我们想象的那么死板，它并不要求语言的精确度，也不看重表达者的流利度，它注重的仅仅是实际的沟通交流情况。

二、国内外的任务型教学法研究

（一）国外任务型教学法研究现状

任务型教学法从 20 世纪 80 年代开始就备受学者和教育学家的关注，并且在外语教学法中充当着非常重要的作用。几十年前，应用语言学家们对该教学法进行了初步的探索和研究，那时候任务型教学法还处在实验研究阶段。实验中最著名的是在 1979 年，英国教育学家 Prabhu 博士进行的 Bangalore 交际教学实验。虽然这次实验相当著名，他却不是发明任务型教学法的人。其实很久之前，就有学者认识到任务型教学法的优越性，当然那时还不存在“任务型教学法”这一名词，他们认为在学习语言的过程中，应用永远比学习重要。Bangalore 就是具有先见之明的那位学者，他在实验授课过程中，给学生们分配了各种各样的任务，并要求他们应用所学到的语言知识去完成任务，而不仅仅依靠老师的讲授。最终，他发现这种授课方法的实际效果很好，因此，这次实验被认为是任务型教学法的雏形。

随后，越来越多的语言学家开始了任务型教学的研究，并把他们的最终研究成果都写入了他们的著作中。例如，1986 年初，Nunan 首先根据他的研究结果，为任务型教学完成了首份大纲；第二年，Yalden 在先人的基础之上更加完善了任务型教学大纲，与此同时，他在《语言教学课程设计原理》一书中也对任务型教学大纲做了进一步的阐述，该本书对任务型教学的细致描述，也对后来人们对于任务型教学研究起到了关键作用；1987年，美国语言学家 Candlin 和 Murphy 二人合作出版了名为《语言学习任务》的著作，其最大的贡献在于他们对各种不同的“任务”进行了研究和介绍。

20 世纪 80 年代末期，英国语言学家 Nunan 的新书《交际课堂的任务设计》一经出版，立刻引起了广泛的关注。该书开创性地提出了交际课堂任务设计模式，这本书的出版是任务型教学法的正式形成的标志。

1996 年，Willis 在他的著作《任务型学习模式》中总结出了任务在课堂实施中需要遵循的五项原则，并且 Willis 首次提出了在我们进行任务型教学时，可以将口语教学分为三个独立的步骤：前任务（pre-task）、任务环（task-cycle）、语言聚集（language focus）。

此外，Skehan（1998）在《语言学习认知方法》中提到“任务”的五大特点，与此同时，他还指出我们应该设计合理有趣的课堂任务，使得学生有能力、有兴趣去完成课堂任务，并且不能过度的依赖老师的讲授，学生要在“听”和“用”之间找到一个平衡点。

纵观以上的研究成果，任务型教学的研究已经相对较于成熟，在口语课堂的任务分配、老师讲授比重、学生练习比重等方面都较为合理。在国外 20 多年的任务型教学模式的发展过程中，很多的语言学家都为之做出了不懈的努力。我国也不能故步自封，要借鉴国外先进的语言学习模式，大力发展我国的对外汉语教育。

（二）国内任务型教学法研究现状

20 世纪 90 年代，我国对任务型教学法的研究才开始起步。对于国内的研究学者来说，任务型教学法是语言教育学界一个全新的教学法，因此该教学法研究的引入在教育学界得到了广泛的重视，同时引起了和该教学法有关的实验研究热潮。

香港教育署于 1996 年制订了英语教学大纲，该大纲将任务型教学法作为教学的主导方式之一；于21世纪初期，我国政府也意识到了任务型教学对于语言学习的重要性，并且教育部通过了《全日制义务教育普通高级中学英语课程标准》这一文案，首次提出要将任务型教学当作英语教学的主要途径，同时对任务型教学的理念、原则、活动类型、学生心理过程等进行了较为详细的阐释。从那时开始，任务型教学法在国内的英语教育领域开始慢慢得到重视，并为教师学者广泛研究使用，活跃于国内教育学界。我国国内很多的教育界的学者也纷纷开始研究任务型教学法，在2003年期间，罗少茜等人深入研究了任务型教学的主要思想并编撰成书，并且书名直接命名为《任务型语言教学》；同年，鲁子问也在他的新书《中小学英语真实任务教学实践论》中，阐述了他进行任务型教学实验的过程以及最终结果；第二年，程晓堂进一步研究了任务型教学法，并将这种教育法与我国的英语学习实际情况结合，提出了一些适合于我国英语教学，切实可行的意见，并且他的这些建议也都收录在了他的著作《任务型语言教学》中；最后，林立又于2005年，根据自己多年的教学经验，在他的新书《任务型学习在英语教学中的应用》中，列举了大量的真实案例来分析任务型教学法对于英语教学的影响。

在各专家学者将诸多新鲜血液引入了我国，融合于实践英语教学中之后，这股热潮使得对外汉语界也慢慢开始了运用这个新的教学法进行实践探索，与此同时也获得了许多有益的成果。马箭飞最早将此类教学手法运用到具体计划中。2000年，他提出了有关汉语交际任务的教学策略，对其客观定义之后成立了新型组织单位，于2002年正式对大众实施了课堂教学设计计划；赵刚是马箭飞理论的首位支持者，于2005年在《对外汉语初级口语练习和任务型教学法的运用》之中发表文章，提出了任务型教学法的相对条件优势。文章发表之后他通过实践教学向大众展示了操作流程和应用手法；王燕于同年发表著作《超越句型训练》，对教学过程进行了详细分析，提出有关对外汉语的教学原则；马晓文的教学手法可谓历史性的革命创新，他将听力教学与导入式教学联合分析，融合二者的优点、特点，将教学成果放大化；盛双霞于2007年在《对外汉语实际教学的任务基础》中刊登文章，在课堂实际教学的环境下，运用各项任务对外国学生的交际能力和汉语水平进行了全面的综合评估，这无疑是个比较大胆与新鲜的尝试；2007 年，顾婷继赵刚之后提出了全新理念，将教学分为三个模块版型——计划实施前、计划实施中、计划实施后，围绕任务型教学手法开展了汉语口语课，在此次教学中将三个模块剖析展示；李燕则提出了不同的模块分类——引进、熟练、输出，以教材中的文章为模版，配合问卷调查，用真实的统计数据表明了任务型教学的本体优势。

三、对外汉语教学中对任务型教学法的应用

整理国内外相关研究的资料后，笔者发现目前为止国内对任务型教学法的研究有一定的局限性，存在着不足的地方：首先，近几十年，国内的专家学者还是将绝大部分的注意力放在对英语教学的研究上，仍以任务型教学为核心，对其他领域的教学投资过少，尤其是对外汉语教学，几乎不受重视，且无一重大研究成果。我国的研究方向和水平较国外科研团队相比略逊一筹，有关任务型教学的研究进展缓慢，因为国内的研究大部分还是倾向于跟从国外的新潮思想。其次，在对外汉语教学领域，研究者重点研究了任务型教学法对初、中级阶段教学设计的影响，而很少涉及高级阶段的教学设计也可以运用该教学法。与此同时，通过搜集国内专家学者的文献资料可以看到，国内对任务设计的方面总是一味介绍理论，具体的教学实践不多。对国外的前沿理论和最新研究，国内还停留在翻译和介绍的阶段，有待专家学者深一步地去挖掘。

在目前教育界新的环境的引导下，出现了一种新兴的教学课堂，这种新兴的教学形式与传统的教学课堂大不一样，不再是教师满堂灌，而是开始了以教师做辅助、学生做主导的形式，这种形式体现在任务型的课堂教学中，教师应找准自己的位置，教师最主要的任务是设计课堂，然后要组织课堂，再然后是要对学生提出合理的建议，最后要针对本次课堂进行点评与分析。

教师不仅要习惯自己角色的改变，还要不断提升自己的专业素质，尽管新兴的教学课堂要求教师不再是决策者，不再占据主导地位，但教师依

旧是一个非常重要的角色，更关键的是，进行这种课堂教学的老师所要做的备课与总结要比其他教师多很多，也是望尘莫及的。同时，教师若要十分全面地了解学生，不仅需要十分了解学生的情况，还要熟知一些跨文化的内容。不仅如此，一些语言教师在进行教学的时候还要大力推广中国文化，这就需要他们熟知目的语文化。

任务型教学法与传统教学模式相比是十分具有难度的，由于它所采用的内容排序方式是按照交际功能来进行，所以它的关键在于培养学生的交际能力。根据语言形式来进行比较，传统教学倾向于针对第二语言，然而，任务型教学认同语言的意义是靠语言形式来支持的，所以对此并不进行要求。于传统教学中，常常会由于学生产生的诸多学习方面的错误的语言点使教师手足无措，无从下手，然而，新兴的课堂教学则会解决这一问题，他们开始降低对这方面的要求，也一定程度上调节了这些语言点的难度，只要能在正常交际中不存在这样的问题就算达成教学目标。由此，教师开始把重点放在让学生学习、在适当的环境下如何运用合适的语言，而对于学生来说，他们的学习任务也是学会在什么样的地方该说什么样的话，掌握正确的语言形式。

四、结论

时代在不断进步，墨守成规的教学方式渐渐不适合现在的教学环境，因此，出现了任务型教学法这样新兴的教学方式。我们在失败中不断修正教学设计，不断摸索着前进，形成了现在的任务型教法，尽管它不是全能的，但是一定能够给我们带来一些有意义的积极影响。我们实行这种教学方法，主要目的是要提高学生对学习的热情，毕竟课堂时间很短，我们要进行高效教学，用一种充满活力的方式让学生学得更多，同时加强他们的沟通能力，对他们的成长有很大的积极影响。

参考文献

中文类

[1] 陈绂．对国内对外汉语教学的反思——AP 汉语与文化课及美国教学实况给我们的启发［J］．语言文字应用，2006（6）.

[2] 陈宏，吴勇毅．对外汉语教学课堂设计［M］．北京：华语教学出版社，2003.

[3] 程棠．对外汉语教学目的、原则、方法［M］．北京：北京语言大学出版社，2008.

[4] 程晓堂．任务型语言教学［M］．北京：高等教育出版社，2004.

[5] 龚亚夫，罗少茜．任务型语言教学［M］．北京：人民教育出版社，2003.

[6] 加涅等，著．教学设计原理［M］．皮连生等，译．上海：华东师范大学出版社，1999.

[7] 陆华，李业才．对外汉语教学运用任务型教学理论的优势［J］．继续教育研究，2009（7）.

[8] 林立．任务型学习在英语教学中的应用［M］．北京：首都师范大学出版社，2005.

[9] 刘珣．对外汉语教育学引论［M］．北京：北京语言大学出版社，2000.

[10] 徐子亮，吴仁甫．实用对外汉语教学法［M］．北京：北京大学出版社，2005.

外语类

[1] Candlin C. N, Murphy. Language Learning Tasks［C］. London: Prentice-Hall International, 1987.

[2] Ellis R. Task-based Language Learning and Teaching［M］. Oxford:

Oxford University Press, 2003.

[3] Kumaradivelu K. The Name of the Task and the task of Naming: Methodological Aspects of Task-based Pedagogy [A]. G Crooks, S M Gass. Task in a Practice [C]. Frankfurt Lodge: Multilingual Matters, 1993.

[4] Long M. A Role for Instruction in Second Language Acquisition [A]. In: Hyltenstam K, Pienemann M. Ed. Modeling and Assessing Second Language Acquisition [C]. Clevedon Avon: Multilingual Matters, 1985.

[5] Nunan D. Designing Tasks for the Communicative Classroom [M]. Cambridge : Cambridge University Press, 1989.

[6] Nunan D. Designing Tasks for the Communicative Classroom [M]. Cambridge : Cambridge University Press, 1989.

[7] Prahu N. S. Second Language Pedagogy: A Perspective [M]. Oxford: Oxford University Press, 1987.

[8] Skehan P. A Cognitive Approach to Language Learning [M]. Oxford: Oxford University Press, 1998.

[9] Willis J. A Framework for Task-Based Learning [M]. U. K. : Longman Addison Wesley, 1996.

[10] Yalden J. Principles of Course Design for Language Teaching [M]. Cambridge : Cambridge University Press, 1987.

论大众文化对高校美学教育的影响

周玉洁*

（贵州民族大学人文科技学院，贵州贵阳　550025）

摘　要：在大学生发展中，美学教育发挥着十分重要的作用，新时期下伴随着社会多元文化的发展，大众文化全面兴起，这对高校美学教育带来了极大的挑战。大众文化的关键在于娱乐、消费，深受大学生的喜爱，在这种情况下，如何引导大学生正确地看待大众文化，形成科学的审美观，成为高校美学教育的关键。对此，下面就大众文化对高校美学教育的负面影响、积极影响及高校美学教育的应对策略展开全面分析。

关键词：大众文化；高校；美学教育；影响

前　言

大众文化拓展了“文化”的边界，活跃、丰富了人们的日常生活，使

---

* 周玉洁（1982—），女，汉族，四川简阳人，贵州民族大学人文科技学院副教授，贵州民族大学人文科技学院文学与新闻传播学院中文系系主任，硕士研究生。

人们的日常娱乐与流行现象增添了文化的韵味；但是某些过度的娱乐性、标准化以及消费主义的盛行，对于大众的正常文化生活产生了许多消极的影响，良莠不齐的内容造成了大学生普遍存在审美缺失现象，需要高校美学教育工作者加以重视并积极应对。

一、大众文化对高校美育的消极影响

（一）大众文化自身平面性、通俗性带来了感性的过度扩张

大众文化以其感性形象方式对大学生的精神世界产生影响，在表面上与美学教育的感性教育具有同一性，但是其消费性、娱乐性与大学生的美学教育存在本质上的区别。大众文化内容一般指向世俗的生活与大众追求，只注重人们的感性与外在，忽视了所传播的内容与理性。在高校，大学生长期被大众文化的平面性与通俗性所拘囿，沉浸在功利、肤浅且平庸的大众文化中，放弃了美学教育中的感性与理性相统一的要求，放弃了理性思考与对生命意义的追求，对于高校大学生的培养十分不利。

（二）大众文化的齐一性与复制性限制了个性创造

大众文化作为一种新兴文化势力，为了满足文化受众的感官需求，大众文化制作者只能大肆重复性制作同一类作品，往往忽视文化作品的独创性。且随着技术的不断进步，大众文化作品出现了人、机器合作的趋势，其具有一定的审美外观，但是千篇一律的表面美感，限制了人们的想象空间，因而创作的作品也缺乏个性、创造性与自主性。对于高校大学生的美学教育来说极为不利，主要是钝化了学生们的想象力，削平了学生们的个性。

（三）大众文化过于娱乐性与媚俗性，弱化了学生对美的感知能力

当今社会，紧张、压抑、不自由是人们普遍的心理特征，因而“及时行乐”成了大众释放压力的渠道，因而普遍采取了娱乐的形式来取悦大

众，炫目的广告、搞笑戏说类节目、欲望小说、报纸杂志上明星炒作等都是取悦大众的具体做法，大众享受了感官上的刺激并获得了低层次的满足感、快感，忽略了高层次美感的影响，这也充分说明快感与美感有着本质区别，快感在感官生理上给大众以愉悦，美感则在精神层面给人以慰藉。

二、大众文化对高校美育的积极意义

（一）大众文化有助于提升大学生的审美能力与综合素质

在人们的审美活动中，不同的审美对象对审美能力的要求不尽相同，简言之，审美能力的提升是由低级至高级、由简单到复杂的一个过程。一些较为通俗的、优秀的大众文化，是人的审美能力提升的初始化台阶，并且在不断发展中其格调与品位也会不断提升，而那些感性审美也将被人们所摒弃。总而言之，富于审美性、创造性及理性的文化与其市场占有率并非相悖，大众文化也会在不断发展中提升其自身的审美价值，对于高校大学生来说，这也能够很好地提升自身的审美素质与能力。

（二）积极健康的大众文化丰富高校美育的内容

大众文化本身具有通俗性，但是其内容还是有一定的审美价值，大众文化表现出了良莠不齐、精华与糟粕同在的情况，而一些较为优秀的、积极健康的大众文化作品蕴含了自然美、社会美或艺术美的内容，这些蕴含美的大众文化内容都可以纳入高校美学教育中，成为美育教育的教学资源。真正使美学教育走出高雅的艺术殿堂，融入具体的日常实践生活中，使大学生能够同时欣赏到艺术美、生活美。大众文化中的审美内容纳入高校美学教育实践中，作为课堂美学教育的补充。

（三）大众文化为高校美育开拓新的渠道

大众文化传播载体是先进的传播技术，普通大众以及在校大学生正通过网络、广播、电视、杂志等形式接触大众文化，并且在潜移默化中深受大众文化的影响。由此可以得出，高校大学生接受美学教育的渠道不仅仅限于课堂、艺术鉴赏活动以及校园文化艺术节，也极有可能来自较为发达的网络、自媒体、报纸杂志等渠道，使得大众文化的覆盖面更加广泛，同时也方便了学生接受与得到美的熏陶，拓展高校美学教育的实践场域。

三、大众文化视角下高校美育的应对策略

（一）加强校园文化建设，注重校园文化的美育功能

广义上来说，校园文化包括了校园内各类艺术活动及其氛围，也指师生、生生间的交往关系及校园内学生的学习、生活环境。校园文化与学生的生活密不可分，因而对于大学生的审美教育不容忽视，另外，校园文化具有浓郁的大学精神及人文氛围，比通俗的大众文化更加的纯净。因而，各高校应加大校园文化建设投入，提升校园文化的品位与人文性，使校园文化赋予时代气息，以促进校园文化建设向着健康方向发展，在无声中发挥出美学教育的效能。

（二）加强美学美育理论教育，帮助大学生树立正确的审美观

进入高校前，学生会在感性层面上完成对艺术作品的鉴赏及艺术技能的借鉴吸收，系统的理论性知识缺乏；进入高校后，大学生的美学教育若缺乏全面性，则会导致审美意识薄弱，审美观念消极、负能量。并且从思维能力方面来说，大学生的理性思维发展较好，美学的理论教育成效则越显著，美学理论为学生指明了方向，帮助学生自觉的发现美并按照美的规律来塑造不一样的生活。教师应加强大众文化的分析与介绍，让学生从课堂上全面、系统的了解学校美育大众文化，对大众文化做出正确、客观的评价。

（三）广泛开展艺术鉴赏及实践体验相关活动，提高审美鉴别力

大众文化中存有很多负面文化且在高校中极为盛行，暴露出了大学生

的审美能力及审美趣味的缺失，这是由于高校美学教育缺乏对高校大学生艺术实践与艺术鉴赏的锻炼。大学生中间普遍存在对高品位、高雅艺术比如话剧、歌剧、交响乐等体会不到其中的艺术美和乐趣，而对于一些较为通俗甚至低品位的大众文化感兴趣。高校应开展多种形式的艺术实践与艺术鉴赏活动，引导大学生学会美的想象、欣赏、评价甚至创造，提升自身的审美能力与趣味，具体可以设置选修课或课外艺术兴趣小组，让大学生自身根据自身兴趣有选择性地参加，让学生在交流互动中实现自我美育。

（四）寓教于乐，突出审美教育感性特征

高校美学课程应突破传统课堂教育，除了讲授基本的美学理论知识，探讨美的规律，还应借助一定的审美对象，引导学生学会体验美、感受美，并能间接的陶冶情操。以学生的学习兴趣为出发点，通过在大众文化中得到启示来进行美育课程的学习，充分做到寓教于乐。另外，高校美学课程教师还应突破传统教学手段的限制，充分利用多媒体进行课堂教学，为学生直接展现生动、形象的艺术作品，突出美学教育的感性特征，用自身对审美对象的真实感受来打动学生的心灵，让学生学会欣赏美、感受美。

四、结论

综上所述，面对大众文化对高校的美学教育的积极与消极影响，需要高校美学教育者在客观评价的基础上进行审美教育活动，突破传统课堂教学模式，改善教学手段，摒弃大众文化中的消极成分，扩大积极影响，切实提升高校大学生的审美修养与审美水平。

参考文献

[1] 祝小茗，石优春．大众文化对审美教育的影响及对策探讨［J］．儿童发展研究，2017（01）：23-27.

[2] 哈斯巴根．浅谈大众文化对高校美学教育的影响［J］．山海经，2017（09）：41.

[3] 王宗峰，陈慧敏．论大众文化对高校美学教育的影响［J］．美与时代，2016（08）：34-36.

[4] 李芳．流行文化对高校美学教育的影响［J］．知识经济，2013（10）：157，164.

“微拍”在高校新媒体视频制作课程中的应用与实践

赵室玉[*]

（贵州民族大学人文科技学院，贵州贵阳　550025）

摘　要：移动终端的媒介改变了传统视频制作大规模、大容量、大投资、周期长的特点，微传播应运而生的微视频成为媒介新宠儿，市场的需求成为教学要求。媒介环境的改变，顺应学科融合的需要，高校各专业课程中都开始设置了新媒体视频制作课程，并在实践应用的比例中越来越高。然而视频制作课程的特点是文字语言转变为视听语言，两种语言体系对于高校多年传统应试教育的文理科学生来说，不光是数字技术的难题，更是视觉阅读的审美缺失。高校视频制作课程的设置作为专业应用实践课程的一部分，课时短、学习内容多、实践少、投资小，造成学生只是走马观花蜻蜓点水式的学习，只能完成简单的视频段落的拼接组装。所以根据学生特点和高校课程设置的特点，新媒体视频制作的教学设计显得尤为重要。“微拍”以时长短、体例小、成本低、技巧多、易传播、效果好，易于解构和分析，能够快速掌握创作基本规律，符合大众的审美情趣等特点，可以让学生有成就感从而产生浓厚的兴趣，转被动学习为主动研发练习，做

* 赵室玉（1977—），女，汉族，贵州民族大学人文科技学院教师。

到内容和技巧同步精进。

关键词：视频制作；微拍；视听语言；主题教学；闭环

通过对高校新媒体视频制作课程的调研，大部分的专业开设视频制作课程只作为该专业实践课程的一个模块并不完整。虽然课程名称各异、方向也有所侧重，但是课时安排与教学内容大致相似，一般一周一次课两个课时，教学内容基本定位为软件和摄像设备的器材使用，得出的教学结果也只是完成视频段落和画面组接。新媒体视频制作是一门技术与艺术结合的综合性很强的学科，对技能性很强的学科是需要大量的实践时间去学习和练习的。传统教学流程是先掌握概念，器材和软件的使用方法，然后按照器材和软件的功能一项一项地完成，将综合技能分解成知识碎片。上课时间不够讲，下课时间学生不会练，教学结束没搞懂，学生连作业都很难完成，更别说作品。要求不高，学习结果敷衍，没了成就感，除了上课时间听课，下课还需要自学，拍摄素材辛苦，团队协作容易有矛盾，还会产生制作费用，学生丧失了学习兴趣，教学效果自然不好。还有一种可能是学生学会技术却掌握不了内容，内容粗糙、概念错误还进行传播，危害极大。介于以上问题，教学必须根据实际情况进行设计，以主题教学方式调动学生自主研学的动力，才能在有限的教学周期内正确、完整的让学生掌握新媒体视频制作的重点、难点。

“微拍”是继“微电影”之后，随着视频技术的发展和媒介传播的变化出现的具有完整视频制作元素和流程，利于快速裂变传播的视频生产工具，主要指“微时间”拍摄，高校和行业专家一致认为微拍的最长时间应该在三天以内。2015 年“微拍”活动开始初见端倪并迅速涌现，比如 2015 年公益活动“24 道拐”经历 24 小时微拍创作，106 部微视频完成 2000 多个朋友圈 1000 多个网站传播；2018 年日照“东夷小镇杯”全国高校大学生微拍大赛，500 名参赛选手通过采风的形式完成微拍创作。以“东夷”为例，呈现作品形式多样，有 1 分钟的旅拍，有 2 分钟的城市宣传，也有 3 分钟不到的电视散文体，更有剧情故事片，形式多样、内容丰富。“微拍”一般从传播角度策划、结合营销活动举行，从这几年的活动来看，主要结合时代主题，以公益和传播正能量为目的开展，制作周期短、技术提升快、传播效果好等特点，对新媒体视频课程的教学和实践有非常大的积极作用。具体如何结合，笔者提出以下方略：

一、以赛促教的主题教学

“微拍”活动一般以比赛的形式呈现，同一主题，题材不限。比赛是学生转变作业为作品要求的方法，学习要求高，学生研学能力提高，学到的内容也就越多，文化品位、媒介素养、审美素质得到快速提升。教学第一周介绍赛事，解构样片提出要求。例如结合十九大扶贫攻坚主题，结合“微拍”中旅拍形式促进落后地区旅游业发展，以一日游的活动方式完成大量微拍作品进行网络传播，主题和内容是结合了教学的媒介素养和职业要求，参加实战完成技术学习。

二、拉片、模仿再创作

传统视频制作分为内容前端、中期拍摄和后期剪辑。其中前期内容需要大量的调研和采访才能完成视频制作的脚本、分镜等文本方案；中期拍摄的设备多、难掌握、出行难；后期素材剪辑设备要求高、耗时长、技术难等这些问题对于非专业学生在初学阶段短期内是很难掌握的。拉片——是通过对同类题材优秀样片的解构分析，分出镜头数并截图画面作参考；模仿——按样片镜头比例安排内容比例，画面造型元素根据样片截图为拍摄分镜头脚本，即便没有学过美术造型，不知道景别角度和用光都可以依葫芦画瓢采集可用素材；创作——是基于基础知识掌握，大量阅读和实践经验，能分析技巧并执行操作才能具备创作能力的，所以速成的不是创作能力，而是化繁为简，让学生有浓厚的兴趣自行研发才是持久和有效的学习。“微拍”中旅拍以一分钟的视频要求，流程完整、内容凝练、技巧酷炫，对拍摄和剪辑设备要求不高，易于让学生掌握。而且旅拍的内容前端的调研，比如查询景点、旅游攻略是带着旅行游玩的心情准备的，让任务变得有趣。明确标志性建筑、符号性画面、代表性道具、民俗性服装、特色性美食、情绪性表情，根据参考样片分出比例、制定拍摄方案。素材目的清晰、数量分明，分工采集节约时间，减少资金投入，高效完成任务。采集难度在技术上指导学生掌握摄像四要素：稳、准、平、匀，出发前熟悉设备、准备充分即可，一般旅拍使用的都是便携摄影设备，比如航拍、gopro、手机、微单、gopromobile 等。

三、技术、技巧与传播

微拍中旅拍的形式在一分钟内要包含景点所有的信息量，从建筑到人文、从民俗到美食、从当地人到游客、大到地理位置、天气状况，小到特殊的指尖手艺、艺术品细节，如何在有限的时间内有节奏的展现？锻炼了学生内容整合和筛取选择的能力，从读者意识的角度去分析素材和技巧，比如景点最强音是标志性的建筑，观众如何印象深刻，地域性、代表性符号意识强烈？如果航拍地理位置，面积大飞行时间就会长，在有限时间内如何截取片段的思考，就会有几种应对方案。比如截取标志性建筑中最具符号画面的跳切重复进行强调；或是将长镜头中间的部分加快速度以缩短整个镜头的时间长度；抑或是延时摄影，技术更高的是移动延时。传统教学中这些技术课堂讲授和课后练习足足可以耗费整个学期还未必搞懂，但是在以赛促教的过程中，在学生创作欲望浓烈的研发下一次微拍就学会了。整套流程完整的经历一遍才能对视频制作的各个环节搞懂。视频制作不只是内容和画面，还有声音，反复的剪辑工作容易枯燥乏味，而旅拍使用的声音都是极具节奏感的音乐，这在年轻的学生中是受欢迎的，也能在画面和声音里揣摩到节奏剪辑的技巧。除此之外，环境音、特色音效，比如民俗乐器、歌声、美食制作的声音等都让旅拍代入感增强，学生在制作后期的时候就掌握了多音轨混音。学生达到比赛的要求而制作的作品肯定会自发进行传播，一是成就感的体现，二是需要市场检验。现代网络传播的交互性，很快就能得到反馈和互动，有利于学习的总结，所以"微拍"于新媒体视频制作的应用和实践是切实可行的。

笔者通过实践证明，在参加 2018 年山东日照“东夷小镇杯”全国高校大学生微拍大赛中指导学生荣获二等奖，耗时两周收获颇丰，对学生来说，科技发展让视频制作的设备越来越平民化，不用专业学习只要有兴趣都可以对视频制作处理，但是要求不高、不去研发就仅限于段落组接和相册展示。以赛促教除了提高学习要求，掌握内容生产和视频制作规律，有了表述的愿望，掌握了表达的技巧，成就感会形成闭环，一种微拍形式无法满足学习需求就会研发第二种。对于非专业初学的学生在一个教学周期中应该可以掌握“微拍”基础并且能完成两到三种形式的视频产品。新媒体视频制作不是只教授学生设备使用和软件技术，更应该加强学生自主学习和研发的能力，提高审美感知最重要的是创新思维和弘扬正能量的传播意识，增强职业使命感。

参考文献

冷冶夫 . 2015 中国微拍“微盘点”[J]. 数码影像时代，2016（01）.

微时代高校思政课教育方法创新的基本前提和主要目标*

陈彩利**

（贵州民族大学人文科技学院，贵州贵阳 550025）

摘 要：微时代的到来，给高校思政课教学带来了新的挑战，教育方法的创新是解决这一问题的关键。宏观上看，高校思政课教育方法的创新，首先要搞清创新的基本前提和主要目标。总体而言，微时代的特点、大思政的背景、学生个性的发展、服务型社会的形成构成了思政课教育方法创新的基本前提；而高校思政课三大体系的有效转换、三大场域的有机融合、教师能力的有效提升、教学模式的恰当选择，则是高校思政课教育方法创新应追求的主要目标。

关键词：微时代；高校思政课；教育方法创新；前提；目标

2016年底，习近平在全国高校思想政治工作会议上的讲话指出："做好高校思想政治工作，要因事而化、因时而进、因势而新。……思想政治

* ［基金项目］贵州省教育厅高校人文社会科学思政类项目"微时代贵州高校思政课教育方法创新研究"的阶段性成果［编号：17szk30］。

** 陈彩利（1974—），女，汉族，河南郏县人，贵州民族大学人文科技学院副教授，马克思主义学院副院长，哲学硕士，贵州师范大学博士研究生。

理论课要坚持在改进中加强，提升思想政治教育亲和力和针对性，满足学生成长发展的需要和期待。”[1] 诚然，21 世纪以来，因世界形势的深刻变化、互联网技术的勃然兴起、中国深化改革步伐的加快，高校思政课教育方法的创新已势在必行。纵观学界近年对高校思政课教育方法创新的研究，不乏从微时代的视角切入，累积了不少有价值的理论成果。然而，从实践层面上看，自高校思政课“05 方案”实施至今，其重要性在个别高校仍未得到应有的重视，思政课的教育效果仍不甚理想，尚有较大的提升空间。如何有效增进高校思政课的亲和力和针对性，切实满足新时期大学生的成长期待和发展需要，从微时代角度考察，关键是要明确思政课教育方法创新的基本前提和主要目标。

一、理念的主动更新：微时代高校思政课教育方法创新的基本前提

理念是行动的先导。毋庸置疑，只有拥有先进的教育理念，才会有出色的教育效果。高校思政课教育方法的创新，首先要解决的是教师的教育理念问题。如果教师没有先进、科学和端正的教育理念为指引，或者说高校教师不能拥有正确的教育理念，就不会有思政课教育方法的真正创新。而这一创新的实现，其前提说到底是教师教育理念的彻底扭转和有效的激活。

（一）微时代的来临，要求高校思政课教师必须改变现有教育理念

众所周知，随着电脑的出现，自媒体技术的不断发展，特别是手机作为即时性通信工具进入寻常百姓家，中国手机网民的数量不断攀升。据中国互联网信息中心（CNNIC）发布的第 42 次《中国互联网络发展状况统计报告》称，截至 2018 年 6 月 30 日，我国网民规模达 8.02 亿，其中，手机网民规模已达 7.88 亿，占比为 98.3%。[2] 这一统计数据，再次刷新中国网民规模纪录，也再次预示，中国网民使用 QQ、微博、微信等自媒体进行互动的趋势将进一步增强。

而在高校，学生人均拥有一部手机的现象十分普遍。学生不仅通过百度、搜狗等软件搜索自己感兴趣的新闻和消息，还通过手机下载微博、微信等自媒体 APP 终端，与他人进行远程互动，传送图像、语音与视频，甚至创作传播自创性作品，逐渐形成了范围广、受众普遍、影响不确定的交叉人际圈。这一切，都极大延伸了大学生的交往半径，使他们获得信息的能力成几何倍数增长。手机，已成为他们最便捷和最重要的交往工具。

微时代的来临，带给高校思政课教育的挑战是：如何有效利用新媒体技术，加强与学生的联系与沟通，使思政课的教学更加生动有趣，并使思政课所传递的思想、知识和观念，真正让大学生入耳、入心。在此状况下，教师的教育理念必须要从原来的单凭“一块黑板、一支粉笔、一本书”，或是“一本教材、一部投影仪、一个 PPT”就能把学生教好的陈旧思想中解放出来。这就要求他们，“要运用新媒体、新技术使工作活起来，推动思想政治工作传统优势同信息技术高度融合，增强时代感和吸引力。”[3]

（二）大思政的背景，要求高校思政课教师必须改变现有教育理念

过去我们一直有一种理念，认为思想政治理论课是高校对学生进行思想政治教育的主阵地，思政课教师教书育人，就是要守住自己的一亩三分地。因此，教师们只需在自己的领地中苦练内功，就可以单打独斗，支撑起对大学生进行有效教育的半壁江山。然而，大学生道德修养的塑造、正确三观的形成、崇高政治觉悟的培养，都不是仅靠一两门思政课程就可以改变和实现的，而是需要思政课教师与本校其他教育主体共同协作才能完成的系统工程。

2004 年，中共中央、国务院发布了《关于进一步加强和改进大学生思想政治教育的意见》（中发［2004］16 号），其中就隐含着大思政的教育理念。2005 年 1 月 17 日，胡锦涛更是明确指出：“加强和改进大学生思想政治教育工作是一项系统工程……各高校要切实担负起加强和改进思想政治教育工作的责任，建立健全党委统一领导，党政群齐抓共管，全体教职员工全员育人、全方位育人、全过程育人的工作机制。”[4]“三全育人”口

号正式提出。由此，国内一些高校开始了“三全育人”的教育尝试。今年5月，为促进“三全育人”的深入发展，教育部办公厅还发布了《关于开展“三全育人”综合改革试点工作的通知》，充分体现了党中央对高校大思政教育的重视。

在此背景下，要实现思政课教育方法的创新，高校思政课教师就要以开放的姿态，打破过去仅限于思政课堂的狭小领地，开阔视野，将创新的视域向全校扩展，结合广大师生在校期间的学习和生活，与其他部门形成对大学生进行思想政治教育的整体合力。

（三）学生个性的发展，要求高校思政课教师必须改变现有教育理念

在尊重学生个性的前提下，促进学生的全面发展，是我国教育一直遵循的基本原则。之所以要尊重学生的个性，是基于每个个人都是一个完整的独立的个体，在成长的过程中具有不同的个性特征和品格特质。因此，春秋时期的孔子很早就提出了“因材施教”的教育方法。而在西方现代教育发展史上，也产生了以杜威等教育大家为代表，充分尊重学生个性的“以学生为中心”的教育理论。

然而，在教育的主体是教师还是学生的问题上，国内学界仍存有一定争议。而在不少高校，将自己作为教育中的真正主体，基于威权或采用灌输方式，居高临下对学生进行思想政治教育的教师大有人在。总体上看，这是对学生的不尊重，有意或无意地遮蔽了学生们的个性化差异，使思政课教育的收效大打折扣。

事实上，微时代的来临，致使学生接受信息的渠道急剧增加，信息传播的路径也由单向走向双向和互为交叉。基于此，大学生多元化的个性特征非但没有被掩盖，反而进一步得到了凸显和张扬。若高校思政课教师对此再视而不见、墨守成规、不思改变，则学生的个性不但会遭到禁锢，甚至会走到教育的对立面。

（四）服务型的社会，要求高校思政课教师必须改变现有教育理念

当今，我国已迈入服务型社会行列，这种社会类型要求任何一个行为

主体必须要以服务为理念进行经济社会行动——以服务为载体、以服务为手段、以服务为依托、以服务为目标，服务已然成为衡量当代社会的运行标准。在服务型社会中，谁能提供服务、谁提供的服务更具独特性，谁就能够得到社会的认同。

在我国，随着高等教育由精英化走向大众化，以往高不可攀的高等教育成为众多普通人皆可企及的无形商品。在一定程度上而言，今天的高校，就是要提供种类多样，内容有效的知识型、服务型商品，并将其有效转化为受教育者的现实能力，以满足其生存和发展的需要。

实质上，在市场化的今天，高校作为教育产品的售卖方、服务的提供方，更应关注服务的内容和质量，实现由要我服务到我要服务的理念跨越。可以看到，在今天的中国，优质的高等教育已成为稀缺资源，高校只有在优质服务上下功夫，才会有更好的发展和出路。而对高校思政课教师而言，需要认识到，“思想政治工作从根本上说是做人的工作，必须围绕学生、关照学生、服务学生。”[5] 这既是学生多元化个性发展的需要，也是服务型社会高等教育应该秉持的发展之道。

二、手段的综合运用：微时代高校思政课教育方法创新的主要目标

教育理念的转变，是高校思政课教育方法创新的前提和基础，而主要目标的确立，则是高校思政课教育方法创新的核心和关键。从辩证法的角度而言，微时代高校思政课教育方法的创新，其主要目标的确立，离不开教育手段的改变和综合运用。两者之间是内容和形式的关系。

（一）创造必备要件，实现三大体系的有效转换

实现高校思政课三大体系——学科体系、教材体系、教学体系之间的有效转换，是高效思政课教育方法创新的重要手段。

就高校思政课而言，有没有自己的学科体系，学科体系是否科学合理，直接关系到大学生的成长，这既是国家百年教育的大计，也是各高校

思政课教育方法创新的立足点。2005 年，国务院学位委员会和教育部联合发布《关于调整增设马克思主义理论一级学科及所属二级学科的通知》，由此，高校思政课的学科体系得以建立，为高校思想政治教育的发展提供了良好契机。

然而，学科体系的建立并不代表就能真正意义上培养出合格的大学毕业生，由此，我国高校思政教育迈出了由学科体系向教材体系转换的关键步伐。2004 年 4 月，中央编写“马克思主义理论研究和建设工程”思政课教材项目正式启动，高教社根据中宣部、教育部的统一部署，15 年间，推出了由国内专家合力编著的一批批精品力作，逐步形成了具有中国特色、风格和气派的高校思政课系统教材。应该说，它的形成，很大程度上得益于党中央对高校教育工作的关心和重视，这为微时代高校思政课方法的创新提供了重要依据以及全新的出发点。

与学科体系向教材体系的转换相比，高校思政课由教材体系向教学体系转换，是高校思政课教育方法创新更加重要的一环。这是由于，教师作为这三者之间进行转换的终端，最终决定着转换的质量和成效，这使其成为三大体系转换中的重中之重。陈宝生指出，高校的“三进”工作，进教材是基础，进课堂是核心，进头脑是目的。但要实现由“课堂”这个第二战场到“头脑”这个第三战场的重大转移，就要从五个方面确保进入，其中之一就是在方法上确保进入，达到作用和效果的统一，即“针对不同授课对象和具体问题，要创新教学方法，建立独特的教学方法体系，把教材和教学联系起来，把理论和实践统一在课堂。不同方法有不同的作用，要根据不同课程和学科专业学生的特点，运用多种方式方法，发挥综合作用，产生良好的课堂效果。”[6]

（二）抓住主要环节，加强三大场域的有机融合

微时代高校思政课教育方法的创新，离不开思政课教学的三大场域及其有机融合，即思政课的课堂教学场域、实践教学场域和网络教学场域。而这三大场域，作为思政课教学的主要环节，在地位和作用上又各有不同。

课堂教学场域，尽管对大学生的思想政治教育不能单独发挥作用，但依然是微时代思政课教育方法创新的主要场域。在这一场域，教师要充分尊重学生的个体性差异，授课中既要讲清重点和难点，也要以他们为中心，以服务为目的，通过多样化的互动，激发他们的问题意识和质疑精神，使他们融入课堂氛围中来，在教师的引导下，完成既定的学习目标。

2004年以来，为增强高校思政课的教育效果，中央要求高校思想政治理论必修课中应加入实践教学环节。自此，高校思政课的教学场域开始由课堂教学向实践教学延伸。就实践教学场域来说，要实现方法上的创新，就要充分运用好校内校外两大资源：校内，要在党委的统一领导下，与学生处、团委等部门密切配合，构建立体式的大思政教育机制，共同抓好大学生的思想政治教育。校外，要积极建立教育的实践基地，开展主题健康、内容丰富、形式多样的活动，并在经费上给予保障，人力上给予支持，以确保学生活动的成效。

高校思政课网络教学场域的重要性，在微时代的今天愈发彰显。课内课外协调推进，线上线下协同发力，已经成为网络教学的重要方式。易班和学习通APP的下载使用，班级博客和微信公众号的次第开通，对思政课教育方法和学生学习效果的提升，发挥了重要作用。网络教学场域，以其不受时间、地点等限制的便捷性，极大地拉近了师生间的距离，使思政课教育收到了意想不到的效果。需要格外重视。

（三）突出关键方面，促进教师能力的有效提升

在微时代的今天，承担高校思政课教育方法创新的责任主体，毫无疑问是广大的思政课教师。教师们能力的提升，是决定这一创新实现的关键方面。

高校的思想政治教育，关系到培养什么人，为谁培养人的问题，这是高校人才培养的重要方面。然而，在实际工作中，在部分高校，马克思主义理论教育存在被边缘化、空泛化、标签化的现象，开始在一些学科中“失语”、教材中“失踪”、论坛上“失声”。[7] 这对高校思政课教师造成了若干负面影响，使他们对自身教学能力的提升关注不够，动力不足。

因此，高校思政课教师能力的有效提升，首先需要发挥高校党委在思想政治教育方面的核心作用，建立由学校书记主抓思想政治工作的领导机制和工作机制，从而形成自上而下的关注思想政治理论课教育教学的浓厚氛围，从而为思政课教师能力的提升做好铺垫。其次，对于高校思政课教师而言，除了要及时扭转自己的错误观念外，还要依据微时代高校思想政治教育的发展规律，在教学艺术和方法创新上多下功夫。既要成功进行多重角色（教师、朋友、哲学家、诗人等）的扮演，又要在授课中充分展示自己为人师表的温度，作为马克思主义理论家的深度，以及作为社会实践工作者的信度。

可以说，处在微时代，高校思政课教师能力的提升是多方面的，既有教学和科研方面的，又有高科技技能掌握方面的，还有心理学和演说技巧等方面的。应该说，微时代的到来，将直接考验高校思政课教师的全面学习能力。

（四）紧跟时代步伐，进行教学模式的恰当选择

时代在发展，高校思政课的教育方法也要与时俱进，不断创新，而恰当的教学模式的选择，也将是微时代高校思政课教育方法创新的目标之一。

目前，学界专家不断摸索，就高校思政课的教学模式进行了多角度研究，有的侧重于理论方面的深刻阐释，有的则侧重于实践方面的应用性探索，因此，也得出了众多不拘一格的创新性教学模式。如方兴未艾的“翻转课堂”教学模式，别出心裁的“访谈式”教学模式，以解决学生疑问为目标的“供给侧式”教学模式，以及诸如“专题式”“案例式”“三位一体式”“抛锚式”等教学模式。

是否有一种普遍适用的教学模式呢？答案显然是否定的。各高校学生的理论基础不同，各授课教师的优点和特长不同，各思政课程的教学大纲和授课重难点不同，因此，在教学模式的选择上，也会有一定的差异。对各高校而言，究竟采用哪种思政课教学模式，不仅是十分严肃的学术问题，也是十分重要的实践问题。总体上说，它需要各高校思政课教学管理

部门和相关教师通力合作，共同研究和决定。然而，可以肯定的是，各高校所采用的教学模式一定是适合自己实际的，并能为教师提升能力服务和受到学生普遍欢迎的。

参考文献

[1] [3] [5] 习近平谈治国理政-2 [M]. 北京：外文出版社，2017：377-378.

[2] 中国网民规模首超 8 亿 [EB/OL]. http：//tech. gmw. cn/2018-08/21/content_ 30670637. html.

[4] 胡锦涛：在全国加强和改进大学生思想政治教育工作会议上的讲话（2005-1-17） [EB/OL]. http：//www. 360doc. com/content/16/0618/18/9851038_ 568820142. shtml.

[6] 陈宝生 . 扎实推进党的理论创新成果进头脑——讲好用好思政课新教材 [N]. 光明日报，2018-7-24（13）.

[7] 习近平：在哲学社会科学工作座谈会上的讲话（全文）[EB/OL]. http：//www. xinhuanet. com/politics/2016-05/18/c_ 1118891128. html.

从东德电影事业看中国电影体制改革成功的原因

刘宸　杨晓*

（贵州民族大学人文科技学院，贵州贵阳　550025）

摘　要：东德与中国曾经实行同样的经济体制和社会管理制度。东德曾大量引进西方国家电影以维持本国电影市场的活跃。但是本国电影却在引进电影的竞争压力下逐渐失去观众的青睐，一直到两德合并，东德电影处于持续的衰落中，两德统一后的德国电影产业仍然处于好莱坞强势文化的威胁之中。中国电影也曾经面临同样的困境，但是在经过20多年的探索后，中国电影却实现了长足的发展，走上了电影产业化的良性发展道路。通过对比发现：电影的消费属性得到认可，市场化的电影体制改革和社会经济的持续发展是促成中国电影产业化转变，并获得成效的重要因素。

关键词：东德电影；中国；电影产业

20世纪40年代末到90年代初，40年间，东德贡献了许多电影佳作，

---

* 刘宸（1985—），男，汉族，湖北大悟人，博士研究生，贵州民族大学人文科技学院管理学院副院长，研究方向：文化资源与产业。

杨晓（1993—），女，汉族，贵州贵阳人，硕士研究生，贵州民族大学文艺学专业硕士研究生，研究方向：非物质文化遗产。

也曾在美国举办影展，将社会主义国家的电影艺术展示给西方观众。但是在经济发展困难和社会矛盾累积的背景下，东德电影事业没有实现电影产业的转型。通过回顾东德电影事业的历史，对于我国电影的发展进行思考，在应对市场开放的机遇与挑战中，中国电影是如何取得瞩目成就的？原因可能在于：东德电影事业深深嵌入在计划经济体制当中，当计划经济发展受阻，西方电影强势入侵后，电影事业陷入经济意义上不可持续的恶性循环之中；而中国电影在市场经济体制改革的背景下，电影的消费属性得到承认，通过市场化的电影体制改革，中国电影作为文化产品的商品属性得到体现，电影的商业价值得到开发，培养了中国电影在经济上的自持力，促成了电影商业生态的良性循环。最终，中国电影走上了产业化的健康发展道路。历史表明，中国电影产业化的发展方向是理性的选择。

一、东德的电影事业

东德作为社会主义国家在经济上实行计划经济体制。不同的是，在 20 世纪 60 年代，东德就开始引进西方国家的电影，在电影消费市场上处于比较开放的状态。因此，东德电影事业的外部环境与我国改革开放初期的电影市场环境有很多相似之处。

（一）观众偏爱西方电影，本土电影市场不断萎缩

从 20 世纪 60 年代开始，东德观众在观影口味上就十分倾向于西方国家进口的电影，进口的资本主义国家的电影比例不断攀升。1965 年，东德中央委员会下属文化部的电影部门花费了 10%的电影经费用于购买西方进口电影，到 1973 年，这一比例已经达到 25%。其创造的电影收入更是在 1975 年占到了电影放映收入的 50%以上①。70 年代，东德每年上映的

① 原载 ‘Dokumentation des Haushaltsplanes 1975’, 26 March 1973, SAPMO-BArch, DR1 14434; Report of the Staatliche Zentralverwaltung für Statistik, 10 Jan. 1973, SAPMO-BArch, DR1 14503a. 转引自：Horten, Gerd, The Impact of Hollywood Film Imports in East Germany and the Cultural Surrender of the GDR Film Control in the 1970s and 1980s, German History. Mar2016, Vol. 34 Issue 1, p70-87.

135—150 部新片，其中 25%是西方电影。社会主义国家的电影占 75%，约 100 部左右，其中东德本土电影占 15 部左右①。但是，东德的电影观众却更加青睐进口电影，即使西方进口电影的票价高于本国电影也不能阻止观众进入电影院观看进口电影。相比于西方国家的电影在东德大行其道，东德电影在西方影响却并不大。1989 年，美国电影《辣身舞》（The Dirty Dancing）吸引了 500 万人次的东德观众，而当时东德全国人口只有 1800 万。在 1973—1974 年度，针对东德青年观众的电影评选中，还有 5 部东德电影进入最受欢迎 15 部年度电影作品中。而到了 1977 年，只有 1 部东德电影进入榜单。在一项当时的电影市场调查中，甚至有 32%的东德电影观众表示：如果在电影院增加本土电影的放映，以后就会减少去电影院的次数②。

（二）东德电影无视观众需求，本土电影亏损严重

1965 年，东德德国社会统一党第 11 次全会后，加强了对电影内容的监督和管理，对于内容不当的电影作品予以禁映。此后，在社会上又掀起了关于电影功能的大讨论。争论的焦点在：电影的首要功能是正面宣传功能？还是对社会的批判功能？这两种观点都没有涉及电影的娱乐属性和满足消费者需求的功能。此后，东德电影在制作理念上就将电影视为纯粹的艺术作品，而电影的商品属性则被长期忽视。这一理念下制作的电影缺少对电影可看性和娱乐性的关注，很难长期获得普通观众的青睐，进而为西方商业电影在东德电影市场的大行其道留下了空间。

从电影体制来看，东德电影的制作经费由东德中央委员会下属的文化部门提供，电影的拍摄、发行和电影院设施所需的费用依赖于财政资金。而制作主体则是国营的德国电影公司（DEFA）。在发行环节，由东

① 原载‘Analyse über die Zulassung ausländischer Spielfilme 1989’, 2 June 1990, SAPMO-BArch, DR1 4717，转引自：Horten, Gerd, The Impact of Hollywood Film Imports in East Germany and the Cultural Surrender of the GDR Film Control in the 1970s and 1980s, German History. Mar. 2016, Vol. 34 Issue 1, p70-87.

② Horten, Gerd, The Impact of Hollywood Film Imports in East Germany and the Cultural Surrender of the GDR Film Control in the 1970s and 1980s, German History. Mar. 2016, Vol. 34 Issue 1, p70-87.

德唯一一家电影发行机构——Progress Film verleih 负责影片的发行，电影院也是由国家经营。这样，从电影的制作、发行和放映的整个环节成了相对封闭的系统，排除了竞争的可能。事实上，东德电影的运行机制可以说是计划经济体制在电影领域的延伸。影片制作者与观众之间没有利益关联，电影人无需过多关注观众的反应，而更在乎电影审查机构的意见。由于东德可以引进西方电影，特别是好莱坞电影进入本国的电影院。这样就容易在市场上形成“你拍你的艺术电影，我看我的好莱坞大片”的恶性循环。

1966—1970 年 5 年间，东德电影观众人次下降了 1000 万人次，而进入 1970 年代以后，青年人构成了电影观众的主力群体，超过 2/3 的观众年龄在 14—25 周岁①。东德电影市场中的这一趋势与同期的西德和其他西欧地区（西方阵营国家）的情况类似。无独有偶，在 40 年后，我国的电影市场也呈现出了同样的观众构成特征，中国 2015 年电影观众中，30 岁以下电影观众占到了 70.46%②，娱乐类电影（冒险、喜剧）电影成为年轻观众的首选。可见，青年人一直是电影的主力消费群体。在这种竞争压力之下，东德本土电影在市场上受到东德观众的冷落。

在电影市场沦陷的同时，东德的电影制作也深深陷入结构性危机中，亏损电影的数量不断增加，电影部门入不敷出。1960 年，东德电影的亏损率达 60%，而到了 1965 年，亏损率达到 80%，到 60 年代末，亏损率高达 90%③。当然，单就影片亏盈比例而言，好莱坞电影的亏损率也是很高的，但是由于有少数“重磅炸弹”电影高回报的弥补，以及电影产业链的增值

---

① 原载 ‘Analyse der Lage im Lichtspielwesen der DDR und Einschätzung dieses Bereiches bis 1975’（1971; n. d.），SAPMOBArch，DR1 13273. In terms of the changing film audiences，转引自：Horten，Gerd，The Impact of Hollywood Film Imports in East Germany and the Cultural Surrender of the GDR Film Control in the 1970s and 1980s，German History. Mar. 2016，Vol. 34 Issue 1，p70-87.

② 易观智库，2014-2015 中国电影观众观影行为研究报告，http：//www. useit. com. cn/thread-9193-1-1. html。

③ 原载 ‘Analyse des Planablaufs 1970’，received 3 March 1971，SAPMO-BArch，DR1 4918，p. 56. For a good overview of the GDR film industry，see Daniela Berghahn，Hollywood Behind the Wall：The Cinema of East Germany（Manchester and New York，2005），pp. 23 - 35. 转引自：Horten，Gerd，The Impact of Hollywood Film Imports in East Germany and the Cultural Surrender of the GDR Film Control in the 1970s and 1980s，German History. Mar2016，Vol. 34 Issue 1，p70-87.

和海外市场带来的附加价值，因而对于美国电影产业整体而言，还是盈利的。不过对于东德电影部门就没有这种幸运了，因为当时的社会主义国家的电影很难进入西方国家的市场，也没有电影产业链的深度开发，电影业收入完全依赖影院收入。

当时的东德为了减轻电影部门的财政负担，最现实的选择就是进口更多的西方国家电影，增加电影放映环节的收益。事实上这种依靠进口电影收入补贴本土电影的做法是饮鸩止渴。因为本土电影由于审查限制和制作理念的非市场化倾向，使得东德本土电影的娱乐性和通俗性远不能和西方进口影片相抗衡，其自身无法吸引观众走进电影院，而直接补贴生产者产生的道德风险最终将导致经济上的不可持续性。但在当时这是不得已的选择，因为东德的经济情况不断恶化，东德中央委员会下属的文化部不可能拿出更多的钱去补贴电影事业。其文化部门的文化支出占 GDP 比例从 1964 年的 0. 74%，下降到了 1973 年的 0. 29%①。再加上本国电影自身的亏损为东德电影部门带来了空前的压力。这样就只能用西方进口电影的放映收益去补贴本土电影，尽管这也只是杯水车薪。这一时期，东德本土及其他社会主义国家电影减少的收入总额是进口西方电影增加收入额的两倍，即使是进口电影的收入也无法完全弥补东德本土电影的亏损。

（三）电影文化交流不对等，本土电影“走不出去”

相比于西方电影的大肆入侵，东德本土电影在对西方国家出口方面却一直裹足不前。在 1963 年，西方国家电影在东德放映的电影中不到 1/4，但是却有 41%的东德观众表示更喜欢西方电影②。西德两家最主要的电视台在 1977 年播放了 332 部影片，只有 5%的影片来自社会主义国家，而播

① 原载‘Konzeption zur Erhaltung und Entwicklung der materiell-technischen Basis des Kulturbereiches für 1976 – 1985’, April 1973, SAPMO-BArch, DR1 14462a, p1 转引自：Horten, Gerd, The Impact of Hollywood Film Imports in East Germany and the Cultural Surrender of the GDR Film Control in the 1970s and 1980s, German History. Mar2016, Vol. 34 Issue 1, p70-87.

② 原载 HEIDUSCHKE, SEBASTIAN, Emerging from the Niche: DEFA´s Afterlife in Unified Germany, Monatshefte. Winter2013, Vol. 105 Issue 4, p625-640. 16. p. 转引自：Horten, Gerd, The Impact of Hollywood Film Imports in East Germany and the Cultural Surrender of the GDR Film Control in the 1970s and 1980s, German History. Mar2016, Vol. 34 Issue 1, p70-87.

放的美国电影则超过 50%。到了 1980 年代后期，在东德电影院上映的电影中，排片只占 7%的美国影片吸引了 50%的东德观众①。值得注意的是，这种严重电影贸易逆差在中国的电影市场中同样存在：2015 年中国国产电影总票房达 271.3 亿元人民币，但国产电影的海外票房收入只有 27.7 亿元人民币，后者仅相当于国内票房总额的 10%②。相比之下，2015 年美国电影国内票房 111 亿美元（约合人民币 747 亿元），仅 35 部最成功美国电影海外票房就达 120 亿美元（约合人民币 807 亿元）③，其海外票房规模为国内票房的 108%，其比例高出我国 10 倍，出口额则是我国近 30 倍。应当说，全世界都面临着美国文化产业扩张带来的强大竞争压力。尽管东德电影不是唯一的受压迫者，但这种压力显然超过了东德电影的承受范围。

东德尽管不乏优秀的电影艺术佳作，如 *Der geteilte Himmel*（分裂的天空，1964）、*Die Söhne der großen Bärin*（铁骨金沙，1966），等等。但是东德电影却难以走进西方国家观众的视野。1975 年，由美国纽约现代艺术博物馆资助了一场东德电影周的活动，上映了 21 部东德电影。而这家博物馆的财务资助方却是美国垄断资本财团洛克菲勒集团。欢天喜地的东德人将这次电影周看作是国际关系和文化交流正常化的良好征兆。为了在文化和经济上得到更多的国际认同，并避免本国电影市场的衰退，东德进一步放宽了对美国电影的限制，增加了电影市场中美国电影的比重。但事与愿违的是，1975 年至 1985 年间，也就是在美国举办东德电影周之后的 10 年中，只有四部东德电影在美国电影市场上放映④，而美国电影则占据了大量的东德电影市场。东德寄希望于通过电影贸易打开本国电影的海外市

---

① 原载 ‘Wo bleiben die Kinobesucher? Daten und Hypothesen zum Kinobesuch in der neuen deutschen Republik’, in Peter Hoff und Dieter Wiedemann (eds), Medien der Ex-DDR in der Wende (Berlin, 1991), p. 89. 转引自：Horten, Gerd, The Impact of Hollywood Film Imports in East Germany and the Cultural Surrender of the GDR Film Control in the 1970s and 1980s, German History. Mar2016, Vol. 34 Issue 1, p70-87.

② 刘汉文，陆佳佳. 2015 年中国电影产业发展分析报告［J］. 当代电影，2016（03）.

③ 孙剑. 2015：好莱坞与中国电影发展比较暨国际传播态势研究［J］. 当代电影，2016（02）.

④ Horten, Gerd, The Impact of Hollywood Film Imports in East Germany and the Cultural Surrender of the GDR Film Control in the 1970s and 1980s, German History. Mar. 2016, Vol. 34 Issue 1, p70-87.

场，结果却是令人失望不已。同样，欧洲大陆的其他北约国家的电影市场上几乎找不到东德电影的影子，因为这些地方的情况也一样，都已成为好莱坞电影的经济殖民地。英国甚至以行政手段强制将美国电影业在英国市场上赚取的大部分资金留在英国，希望通过这些资金投资英国电影，帮助英国电影发展。加拿大对美国贸易的自由协定中，将电影作为文化产品排除在自由贸易的范围之外，进而对美国电影和其他文化产品加以行政限制。然而这些都没有改变美国文化产业，特别是电影业在世界范围内的统治地位。

（四）东德社会经济发展受阻，电影市场体量受限

电影消费属于需求弹性较大的文化消费，这种消费附着在社会的上层建筑中，对于社会经济环境的变化比较敏感，极大受制于社会的整体经济水平和消费状况。

20 世纪 70 年代至 80 年，东德经济增长缓慢，居民生活水平逐步下降。1984 年到 1989 年，东德国民经济增长由 5.5%下降到 2.8%[①]。东德的人均 GDP 远远低于西德，但是一般生活品物价（肉、蔬菜、面包等）比西德低 60%—80%，为了补贴农民收入，东德政府对这些农产品的国家收购价格却比西德高出 20%—30%[②]，也就是由国家承担了这中间的巨大差价，当国家财政无法满足这种支出水平时，就只能通过举债解决。1972 年到 1977 年 5 年间，东德对西方国家的债务增加了 10 倍。这种不可持续的经济模式下，电影作为上层建筑的文化娱乐活动，其经济基础之脆弱就可想而知了。从电影制作来看，东德的计划经济体制排除了社会资金进入电影投资的可能性，高负债下运行的社会经济也没有多余的资金进入电影领域。这就使得东德不可能像中国一样开展市场化、消费导向的电影体制改革，至少在那个时代是不可能的，这就决定了东德电影的悲剧结局。尽管在这种体制下，东德电影事业仍然取得了很多艺术成果，制作出了很多艺

---

① 原载《德意志民主共和国统计年鉴，1989》柏林．1989：25；转载：陈明，计划经济体制与原东德统一社会党政权的起落［J］．江西社会科学，1994（7）：41-44.

② 庞川．东德计划经济体制简介［J］．计划经济研究，1983（28）.

术成就很高的优秀电影作品。事实上，直到1992年，东德的德国电影公司（Deutsche Filmaktienge-sellschaft 简称：DEFA）被私有化改制前，其影片库中已经有950部故事片和故事短片，820部动画片，以及5800部纪录片和新闻片①。但是由于与普通观众的观影需求相脱节，作为商品的电影失去了消费者，造成了东德电影经济上的不可持续性。再加上不恰当的改革措施，加速了东德电影行业衰落，最终随着柏林墙的倒塌，东德的德国电影公司（DEFA）停止生产电影，在历史中谢幕。

二、消费导向下中国电影产业的成功转变

中国电影市场近10年来的繁荣，特别是市场体量的急剧扩大，以及本土电影的市场占有率，足以让热爱中国电影的人感到乐观。曾经对中国电影事业抱有的热切希望，现在已经变成了自豪的信心。可以说，今天中国电影事业的发展为“中国速度”这样的名词又增加了一道标签。尽管不能否认的是，中国电影产业在结构上还存在很多问题，但是中国在电影产业化道路上确实取得了瞩目成就。

应该说，中国电影今天取得的成就和面临的困难都源自中国电影市场化的改革，这一改革的直接效果就是电影事业的消费导向的转变。计划经济时代，我国电影事业作为政府文化职能的延伸，政治导向和社会教育功能成为电影的首要属性，在具体历史条件下，这是正确的选择。但是，电影娱乐功能长期被忽视，也导致了电影创作与社会公众的娱乐需求相脱离，当电影市场随改革开放大潮对外开放时，善于取悦观众的西方商业电影自然成为没有竞争对手的“入侵物种”，将本土电影从观众的“文娱生活”中排挤出去。遭遇强大竞争的本土电影一度只能依靠微薄的票房和国家补贴苟延残喘，在各大艺术电影节中宣告自己的存在。

---

① 原载：HEIDUSCHKE, SEBASTIAN, Emerging from the Niche: DEFA′s Afterlife in Unified Germany, Monatshefte. Winter 2013, Vol. 105 Issue 4, p625-640. 16p. 转载自：Horten, Gerd, The Impact of Hollywood Film Imports in East Germany and the Cultural Surrender of the GDR Film Control in the 1970s and 1980s, German History. Mar2016, Vol. 34 Issue 1, p70-87.

与东德电影的历程相比较，就会发现中国电影今天的成就并非是不勤而获的。从20世纪80年代的企业化改制，到1994年以分账形式引进美国电影，再到21世纪，影视制作逐步、有条件的向民间资本和境外资本局部开放，中国电影在经历了20多年的艰难探索后，走上了复兴的市场化道路。正视电影作为文化产品的消费属性，推行与市场经济体制接轨的产业化改革是中国电影产业在逆境中凤凰涅槃的战略选择，因为电影产业的全面崛起是产业规模和产业结构共同进步的结果。①

（一）市场化改革，电影的消费属性得到承认

我国的电影市场化改革是中国市场经济体制转型在电影领域的延伸，从一开始就打上消费导向的印记。因为电影不是必须生活品，也不属于关系国家经济命脉的经济部门。因此，中国电影产业的过程中，市场化导向是一以贯之的。尽管作为担负着政治宣传职能的电影部门，在生产制作环节向市场主体开放的过程漫长，几经周折。但是，电影作为文化消费品的地位在电影市场运行和电影产业的发展的过程中得到了认可。

这种对电影消费属性的认可在实践中是通过打破行政垄断，电影生产企业化，电影事业市场化、产业化来实现的。1993年，广电部发布《印发〈关于当前深化电影行业机制改革的若干意见〉的通知》（广发影字〔1993〕3号）文件，取消了由中影公司统购统销的电影发行模式，将电影发行的权利下放给省市级电影发行公司。到1994年，《关于进一步深化行业机制改革的通知》（广电部〔1994〕348号）文件又赋予制片厂自己直接发行电影的权利。在1995年，广电部又进一步将电影拍摄权从国务院批准的少数几个制片厂下放到各省级（自治区、直辖市）级单位，并且允许民间资本通过投资国营制片厂拍摄制作的影片进入电影领域。2003年，国家广电总局出台了《关于促进广播影视产业发展的意见》（广发办字〔2003〕1407号）进一步确定民营影视制作的合法地位，特别是以负面清单的形式规定了“凡是法律法规未禁止的领域都要允许非公资金的进入和

① 刘宸，奉振．多元共治视域下中国电影产业供给侧改革的必要性［J］．歌海，2017（05）．

参与”，逐步的、有条件的允许民间资本和境外资本直接投资影视制作，扩大了电影市场化的范围。对国营影视制作单位进行资产重组和并购，打造兼具规模与竞争力的国有市场主体。同时在发行和放映环节推行市场化改革，民营影视发行企业的壮大和院线制改革的深化使得中国电影的产业化贯穿了整个电影行业的各个环节。这样就逐步形成了竞争的电影市场环境和相对宽松的电影投资环境。打破了计划经济体制下电影领域行政垄断的格局，为电影人才和资源的流动提供了条件，为现代电影消费市场的形成和完善奠定了基础，使中国电影赶上了市场经济体改革的步伐。

（二）经济发展迅速，电影消费市场体量巨大

对于社会经济而言，电影作为文化消费品是一种非必需品，也就是说电影的需求弹性非常大，其他娱乐消费选择对电影的边际替代率很高。因此，电影消费市场的繁荣非常依赖于整体经济环境状况和社会中娱乐消费选择的多寡。社会经济状况越好，其他娱乐消费选择越少，电影消费市场就越大。如果暂时不考虑其它社会消费选择，那么社会经济近况的好坏直接制约了电影消费市场的大小。从 20 世纪 90 年代开始。我国的经济增长速度开始加快，从 1989 年到 2015 年，中国 GDP 从 1.79 万亿元人民币，增长到 68.9 万亿元人民币。人均可支配收入由 1373 元，增长到 21966 元，城镇居民家庭恩格尔系数由 54.5%①，下降到 30.9%②。电影票房从 1989 年的 20.4 亿元③，上涨到 2015 年的 440.69 亿人民币（名义货币）④。观影人次相比于 20 世纪 70 年代末，虽然有所下降，但是考虑到 20 世纪 70 年代的居民娱乐消费选择相对单一，今天电影面临娱乐消费多元化的竞争压力。因此直接与 1970 年代末的数据相比并不恰当。值得注意的是，2015

① 数据来源依据国家统计局及新华网数据整理得到，国家统计局，http://data.stats.gov.cn/；《2015 年全国居民人均可支配收入同比增长 8.9%》，新华网，http://news.xinhuanet.com/city/2016-03/01/c_ 128762671.htm.

② 新华网，《王保安：2015 年恩格尔系数下降到 30.6%》，http://news.xinhuanet.com/finance/2016-01/19/c_ 128643958.htm.

③ 尹鸿．世纪之交：90 年代中国电影备忘［J］．当代电影，2001（01）.

④ 产业信息网，《2017 年中国电影平均票价及观影人次统计》，http://www.chyxx.com/industry/201703/501129.html。

年国产电影票房达到了271.36亿元人民币，占国内总票房的61.58%①，这一成就在世界上是令人瞩目的。相比之下，德国在统一后，电影的本土市场也并不乐观，2009年，德国本土电影的市场占有率只有27.4%②。而2015年，由于《速度与激情7》和《侏罗纪世界》的强大压力下，德国本土电影的市场占有率约只有25%③。整个欧洲，本土电影比较强势的法国，其2015的国产电影的市场占有率也只有35.2%④。在亚洲，2015年，韩国电影的本土市场占有率为52%⑤，也低于我国的61.58%水平。可以说，至少在规模上，中国电影是目前抵御好莱坞电影入侵的国家中最富有成效的。但是，中国独有的社会经济背景是当年的东德所不曾享有的。20世纪70—80年代，东德经济增长的速度虽然在社会主义阵营中名列前茅，1970—1980年代东德年均经济增长率为4.8%⑥，但是进入80年代以后，下降到了3%以下。东德不能依靠本国经济维持居民较高的生活水平，只能依赖国外贷款直接补贴消费⑦。至少从物质基础来看，这种不可持续的经济模式和东德自身有限的经济体量为东德电影最后的悲剧添上了一把土。

（三）本土商业电影得到发展，满足本土文化消费需要

好莱坞电影能够通行全球的优势来自好莱坞商业电影语言的通识性。

---

① 数据来源：国家统计局，http：//data. stats. gov. cn/。

② Statista，Audience market share of German cinema productions in Germany from 1996 to 2015，https：//www. statista. com/statistics/382580/german-film-market-share-germany/.

③ German box office hits record $1. 22bn in 2015，http：//www. screendaily. com/box-office/german-box-office-hits-record-122bn-in-2015/5098661. article? blocktitle=LATEST-FILM-NEWS-HEADLINES&contentID=42422.

④ Hollywood Rules French Box Office in 2015，http：//variety. com/2015/film/box-office/hollywood-france-box-office-2015-1201670302/.

⑤ 时光网，2015韩国电影市场回顾，http：//news. mtime. com/2016/01/19/1551637. html.

⑥ 庞川．东德计划经济体制简介［J］．计划经济研究，1983（28）．

⑦ 注：20世纪70—80年代，以西德为主的西方国家给予了东德大量优惠贷款，但是这些贷款和援助并没有被用于投资，而是直接补贴了消费，在东德实行计划经济体制下，这些补贴难以产生刺激生产的效果，随着东德经济增长放缓和国债的累积，东德生活水平在80年代开始下降，文化部门用于电影投资的资金逐年变少。

事实上，电影艺术性和娱乐性的表达都依赖于某种符号系统下，语言在电影与观众之间的传达。观众要理解电影传达的信息、情感和意境不仅有赖于电影自身的审美范式，还受限于区域文化环境以及这种文化环境下的语言符号系统，只有在观众与电影之间形成索绪尔所称之的“语言和言语所构成的语言活动”的时候，电影承载的艺术性，或是娱乐性才有可能被观众理解、接纳。相比于艺术电影，商业电影的语言门槛比较低，意境层次更浅显、直白，因而受众面更大。好莱坞商业电影的全球竞争优势来自：一是使用、发展由默片时代就产生的“通识化”电影表现手法，易于不同国别、不同文化和不同年龄层的观众理解；二是弱化电影文化背景的特定性，无论是哪种题材的商业电影，好莱坞总是截取浅显的异域文化符号来装扮内核一致的商业电影（比如《阿拉丁》中的阿拉伯文化，《花木兰》中的中国文化），就像万圣节时的奇装异服。同时，极力避免电影呈现出文化独特性，唯恐受众面减少而伤害电影商业潜力。这种电影内容的商业开发模式用强大历史数据证明了好莱坞的商业眼光。但是对于美国之外的电影消费者而言，这些轻车熟路的爆米花电影带来应接不暇的感官刺激之后，观众或多或少还是会留下一些文化认同上的缺失，梦幻工厂的光影炫目总是少了那么一点熟悉的生活气息。观看完任何题材的好莱坞电影之后，都感觉像是从光怪陆离的外星世界回到了地球上。好莱坞电影这种特质性文化的缺失，为世界各地的本土商业电影留下了生存空间。

电影观众作为一种消费者习惯于既定消费模式，作为文化产品的电影本身也应具备暗合消费者文化期望的属性，而好莱坞电影无法满足具体文化背景观众内心文化期望的缺失，这种缺失只能由各国的本土商业电影来完成。观众既想要电影娱乐，又希望电影具有本土化的生活气息，这样电影就需要通识性的电影语言和独特性的电影文化背景的融合。而显然这就超出了好莱坞的能力范围，却又正好是本土电影力所能及的。比如，电影《夏诺特烦恼》和好莱坞电影《尚未结婚时》使用了同样的情节安排，叙事模式上也非常接近，从电影的角度来看属于同一类电影，两部电影瞄准的观众群体也都是怀念学生时代的中青年观众。但是，文化背景的差异使得《尚未结婚时》不可能在中国获得同《夏诺特烦恼》那样的观众共鸣。

同样，《疯狂的石头》用盖里奇的叙事风格讲述了中国背景的喜剧故事也获得了成功。这表明，地方化电影叙事的市场需求正是世界各国电影发展的有利条件，而照消费导向的电影体制改革则正是各国电影事业蓬勃发展的重要契机，中国电影正是把握了这一机遇，完成了电影产业化的转型，获得了巨大的成功。

尽管我国商业电影的审美范式尚未完全成型，仍处于模仿与创造交织在一起的阶段，但是在商业电影语言的运用上正在不断成熟，电影题材和文化内涵上的本土化程度越来越高。《大圣归来》《夏诺特烦恼》《白鹿原》这样的电影作品为消费语境下的中国电影带来了让人乐观的信号。可以说，中国电影在经历了艰苦探索之后，走上了逐步独立的发展道路，这与中国电影消费属性的复苏是分不开的。

结束语

东德电影的结局为计划经济体制向市场经济体制转变的历史做了一个小小的脚注，而中国电影产业化的成功转型也为中国市场经济体制改革的成功增加了一个具体的例证。令人无法拒绝的消费经济和经济全球化赋予了电影行业新的生态背景——消费语境。在消费语境下，尽管各种非电影因素对电影的异化令人不快，但在以好莱坞为代表的强势文化扩张中，中国电影却正是凭借着对电影消费属性的认可与接纳，成功地摆脱了电影产业转型的困境，并通过市场化的电影体制改革获得了迅速的发展。

基于平台生态圈视角的贵州山地旅游开发模式思考

俞　杰*

（贵州民族大学人文科技学院管理学院，贵州贵阳　550025）

摘　要：贵州发展山地旅游拥有独特的生态优势，近年来贵州山地旅游成果显著，但同时也存在开发模式较为初级等问题。贵州省山地旅游开发要以全域旅游的大格局，有机结合“三块长板”，构建出山地旅游开发的“平台生态圈”模式，吸纳多样的共生单元进入平台，探索稳定的共生关系，推进平台内各单元的共同繁荣。

关键词：平台生态圈；开发模式；山地旅游

引　言

“天下山水之秀聚于黔中”是儒学家王阳明对贵州山水的高度评价。贵州省山地形态多样，旅游资源富集，奇峰林立，万洞暗藏，山峻水秀，

---

* 俞杰（1986—），汉族，贵州民族大学人文科技学院管理学院教师，研究方向：民族地区产业经济。

俯仰皆是景。贵州山地物产丰富，少数民族群众与山为邻，在世代的传承与发展中形成了瑰丽多彩的文化样式。历史上，由于长期交通不便，封闭隔绝，贵州民族地区社会发展缓慢，层峦群山是贵州经济社会发展的主要阻碍。在秉持“生态优先，绿色可持续”发展理念的新时期，贵州生态的巨大潜力开始凸显，贵州依托独特的生态优势和富集的山地资源，积极发展山地旅游产业，创新山地旅游开发模式，黔山贵水将大有所为。

一、贵州山地旅游资源概况及特色

贵州地处云贵高原向湘西、桂北山地丘陵过渡的斜坡地带，平均海拔在 1100—1400 米左右。贵州全省 92. 5%的面积为山地和丘陵，山脉众多，绵延纵横，山高谷深。贵州是喀斯特地貌发育强烈的高原省份，喀斯特地貌占全省国土总面积的 61. 9 %，境内岩溶分布广泛，形态齐全。贵州省境内同时有长江、珠江两大水系，拥有充分的水热条件和众多的河流，素有“八山一水一分田”之说。

贵州所处的特殊地带造就了特色鲜明的山地旅游资源。贵州地形地貌复杂多变，山地旅游资源富集且种类多样，自然风光雄奇壮美。贵州属亚热带高原季风湿润气候，全省大部分地区气候温和，全年平均气温 15℃，年相对湿度 82%[1]，适宜开展户外体育休闲运动，变幻无穷的光象、雨雪景观又为山地增添了更多绚丽的色彩。贵州山地生态系统的多样性和独特性十分突出，多种生态系统并存，孕育了丰富而独特的生物多样性，保存了许多珍稀、特有或古老的类群，药用动植物和矿物药种类多、品质佳，贵州苗医的理论建设和医学实践也颇具成果。贵州有 17 个世居少数民族，贵州各族人民千百年来依山就势、逐水而居，传承和发展出了独具魅力的山地文明，民族文化氛围浓厚。贵州的山地旅游形成了以生态价值为核心，以地貌多样性、气候适宜性、生物多样性、文化多样性为辅助的独特价值构成。

表 1　贵州山地旅游资源概况及特色

贵州山地旅游资源概况及特色		
雄奇壮美的自然风光	地形地貌多样	峰林、峡谷、瀑布、溶洞、天坑、江河、温泉等形态遍布
	资源独特性突出	风光秀美，多处入选世界自然遗产名录
得天独厚的气象资源	良好的温度、湿度条件	亚热带湿润季风气候区，冬无严寒，夏无酷暑。夏季夜雨昼晴，适宜避暑；冬季候鸟越冬区
	气象、气候景观丰富	“一山有四季，十里不同天”，变幻无穷，气候育景功能绝佳
	户外运动条件佳	气候温和，舒适宜人，全年有 300 多天可进行户外体育休闲运动
丰富独特的生物多样性	生态系统多样	多种生态系统并存
	生物多样性	物种总量大，多样性突出
	生物资源独特性	珍稀、古老、特有的类群多
	生物资源利用性	药用动植物和矿物药种类多、品质佳
独具魅力的文化多样性	多民族集聚	17 个世居少数民族，共计 49 个民族
	山地文明特色鲜明	依山就势、逐水而居，孕育了天人合一、道法自然的山地文明
	文化独特性突出	多处入选世界文化遗产名录和中国“非遗”名录
	古村落独树一帜	山地古村落数量众多，保护良好，民族文化氛围浓厚

二、贵州山地旅游开发现状

“十二五”期间，贵州省将旅游业定为全省战略性支柱产业，全省旅游业发展成果显著。2011—2017 年旅游人数年平均增长率达 28.7%，2017 年旅游总人数超过 7.4 亿人次；2011—2017 年旅游收入年平均增长率达 31.5%，2017 年旅游总收入 7117 亿元①。“十二五”以来，贵州景区建设

① 作者整理自 2017 年贵州省国民经济和社会发展统计公报。

升级成效显著，截至 2018 年 9 月，贵州境内的国家 AAAAA 级景区数量从 2 家增至 5 家，AAAA 级景区数量从 18 家增至 102 家，成功创建国家生态旅游示范区 4 家。

（一）山地旅游产品极大丰富

近年来，贵州山地旅游的品类建设成果显著：山地观光旅游形式更齐全，山地文化旅游内容更丰富，山地运动蓬勃发展，山地乡村旅游与山地农业新融合，山地休闲游更具包容性。大量新景区、新旅游形式的开发和引入，丰富了贵州山地旅游的内涵和层次，拓宽了贵州山地旅游的目标客户群。

（二）山地旅游宏观管理能力不断加强

贵州省加快旅游业转型发展工作，通过“100 个旅游景区”建设工程推进旅游景区体制机制改革，推行旅游景区公司化运营，引进国内外知名旅游企业参与景区运营管理，促进全省旅游向特色化、精品化、高端化布局。设立贵州旅游产业发展基金，为贵州旅游融资引资、招商建设提供重要保障。通过一年一度的旅游发展大会，带动各地积极开展项目推介、观摩展示和资源整合。

（三）旅游业基础设施建设不断完善

贵州“快旅慢游”的立体高速交通体系日渐完善，极大提高了游客进入的便利性，有效缩短了游览期间的交通耗费时间。在全省范围内积极布局旅游咨询服务中心和各类配套设施，以创新性的智慧旅游云建设，以大数据和互联网技术打通各类旅游信息平台，实现了旅游信息共享和数据价值挖掘。

（四）贵州山地旅游知名度不断提升

贵州省组团到境内外举办旅游营销推介，开展近千次“走出去请进来”活动。“走遍大地神州，醉美多彩贵州”的旅游口号已被全国无数群众所熟知，“山地公园省，多彩贵州风”的旅游宣传推介也已在韩国、马来西亚、美国等多个国家引起极大关注。2016 年 1 月，贵州在《纽约时报》“2016 年全球 52 个最值得到访旅游目的地”评选中脱颖而出，为贵州旅游收获了更多的国际关注目光。贵州旅游的品牌形象与知名度不断攀升，贵州打造国际山地旅游知名目的地的目标已初见成效。

表 2　近年来贵州山地旅游发展举措和成果

<table>
<tr><th colspan="4">近年来贵州山地旅游发展举措和成果</th></tr>
<tr><td rowspan="5">旅游产品极大丰富</td><td>山地观光游</td><td>发展成综合性山水观光旅游、瀑布旅游、高山旅游、峡谷旅游、溶洞旅游、森林旅游等多种形式</td><td>荔波樟江、赤水丹霞、黄果树瀑布、施秉云台山、马岭河峡谷、织金洞、万峰林等一批代表性景点</td></tr>
<tr><td>山地文化旅游</td><td>对阳明文化、土司文化、明朝汉文化持续发掘</td><td>阳明洞、孔学堂、海龙屯、宣威府、屯堡村落等代表性景点</td></tr>
<tr><td>山地运动</td><td>滑翔伞、低空跳伞、露营、汽车营地、汽车越野等新鲜现代的山地运动蓬勃崛起</td><td>海龙囤国际山地户外运动挑战赛、史迪威・晴隆 24 道拐汽车爬坡赛、牂牁江滑翔伞邀请赛、坝陵河国际低空跳伞挑战赛等一批赛事旅游</td></tr>
<tr><td>山地乡村旅游</td><td>与山地农业新融合，用农业丰富旅游内容，用旅游提高农业增加值</td><td>依托 100 个现代高效农业示范园区和 517 个乡村旅游扶贫重点村寨，建成一批农旅一体化、茶旅一体化、花旅一体化、畜旅一体化新景区</td></tr>
<tr><td>山地休闲游</td><td>丰富了避暑度假旅游、会展旅游、科普教育旅游等多种形式</td><td>东方瑞士风情小镇、十里河滩湿地公园；万山矿山遗址公园、平塘 FAST 射电望远镜等</td></tr>
</table>

续表

近年来贵州山地旅游发展举措和成果			
宏观管理能力不断加强	体制机制改革	推行旅游景区公司化运营，对国有及国有控股景区的法人治理结构改革	以委托经营、参股控股、合作开发等多种形式引进优质企业参与旅游开发和经营管理，让景区以公司形式参与市场竞争
	整体品牌建设	整合资源，集聚发展要素，实现贵州旅游整体升级	“100个旅游景区”建设工程；成立旅游产业发展基金；一年一度的旅发大会；打造旅游综合体
基础设施不断完善	交通网	建成“快旅慢游”的立体高速交通体系	实现县县通高速，开发旅游航线、旅游地航空港；贵广高铁、沪昆高铁的带动作用；大黄果树旅游圈、环梵净山、沿赤水河等知名景区打造旅游循环交通体系
	配套设施	积极布局住宿、购物、信息服务等配套设施建设	在全省范围内设立旅游咨询服务中心，引导设立一批特色鲜明的主题酒店、精品客栈、乡村旅舍、房车露营地、游客购物中心、自驾游服务平台
	智慧旅游云	信息共享，数据发掘，线上营销	以大数据和互联网技术打通旅游政务平台、智慧旅游景区、旅游电子商务平台、旅游公共信息服务平台
知名度不断提升	国内、国际知名度	实施“请进来走出去”战略	贵州省组团到境外数十个国家和地区、国内上百个大中城市举办旅游营销推介
			入选《纽约时报》“2016年全球52个最值得到访旅游目的地”

三、贵州山地旅游开发中存在的问题

近年来，贵州山地旅游开发中取得了突出的成果，但由于历史上相对经济落后，基础设施建设长期不足，山地旅游起步相对较晚，贵州山地旅游发展还处在相对初级的阶段，还存在一系列的问题。

（一）旅游开发过度依赖政府主导，市场活力不足

虽然贵州积极推动旅游体制机制改革，但目前旅游市场开发的主体依然是各地政府或政府主导的企业。一些地方和景区对于旅游体制机制改革存在认识欠缺和意识不足的问题，山地旅游开发的制度创新依然缺乏，限制了旅游企业和当地居民参与旅游市场的积极性，市场活力不足，导致一些传统景区突破旅游瓶颈的措施不到位，可持续发展前景堪忧。景区产权不明晰问题长期存在，进一步造成利益分配不公，不同市场主体之间的利益争夺时有发生，阻碍了市场参与者之间的合作共享，成为山地旅游开发的重重枷锁。

（二）产业结构相对初级，粗放式经营依然占据主流

经营粗放的问题在贵州山地旅游开发中较为普遍存在，许多景区仍然未能摆脱“门票经济”的思维桎梏，采取简单地围栏收钱，旅游过程中的体验消费、服务消费微乎其微。部分景区完全依赖于季节性的自然资源或气象资源，对自然资源与民族文化的综合开发和深度开发严重不足，如以赏花为主打的一些景区，在旺季时人满为患，游客体验很差，淡季时门可罗雀，基础设施大量闲置。景区维护水平低，内外环境保护不力现象十分普遍，也造成了微观环境差、服务设施老化等一系列问题。针对不同层次消费者的产品差异化严重不足，多是整体消费额不高的低端服务和产品，影响了旅游收入的提高。总体说来，山地旅游产业结构仍然相对初级，产业附加值较低。

（三）山地旅游项目的本土创新不足，简单模仿造成同质化竞争

近年来贵州许多景区引进了国内外成熟、先进的山地旅游项目，部分景区在引进时过度追求项目的新奇性、现代性，与景区整体氛围协调性较差，存在一定程度的生搬硬套，对于项目持续运营的经济性考量不足，导致项目持续运营出现困难，难以达到预期的经济效益。在项目设计时未能充分调动社会各界智慧资源，进行本土化创新，而是倾向于简单模仿，造成资源相近的区域内旅游项目同质化严重，不仅容易导致旅游者产生审美疲劳，从而评价不高，也削弱了项目的盈利能力。

（四）产业融合仍显初级，旅游产品附加值不高

旅游业同第一、第二产业的融合和互动仍然较为初级，餐饮业、住宿业等服务行业特色化不足，本土特产、旅游纪念品等开发形式单一，产品创新性不足，游客购买意愿低。针对民族文化的产品开发创意不足，设计感较差，层次较为低端，缺乏精品化产品，未能将资源优势充分转换为经济优势。旅游产品整体附加值不高，旅游产业对其他产业的带动依然较为乏力。

四、构建贵州山地旅游开发的平台生态圈模式

新时期贵州山地旅游的发展，必须要走创新发展的路径，创新发展的基础在于制度创新。只有通过制度创新，改变政府主导的开发模式，充分调动社会力量参与旅游投资、开发、运营的积极性，让市场参与者形成共生共享的发展机制，才能释放市场活力，为贵州山地旅游可持续健康发展打好坚实的基础。“平台生态圈”理论可以为贵州山地旅游发展提供新的思路。

（一）“平台生态圈”的定义和范围

“平台生态圈”理论结合了生态圈理论和平台理论，又称“平台生态

系统”。生态圈或者生态系统（ecosystem）是指由生物群落与无机环境构成的统一整体。在自然生态圈中，生物的成长是相互依存的，形成网络式的生存空间，而每个生物个体的生存成长都需要其他生物的价值贡献，最终形成一种多方共赢的局面。平台理论认为平台是一种现实或虚拟的场所，为需求方和提供方搭建交流场所并提供互动支持服务，两类或者多类用户通过平台实现供需相互协调而形成双边或者多边市场[2]。

平台生态圈理论是在产业链理论、平台理论基础上的创新发展，不同于产业链理论中核心企业往往对链上其他企业的“侵略”“占领”，也不同于平台理论中平台作为“覆盖者”的统治地位，“平台生态圈”理论更强调平台生态圈参与者的对等开放、多边共赢。平台生态圈是一种在平台的核心价值（业务、主体）驱动下构建的多边群体合作共赢的机制，柔性、动态的价值创造系统是平台生态圈的基本特征[3]。

（二）构建山地旅游平台生态圈是全域旅游大格局的内在要求

贵州多山地、无平原的省情决定了，贵州发展山地旅游是牵涉人口众多、面积广阔、跨多级行政区域的一项复杂工程，是横跨山地农业、文化体育产业、现代服务业等多项产业的一项综合工程，同时也是关系到民生问题、民族问题的一项系统工程。因此，贵州山地旅游要在全面推动产业结构升级优化的基础上，大力推动各个产业的深度融合，把旅游业渗透到省内各个角落，调动民族地区、各民族群众全面参与旅游建设，全面共享旅游发展成果。众多利益主体牵涉其中需要良好的竞争合作机制，不同产业跨界融合需要有效的共生互生机制。这就要求贵州必须要秉持“全域旅游”的大格局，聚合旅游产业链各级参与者，构建山地旅游的平台生态圈模式，形成资源共用、价值共创、利益共享的创新机制。

（三）“三大长板”为山地旅游平台生态圈凝聚了内生动力

大生态、大旅游、大数据是贵州省的“三大长板”。“三大长板”的有机结合，以大生态作为核心价值，以大旅游为核心指导理念，以大数据为核心技术驱动，能为贵州构建山地旅游平台生态圈凝聚起强有力的内生动力。贵州旅游的核心优势在于得天独厚的生态，贵州积极推动生态文明建设，保持并不断壮大自身生态优势，构成了山地旅游平台生态圈的核心价值；以打造全域旅游、建设“山地公园省”为契机，贵州在大旅游的理念指导下，充分整合区域资源，全面调动社会力量共同参与，促进旅游产业链不断延伸，大旅游理念与构建山地旅游平台生态圈的目标相一致；贵州在大数据产业拥有先行优势，在山地旅游产业中积极探索大数据技术的创新应用，可在生态系统监控、信息共享、旅游安全、旅游者行为分析、旅游市场营销等领域发挥巨大作用，为构建信息、能量和物质交流的平台生态圈建设提供良好的技术支持。

（四）贵州山地旅游平台生态圈模式设计

结合平台生态圈理论和贵州山地旅游实际情况，可以从山地旅游市场参与主体的角度，构建以平台型企业为核心企业，以本地居民、本地生产者组织、旅行社、旅游者、周边服务企业等参与者组成的山地旅游平台生态圈（如图 1）。

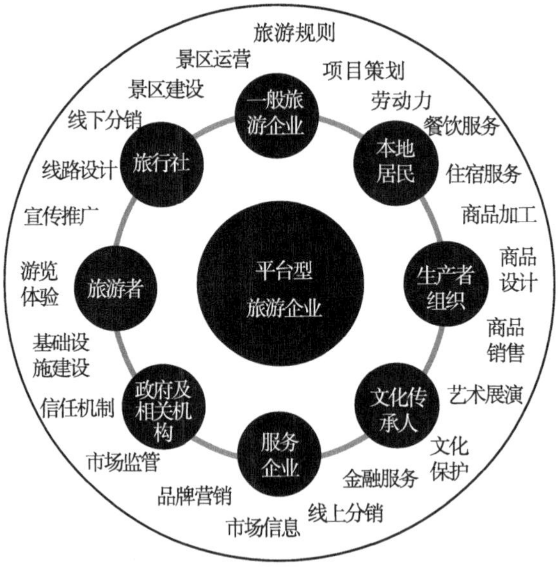

图 1　以平台型旅游企业为核心的山地旅游平台生态圈模式

如图1所示，平台型旅游企业作为旅游平台生态圈的核心企业，也是平台生态圈的核心支撑力量。平台生态圈可以吸纳众多企业和其他参与者，作为生态圈中的“物种”或“种群”而共同存在。平台生态圈上存在各种各样的供给和需求，如景区运营、项目策划、劳动力、市场信息、线上线下分销、金融服务等，平台中的“物种”或“种群”往往既是某项或多项产品（服务）的供给方，同时又是其他某项或多项产品（服务）的需求方。在良好的共生机制下，平台生态圈吸纳的“物种”越多，生态圈中产品的供给和需求就越旺盛，交易达成的效率就越高，平台生态圈的整体能量就越强，对更多“物种”进入生态圈的吸引力也就越强。

（五）山地旅游平台生态圈的物种种群划分

与自然生态圈中对物种种群的划分类似，我们可以尝试按照不同成员的角色定位，将山地旅游平台生态圈的成员划分为领导种群、关键种群和支持种群。领导种群即山地旅游平台型企业，提供平台以及撮合、监管服务，是整个生态圈的资源领导者、规则制定者和价值引领者；关键种群即旅游平台生态圈的交易主体，包括一般旅游企业、本地居民、本地生产者组织、旅行社、旅行者等；支持种群即山地旅游服务必须依附的组织，包括认证机构、金融机构以及相关政府机构等。

平台型企业作为生态圈的领导种群，具有其他种群不具备的核心资源，包括基础设施及专业设备、资本积累、专业知识、行业经验、关系资本、品牌信誉、目标导向、价值观等，这些异质性特征是平台上其他企业和参与者所不具备的，为其统领平台生态圈提供了核心优势。平台中的关键种群通过提供多元化的产品、服务和需求，借助平台实现供需双方快速匹配、降低交易成本，达成价值实现和价值共创。支持种群不参与平台产品或服务的直接生产，通过提供辅助服务，为平台上的交易提供信任机制、金融方案以及交易规范等，提高交易达成效率。平台生态圈中各种群之间以及种群内部成员之间存在着不同形式的能量、信息、物质的交流与传递，构成了不同形式的共生关系。由于共生关系的存在，使得各成员在平台共生中获得了新的价值，新价值又促进了平台生态圈的持续繁荣与演化。

（六）山地旅游平台生态圈的共生关系

山地旅游平台生态圈的共生关系包括共生单元、共生环境、共生模式三个方面。共生单元是构成山地旅游平台生态圈的基本单元，包括平台型企业和参与者等。共生环境是指对共生单元所处的、并且对山地旅游业务主体活动起支撑辅助作用的各种力量，包括社会经济发展、政府产业政策、旅游者消费意识和观念、相关法规的制定等，共同构成了山地旅游生态圈的共生环境。共生模式是指各单元之间相互作用的行为类别和组织方式，研究者认为，互惠共生和一体化共生是最理想的共生关系模式[4]。

高度发达的平台生态圈需要多样的共生单元、稳定而有营养的共生环境以及健康良性的共生模式。贵州山地旅游平台生态圈的构建，需要在强有力的平台型旅游企业的支撑下，充分吸纳一般旅游企业、本地居民、本地生产者组织、旅行社、旅游者等共生单元进入平台，参与平台交易和资源共享，充分利用好国民经济发展、政府产业政策以及旅游消费观念升级等环境优势，推动平台生态圈的各单元之间共生关系向更有效率、更稳定的互惠共生、一体化共生模式演进，以产生更多的价值共创。

五、需要协调的几大关系

（一）协调好政府与市场的关系

政府主导甚至政府包揽式的旅游开发模式已难以适应新时期的需要，山地旅游平台生态圈的构建需要充分调动社会力量参与，就必须坚持以市场导向，发挥市场的决定性作用，让市场参与者以市场的方式去竞争与合作。政府作为支持种群，在山地旅游平台生态圈中的角色应该是开拓者、规范者和协调者，在基础设施建设、产业政策创新等层面开拓奠基，在产业布局、产业规划等层面积极协调，在企业生产、市场竞争等方面等严格规范，避免大包大揽、强力干预。政府应着重培育、发掘和扶持平台型旅游企业，为平台生态圈营造良好的共生环境。

（二）协调好竞争与合作的关系

山地旅游资源的自然属性决定了其不可避免会出现资源跨行政区域存在的现象，这种跨区域不仅在省内存在，也在省际范围内普遍存在。贵州省内不同行政区域、贵州与周边省份在大山、大河等旅游资源存在共享关系，同时也在资源开发和市场开拓中存在竞争关系。山地旅游产业的竞争未来将逐渐由单独企业或景区之间的独立竞赛转向以平台为中心的生态圈之间的竞争，平台型旅游企业与平台参与者要在有序竞争的基础上，积极探索互惠共生的合作关系。贵州要认真做好全省山地旅游整体规划，引导构建多级的平台生态圈，帮助各地依据自身特色设计业态，省内各地要从生态圈的不同单元出发，在业态布局上形成差异化和特色化，同时要积极促成跨行政区域的旅游产业联动和产业联盟，在山地旅游资源共同分享、共同保护、共同开发等各个领域开展合作。

（三）协调好学习与创新的关系

贵州山地旅游平台生态圈的构建既要充分学习国内外先进经验，也要坚持自我创新。在项目引进时要充分考量项目与地区整体氛围的协调性和一致性，鼓励和引导社会智慧结合本土特色积极开发创新项目，创新地做好现代项目与传统文化的融合，避免简单复制带来的重复建设和重复开发，杜绝内部同质化竞争。在引进项目、设计之初，充分考虑项目运营的经济性和可持续性，通过项目创新发掘新的经济增长点。

（四）协调好旅游业与其他产业的关系

贵州要将山地旅游业作为战略性优势行业优先发展，同时也要注意旅游业与其他产业的协调发展。山地旅游平台生态圈的构建必须充分融合农业、工业和服务业，优先发展山地旅游也并不意味着大幅牺牲其他产业的利益。贵州省要在生态优先的绿色理念下，积极推进产业结构升级，充分吸纳特色农业、特色加工、文化体育业等其他产业的企业和生产者参与到山地旅游的平台生态圈中，促进产业深度融合和协调发展。

（五）协调好短期利益与长期利益的关系

现代山地旅游业的发展更加注重生态性、体验性、文化性，贵州山地旅游要走可持续发展的绿色路径，必须在生态优先的绿色理念下，积极布局山地体育、户外运动等体验型项目，选择体现贵州特色的长期可持续发展路径。要坚决杜绝为了短期利益破坏生态的透支式发展，要避免不可持续的划地为营式的门票经济，避免千篇一律的照猫画虎式的粗制滥造。平台生态圈的各单元要在积极参与价值共创的基础上，在谋求产业长期利益的前提下，协调好利益分配机制，共同培育平台生态圈的繁荣。

六、结语

在经济发展新常态背景下，发展山地旅游对于贵州具有重要的战略意义，也是贵州打好扶贫攻坚战，带领各族群众脱贫致富谋发展的重要举措。贵州要在充分认识到行业痛点的基础上，着力补足旅游基础设施短板，加强旅游行业人才建设，着力推进旅游体制机制改革，释放市场活力。在产业升级和消费升级的背景下，贵州要做好山地旅游行业的供给侧结构改革，推动旅游产品业态创新发展，结合“旅游+”推进全产业融合，推动山地旅游平台生态圈的构建与完善，促进旅游业及周边产业的共生共赢，贵州山地旅游将大有可为。

参考文献

［1］陈敏尔．秉持绿水青山就是金山银山的理念，努力把贵州打造成为世界知名山地旅游目的地［N］．贵州日报．2015-10-11（01）．

[2] 徐晋. 平台经济学：平台竞争的理论与实践 [M]. 上海：上海交通大学出版社，2007.

[3] 陈威如，余卓轩. 平台战略：正在席卷全球的商业模式革命 [M]. 北京：中信出版社，2013.

[4] 袁纯清. 共生理论及其对小型经济的应用研究（上）[J]. 改革，1998 (2)：101-105.

明清诗人吴中蕃的遗民心态研究

曾　洁*

（贵州民族大学人文科技学院，贵州贵阳　550025）

摘　要：吴中蕃是明末清初的贵州诗人，在贵州明清文学史上有着重要的影响力。吴中蕃生活在明清交替时期，无疑是时代的遗民，身为前明官员的他矢志守节不侍二主。一生徘徊于出仕和隐匿之间寻求救国出路，诗歌中便能看出一代遗民诗人的复杂心态变化，最后彻底走向归隐不问世事潜心治学，其中有太多的无可奈何的复杂情感。究其原因，与之内心无法摆脱的遗民身份有关，与之强烈的民族气节和风骨有关，内心桀骜痴顽、不愿违心行事的个性有关。

关键词：明清时期；吴中蕃；遗民；心态

吴中蕃生于明万历戊午（1618）年，卒于清康熙丙子（1696）年，字滋大，晚年别号今是山人。出身于举人之家，是户部郎中吴淮之孙，兴宁知县吴子琪之子，受家族影响吴中蕃继承祖父遗风，年少饱读诗书，游历各地，多与文人雅士往来，爱好文学，于明崇祯十五年（1642）考

---

* 曾洁（1986—），女，布依族，贵州贵阳人，贵州民族大学文学院硕士研究生。

取举人，永历庚寅年（1650）任遵义府知县，同年又擢升为重庆知府，最后官至吏部文选司郎中。而命运多舛，清军攻陷云贵，南明亡，吴中蕃便携母逃回家乡真龙山（今贵阳市花溪区龙山村）。清顺治十六年（1659），贵州经略使洪承畴得知吴博学多才，便派人劝其归顺效忠清朝，并持公文征召为云南知府，吴中蕃誓死不从，自认祖上世代为明朝官员，不愿改节侍清。云贵总督甘文焜奉命到真龙山召见吴中蕃，称朝廷将委以重任，希望其能够出山赴任，吴中蕃不愿，以不问世事安享田园生活为由，婉言谢绝甘文焜的邀请。康熙中年吴三桂谋反，想请吴中蕃出山，亦被拒绝。写下《自矢》："息意事躬耕，途穷岂倒行。四时常衣褐，一饭不求羹。缄至邀蛩诉，诗成送月评。丈夫死则已，何至易平生。"表明其不会出仕为官之决心。康熙十五年（1676），吴三桂以恢复前明之义再次请其出山，吴中蕃本有强烈的报国之心，便应允吴三桂的请求，随之赴云南任总理部曹。之后吴中蕃识破吴三桂"复明"之虚，称帝之实的阴谋，"复明"的希望完全破灭。于康熙十八年（1679年）便拂袖而去，回到贵州隐居之所真龙山，表明其忠厚明哲不改之节操。次年，吴三桂唆人胁迫其出山，吴中蕃将大学士方以智所赠宝砚伪装发狂投掷于市，才免于此劫，他庆幸的写下诗作《有避》："聋俗无高论，奔蹄鲜逸轮。检辞酬险士，侧足避忙人。"事后，将砚补缀，后编诗文集，名曰《断砚草》。

吴中蕃晚年隐居于真龙山并参与编修《贵州通志》，后移至芦荻寨（今贵阳市花溪区芦荻村）直至离世，他一生不为名利所动，静心享乐于山水田野之中，在平淡安详中度过余生，晚年生活虽条件艰苦，茅漏屋破，但他却闲然自得，达观为怀，心境平和，写下诗作《于茅》："屋老自玲珑，欺凌任雨风。苍苔登脊厚，索菌据楣丰。欲理艰于食，非时贵在蓬。怀安无远志，未可责衰翁。"这也与他的民族气节有关，认定自身为南明的官员，生不作贰臣，死不为逆鬼，要留清白在人间的凛然之气，其名节和风骨让人敬佩。

一

吴诗常流露出哀伤沉郁之感，这与他所处的时代有着密不可分的关系。年少勤奋努力考取功名，正要施展才华却迎来亡国的命运成为时代遗民，经历朝代变迁、社会动荡，原本有着强烈的报国之心和功名之志，只因身处明末衰败之时，空有理想抱负却无处托身，如《长啸豪英》所写“含情长忽忽，抱志苦难伸”。在诗篇中有大量描写因战乱带来的社会动荡、民不聊生，在国破家亡自身难保之时，也丝毫未减忧国忧民之念，在面临“奉清”和“复明”的抉择时，毅然选择后者，认定自身为南明的官员，坚决不侍二主，“复明”也成为他一生所愿。加之明清的朝代交替乃少数民族入侵，是野蛮征服文明，挑战传统儒家士大夫内心的底线，身上更突显异于常人的浓厚家国情怀和民族情结，强烈的遗民心态尽显无遗。诗歌大量描写亡国之后的经历：逃难、归隐、出仕、又归隐，心态也从过去的激愤悲痛到彷徨失落再到淡泊洒脱，最后彻底走向归隐不问世事潜心治学，其中有太多的无可奈何的复杂情感。究其原因，与之内心无法摆脱的“遗民”身份有关，与之强烈的民族气节和风骨有关，内心桀骜痴顽、不愿违心行事的个性有关。

顺治十六年，清军南下平定云贵，南明残余势力彻底被剿灭，吴中蕃便辞官携母回乡，随大流南迁，逃难途中历经艰难，见证战争摧毁家园，百姓流离失所，饿殍遍野的凄惨场景，深深触动了吴中蕃敏感的内心，在诗歌写作中以讽谏批判的态度描写战争、反映现实黑暗和百姓疾苦。心态也发生翻天覆地的变化，国破家亡的悲痛和哀思，异族统治带来民族矛盾的仇视，痛恶清政府的残暴统治，对无辜百姓的同情怜悯，面对一切又无力改变现状的自责心态，等等。

诗歌《竹米谣》中“挈孥扶老入林中，采摘终朝怀袖充。无烦稼墙禾三百，谁信筹思擅岁功。”“吁嗟竹乎，既不若天复颖粒，能饱陇西之数州。”整首诗都描绘了老百姓在饥荒之年扶老携幼争先采竹米糊口的情景，细节描写入微，刻画生动形象，真实客观反映现实，控诉当朝者让百姓饥饿的可耻行径。《猛虎行》中“不角不距姣须眉，狂噬吞啖如荼垒。东家失女西失儿，南园北阁充调饥。”把凶恶的官吏比喻成吃人的猛虎，让百姓闻风丧胆，害怕至极。清政府初期为统一民心采用野蛮粗暴的政策镇压百姓，兴许对百姓有震慑作用，对汉族的士大夫和前朝官员不但无法驯服，相反会激起对新朝的不满和更强烈的敌视，铸就更强烈的遗民心态——激愤，怀旧，排斥，不合作。

如《早行》诗：

寒鸡抱霜色，每每为所误。既衣不能寐，徙倚頳颜怒。
稍闻沙鸟呼，渐见东林树。残月上危桥，沿溪寻小路。
马渴但思泉，仆迟烦屡顾。前村尚莫辨，苍茫此中去。①

此诗生动描绘寒冬之际逃难的历程，诗人将早起的氛围营造在紧张和愤怒之中，遗民选择背井离乡一路逃亡，生存环境极度恶劣，“残月上危桥，沿溪寻小路。”逃难人在严寒的早冬艰难寻路生死未卜，渲染出诗人当时凄凉惨淡的现状和抑郁沉闷的心情。“前村尚莫辨，苍茫此中去。”说出对未知茫茫前路的不知所措，作为遗民对未来迷惘绝望的心态。

二

吴中蕃一生经历两次出仕、两次归隐，但两次性质截然不同。第一次归隐迫于无奈为了逃避战乱辞官而去，以归隐山林的方式寄托对故国的哀思和怀念，也是对清朝当权无声的抗议。内心背负亡国的伤痛，在面临家国之难不能为之改变的自责心情，“矛盾”“彷徨”“悲愤”的遗民心态展露无遗。唯有通过“抵制”和“不合作”的方式保留前朝遗民的不屈风骨。

如《得准滇郡之辞，胡止戈以诗见美，就韵酬之》：

四十投簪亦未迟，尚惭元亮已先之。

---

① 顾久主编. 黔南丛书（点校本）[M]. 贵阳：贵州人民出版社，2009：112.

山山芝美将焉待，岁岁薇柔好共谁。
岂是长歌真当哭，敢云浊饱不如饥。
一身去就寻常事，焉用夸明诧诀为。①

此诗是吴中蕃回到家乡真龙山之后，清政府派人劝说归顺，让吴中蕃担任云南知府，胡止戈投诗赞美吴中蕃才华，力请出山，吴中蕃依韵附诗，力辞不就，表明其决心。诗中以陶渊明辞官做比喻，引出自己辞官的理由，最后一句表明吴中蕃把做官和辞官看作是一件寻常之事，尽显淡然洒脱的心态，无需向谁夸耀表明自己的用心。内心彻底放下仕途，是不愿与新政权合作，不愿改节侍清，对前朝的忠贞不贰之心不可动摇。

吴中蕃第二次出仕因吴三桂假借“复明”之义，邀其出山相助，恢复前明是吴中蕃的毕生夙愿，便欣然应允，出征云南助吴三桂一臂之力，写下《别家》：“悔莫埋名字，从兹那得安。疏原为世弃，老更别家难。”即便年老也愿为反清事业积极投身。在《昆明池看龙挂》中写到“陬澨蟠蛰知几个，独尔逍遥归帝座”，暗喻永历帝是复明的希望，愿为恢复前朝奔赴沙场奋勇反抗，这也是身为遗民特有的心态表现。亡国的伤痛随时铭记于心，也验证了吴中蕃并非甘愿归隐，只是静等机会建功立业。然而得知复明希望破灭之时，也表现出极其愤怒和悲痛的情感，一个徘徊在新朝和故国之间的时代遗民，抱以希望到绝望，从出仕到归隐，辗转曲折间彻底走向失落和彷徨，如《发昆明》：

狂霖忽尔止，天亦喜归人。野蓼红相傍，山云白导飞。
尽人知不返，送者自应稀。行矣将安恋，故园香正馡。②

吴中蕃复明理想破灭，也不想为吴三桂的伪政权效力，从昆明出发启程回贵州老家真龙山，也是吴中蕃第二次归隐的结点，放下内心执念归隐山林从此不问世事。除此之外，诗集中多有感遇诗、杂咏诗一类，看似无题却思想明确，鲜明凸显诗人的情感和心态，如《愿为》中：“愿为江上

---

① 顾久主编. 黔南丛书（点校本）[M]. 贵阳：贵州人民出版社，2009：223.
② 顾久主编. 黔南丛书（点校本）[M]. 贵阳：贵州人民出版社，2009：203.

独立之青峰，不愿为天边弄影之明月。”凸显诗人奇倔孤高的性格，不屈服不折腰的个性。《虞美人》：“汉虽已得楚，不能得妾身。请以一女子，愧彼八千人。”通过借用历史结合自身表达忠贞不渝的操守。《夜明草》中“气魄虽已枯，精爽犹未亡。皎皎于暗室，隐隐若萤囊。”光芒虽小，却源源不绝，充满积极向上的朝气。暗示出诗人对“复明”充满希望，“乃知此爝火，安能近太阳。”对故国的一片赤诚之心。《种黄杨》中将黄杨和翠柳做比较，黄杨是小灌木，木质坚硬细密，二三十年之后方能成为有用之材。诗人将黄杨自喻，不计较眼前短暂的名利，在乎百年之后的流芳百世。“所思千载后，非计一时芳”，有一种放眼未来的豪迈气度。诸多诗作都可看出处于外忧内患之时，身为传统儒家士大夫桀骜不驯的痴顽个性和遗民顽强的心态，是战争和强权无法摧毁的一方心灵净土。

三

吴中蕃从昆明归来之后便是第二次归隐，真正意义上结束官宦生涯，开始了以山水为友、田园为伴的隐居生活。历代遗民都有以“改名”“取别号”的方式表达自己的信念和与新朝决裂的决心，有较强的遗民意识。吴中蕃晚年也给自己取别号叫“今是山人”，以“冷眼观世事，无力救鸡虫”的态度终老林泉，做一个不问世事的农夫。易名有时意味着对过去的忏悔，反省乃至决裂，有时则表达出对故国的怀念和对现实的不满。[①] 隐居山林的后半生吴中蕃写下了大量的歌咏家乡山水的诗作，以居住地真龙山和天河潭本土的自然山水为歌咏对象进行创作的一系列山水诗，充分展现贵州本土特有的喀斯特地貌风光，多描写岩石、溶洞、天生桥、钟乳石、青山等。《龙山杂韵》就是描写龙山村的六处优美景致。

山麓展玄洲，回环抱碧流。乍疑蟾下饮，长见魂沉沟。《却月洲》
一缕注山脐，晴空见舞霓。豪情余洒落，冷态自凄迷。《滃炎瀑》
小室面苍峦，岩威独改观。《款端峦》

---

① 从扬. 明清之际的遗民心态［D］. 辽宁师范大学硕士学位论文 . 2009.

是山能住我，未免为多情。《旅瑰岑》

乳窦似蟾蜍，盎浆同蛟魄。娟娟未尽施，澮澮仍无迹。《蟆颐泉》①

《龙山杂韵》这六首诗以龙山村自然景物为对象，如“山峦”“河流”“钟乳洞”“泉水”“洞穴”“瀑布”。吴中蕃每天与美景为伴，沉浸在大自然的美景中，心境也变得沉静平和，豁达开朗。在吴中蕃笔下，不仅是赞美家乡山水的秀丽美景超然脱俗，隽秀灵动，还表达出对家乡深深的热爱与眷恋之情，更是作为遗民的另一份情感寄托，填补内心的空虚和苦闷，暂时忘掉亡国的痛苦和对百姓的担忧，抚慰抑郁忧患的心情。

《敝帚集》中描写田园风光的诗有百余首，在吴中蕃诗集中占有重要地位，以描写农村秀丽的自然风光和隐居山林之后的生活为主。多表达释怀洒脱的心境和对平静自由生活的追求向往，尽显恬静淡然，自适其乐的归隐乐趣，更是道出诗人对田园生活的无比热爱之情。更好的展现出吴中蕃晚年心态的转变，《早春田园八首》是吴中蕃归隐之后采用诗歌记录生活的点滴，包括农耕体验、田园风光、故人饮酒、农民生活等，“迩来亲稼墙，颇识寒暑情。百物匮于后，天地无能争”，描写出自给自足的农耕生活。“长歌散遥虑，孤云方在山”，享乐于悠闲自在的生活方式，对真山真水的赞誉。“种豆豆不治，锄瓜瓜不成。老农欲徙此，卜祝向神明”，描绘农夫真实生活。“岂是安口腹，时政方榷鸡。”揭露政府对百姓的盘剥。这组《田园早春八首》有对田园生活美好的谱写，也展现出诗人高洁品格和安贫乐道的人生态度。

《禾香》

毕生营一饱，日午未就闲。绿云既已苍，新苞质犹孱。

回风动积水，好味生叶间。荷锄久忘归，对之颇解颜。

岂俟祕与椒，应知终免艰。自非屡空肠，焉觉此相关。②

① 顾久主编．黔南丛书（点校本）［M］．贵阳：贵州人民出版社，2009：170.

② 顾久主编．黔南丛书（点校本）［M］．贵阳：贵州人民出版社，2009：102.

归隐是历代遗民士大夫常选择的方式，但由于农村条件艰苦、环境简陋，并不是所有人都能做到自耕自养，真正融入农村田园生活中。吴中蕃放下心中念想安心做一介农夫，“未就闲”“久忘归”“营一饱”都抒发丰收劳作成果的喜悦心情，也体现出诗人安贫守志的崇高精神。傅玉书评价吴中蕃说：“兹得山人《敝帚集》千余篇读之，乃叹曰：是真能学陶矣，是真能学杜矣！是真源于《三百》归于《三百》者矣！及海宇既一，人庆升平，而山人义不当复仕，躬耕养母，则又略似渊明。”① 吴中蕃诗歌确有似陶之处，由于两人的人生经历相近，皆处于朝代交替的乱世之中，仕途曲折坎坷，几经出仕几经归隐，归根于刚正雄直，不同流合污的个性。孔尚任评价吴中蕃的诗：“观其诗，则身隐焉文之流，多忧世语，多疾俗语，多支离漂泊有心有眼不易告人语。屈子之闲吟泽畔，子美之放歌夔州，其人似之，其诗似之。”② 也可看出，孔尚任也认同吴诗有似陶的现象。晚年的吴中蕃做人作诗都追慕效仿陶渊明醉心自然，忘怀得失的心境，在官场和归隐的抉择中，亦像陶渊明一样选择归隐田园，对田园生活充满向往和企慕之情，也体现出对官场的倦怠失望，晚年归隐生活中的诗歌写作多以山水田园风为主，体现为自然、平淡、洒脱的特点，写作风格效仿陶渊明，全诗意境也很相似，对其追慕和景仰之情已昭然可见。没有悲愤激昂的情绪，没有忧国忧民的情结，增加了摆脱繁杂过往之后的清新脱俗的诗风，根植于自然，感情发乎于自然。

回首吴中蕃崎岖的一生，历经磨难，怀才不遇，报国无门，沉浸在亡国的悲恸之中，加之激烈的民族矛盾，吴中蕃初期心态表现出激愤、悲痛和不满。通过写实的方式批判现实的残酷和黑暗，痛斥战争给百姓带来的灾难，背负亡国的伤痛徘徊于出仕与隐匿之间，为心中所愿恢复前明尽其所能倾其所有，可旧朝大势已去，自知已无力挽回，内心从希望转向失望，从失落走向彷徨，无可奈何之下选择隐居不仕，以前朝官员的身份保留凛然风骨和民族气节。归隐之后将情感转移到山水和田园之间，追求内

---

① 关贤柱点校．黔诗纪略［M］．．贵阳：贵州人民出版社，1993：1083.

② 关贤柱点校．黔诗纪略［M］．贵阳：贵州人民出版社，1993：1079.

心向往的恬淡自然的生活方式，效仿陶诗和追慕陶渊明便成为遗民士大夫最好的精神寄托。吴中蕃晚年远离尘世过着静谧的生活，专心治学，参与编修，写诗无数，也是源于自身对诗人身份的认同感，晚年心态也悄然发生变化，从过去的激愤转向平和，消极转向积极，从彷徨转向洒脱。面对贫苦安贫守志，旷达坦然，宁静淡泊。呈现出特殊时代背景之下遗民心态的变化，身心和精神磨砺之后的蜕变和升华。

参考文献

[1] 王燕玉．贵州明清文学家［M］．贵阳：贵州人民出版社，1981.

[2] 关贤柱点校．黔诗纪略［M］．贵阳：贵州人民出版社，1993.

[3] 黄万机．贵州汉文学发展史［M］．贵阳：贵州人民出版社，1999.

[4] 顾久．黔南丛书（点校本）第四辑［M］．贵阳：贵州人民出版社，2009.

[5] 丛扬．明清之际的遗民心态［D］．辽宁师范大学硕士学位论文．2009.

建设工程施工合同中一桩案例的启示

黄婷婷　方守永*

（贵州民族大学人文科技学院，贵州贵阳　550025）

摘　要： 本文以A、D两公司建设工程施工合同纠纷一案为着力点，试析本案所折射出的问题，并提供一些思考和启示。

关键词： 建设工程；表见代理；思考与启示

一、基本案情

A公司在2012年5月承建某商住小区项目，承建后将该项目分包给个人B。个人B在接到此项目后聘请工作人员C，其工作职责系为个人B编辑、整理、绘制项目资料。此项目于同年12月28日正式完工，2013年1月7日正式退场，并要求此项目的甲方（即发包方）对该工程项目进行验收。甲方则认为施工项目道路不合格，要求A公司返工。此时，工作人员C便私自找到D公司进行道路的返工修复，双方于2013年1月26日签订

* 黄婷婷（1989—），女，侗族，贵州铜仁人，贵州民族大学人文科技学院教师，硕士学历。
方守永（1989—），男，汉族，河南商丘人，贵州民族大学人文科技学院讲师，硕士学历。

了一份《沥青路面工程承（发）包合同》，但是在这份《沥青路面工程承（发）包合同》上，既没有A公司的公章，也不存在A公司的合同专用章，只有C的个人签名。次日（即2013年1月27日），D公司组织人员对该道路进行返工修复并完成施工。完成后，D公司没有索要任何书面资料。2013年5月，由于一直没有收到工程款，D公司找到工作人员C，C出具了一份个人手写的《工程量单》进行安抚。一年以后由于仍然没有收到工程款，2014年7月，D公司又找到工作人员C，C又出具了两份个人情况说明，一份说明是关于D公司实际对该项目道路进行了施工，另一份说明的内容是此项目的承建方为A公司。D公司拿到《工程量单》及两份情况说明以后，还是没有收到工程款，2015年3月，D公司将A公司与个人B、个人C诉之法院，要求三被告需全额支付相应工程的款项为173934.40元，以及相应损失85000元。①

二、判决结果

一审判决结果：

驳回原告D公司的全部诉讼请求。

判决结果下来后，D公司对结果表示不服，并以A公司为涉案工程的总承包人，个人B则是与A公司合作经营，个人C是个人B聘请对该工程进行现场管理的工作人员，且工程实施利益归属A公司与个人B，故个人C系代理个人B、A公司与自己签订的《沥青路面工程承（发）包合同》，按照《中华人民共和国合同法》中，有关表见代理的规定，[1] 该合同的权利义务应该归属于D公司与A公司的理由，提起上诉。

二审判决结果：

对D公司所提出的上诉请求，不能成立，应予驳回；一审判决认定事实清楚，适用法律正确，应予维持。依照《中华人民共和国民事诉讼法》第一百七十条第一款第一项规定，[2] 判决如下：

① 本文中所述案例，是作者本人作为A公司的诉讼代理人参与的真实案例。

驳回上诉，维持原判。

三、判决内容

一审原被告双方所提交的证据清单：

原被告的陈述、建设施工合同、联营协议、《沥青路面工程承（发）包合同》、个人C在2014年7月6日，以及2014年7月9日所出具的两份《情况说明》《工程量单》、裁决书、民事判决书、技术（工作）联系单。

二审原被告双方所提交的证据清单：

双方当事人陈述、D公司提交争议项目的甲方（即发包方）出具的《证明》《沥青路面工程承（发）包合同》、个人C分别于2014年7月6日、2014年7月9日出具的两份《情况说明》《工程量单》、民事判决书、裁决书、技术（工作）联系单。

一审认定：

本案D公司与个人C于2013年1月26日签订《沥青路面工程承（发）包合同》，第二日D公司进场，当天将工程施工完毕，同年5月21日D公司找到个人C，由个人C向D公司出具了《工程量单》一份，陈述D公司所作工程面积为1861.68㎡；2014年7月6日，个人C又向D公司出具《情况说明》一份，陈述其本人系个人B于2012年5月聘请的，负责该项目的现场管理；四日后，个人C再次向D公司出具《情况说明》一份，陈述其本人受个人B聘请负责该项目的项目管理及施工管理，D公司于2013年1月27日进场施工，当日完工，费用共计为173934.40元。上述行为均是个人C与D公司之间的行为往来，所出具的书面文件也均为个人C所出具，无法证明D公司的施工范围为A公司的承建项目，因此要求A公司付款的证据不足，D公司应承担举证不利的后果。

二审认定：

本案A公司辩称上诉人没有提供证据证明其实际施工为本案争议焦点。D公司提交的《沥青路面工程承（发）包合同》是个人C与D公司签订，合同仅是双方对涉案项目施工的有关事宜约定；《工程量单》也仅载明了涉案项目的沥青摊铺面积；2014 年 7 月 6 日的情况说明仅说明个人 B 聘请个人 C 担任涉案项目的现场管理，故 D 公司提交的证据均无法证明其实际施工了本案涉案项目。此外，个人 C 于 2014 年 7 月 9 日出具的《情况说明》虽载明了涉案工程由 D 公司施工完成，但 A 公司对此予以否认，由于该《情况说明》仅是个人 C 的陈述，并无其他证据佐证，故不足以证明 D 公司对涉案项目进行了实际施工，因此 D 公司应承担举证不利的后果。

四、思考与启示

（一）法官与法

本案一审、二审所提交的证据基本一致，D 公司代理人一审、二审中所陈述的理由也完全相同，但是一审法院和二审法院的认定事实是不一致的。本案一审的认定依据是认可了 D 公司的实际施工行为，只是认为 D 公司提交的证据无法证明 D 公司所施工的范围属于 A 公司所承建的项目。因此，一审法院认为 D 公司应该承担举证不利的后果。本案二审的认定依据是直接认为 D 公司所提交的证据无法证明 D 公司有实际施工的行为，但一审法院和二审法院却得出了相同的结论。不过让人奇怪的是，二审法院明明与一审法院认定的事实不一致，但是在判决中，二审法院却认为一审判决的认定事实清楚，适用法律正确，应予维持。

上述案例的一些问题，引发了笔者的思考。如果按照《中华人民共和国民事诉讼法》中第一百七十条的规定，①[3] 则本案二审的判决，需要采用《中华人民共和国民事诉讼法》第一百七十条第三款之规定："原判决

① 《中华人民共和国民事诉讼法》第一百七十条："第二审人民法院对上诉案件，经过审理，按照下列情形，分别处理：（一）原判决、裁定认定事实清楚，适用法律正确的，以判决、裁定方式驳回上诉，维持原判决、裁定；（二）原判决、裁定认定事实错误或者适用法律错误的，以判决、裁定方式依法改判、撤销或者变更；（三）原判决认定基本事实不清的，裁定撤销原判决，发回原审人民法院重审，或者查清事实后改判；（四）原判决遗漏当事人或者违法缺席判决等严重违反法定程序的，裁定撤销原判决，发回原审人民法院重审。原审人民法院对发回重审的案件作出判决后，当事人提起上诉的，第二审人民法院不得再次发回重审。"

认定基本事实不清的，裁定撤销原判决，发回原审人民法院重审，或者查清事实后改判”。但不知道本案二审法官是为了简化程序或是出于其他什么原因，采用的不是第三款，而是采用《中华人民共和国民事诉讼法》第一百七十条第一款之规定：“原判决、裁定认定事实清楚，适用法律正确的，以判决、裁定方式驳回上诉，维持原判决、裁定”。问题出来了，一审、二审法院法官的自由裁量权是否过大？在判决结果相同的情况下，法官适用的法律条款是否过于随意？由于我国的司法制度中实体结果大于程序瑕疵，在面临本案的情况时，能采用什么办法来对法官进行约束？

同样，法官的自由裁量权在本案中还体现在证据的认定上，本案一、二审一样的证据、同样的陈述意见认定出不一样的事实，所谓的证据效力在现如今的执法情况来看是一种很模糊的概念，可随法官自我意识改变而改变。根据法官自身经验、倾向以及业务水平来决定其对待同样证据有什么样的看法。《最高人民法院关于民事诉讼证据的若干规定》第七十七条之规定，①[4] 在本案中，一审法院法官认为D公司提交的证据，足以认定合同已经实际履行，只是无法证明与A公司有关。在此，笔者认为一审法院法官应该是采信了D公司的陈述意见作为一个辅证，才能与上述证据构成一个完整的证据链，但这恰恰违反了《最高人民法院关于民事诉讼证据的若干规定》第七十七条之规定，因为D公司作为本案的起诉方，其陈述连证人证言都不符合，必须要有相应证据佐证，所以一审法院法官的认定掺杂了太多个人主观意愿。而二审法院的法官更加倾向于用证据证明事实，所以同样的证据在一审法官和二审法官之间得出了不一样的事实。可见法官在处理案件时，更多地受到自身思想、性格的影响。

事实上，法官的自由裁量权，需要法官们根据相关的法律规定，结合个人自身的司法经验、个人司法素养等，再根据具体案件所提交的证据加

---

① 《最高人民法院关于民事诉讼证据的若干规定》第七十七条之规定：“人民法院就数个证据对同一事实的证明力，可以依照下列原则认定：（一）国家机关、社会团体依职权制作的公文书证的证明力一般大于其他书证；（二）物证、档案、鉴定结论、勘验笔录或者经过公证、登记的书证，其证明力一般大于其他书证、视听资料和证人证言；（三）原始证据的证明力一般大于传来证据；（四）直接证据的证明力一般大于间接证据；（五）证人提供的对与其有亲属或者其他密切关系的当事人有利的证言，其证明力一般小于其他证人证言。”

以判断，而在判断过程中，自由裁量权的具体体现就取决于法官的个人素养和经验。法官的自由裁量权，当然有它存在的合理和必要。而作为法官，需要能够合理、巧妙地运用法律赋予的这一权力，发挥自己的逻辑思考和判断能力，对每一起案件都尽可能地做到公平合理的处理。而由于现实中，法官选拔制度还需要优化完善，部分法官司法经验不足，个人司法素养不高，甚至有些法官对法律的理解出现南辕北辙的情况。笔者认为，在西方发达国家中的法官选拔制度值得我们借鉴，能进入法官门槛的都需要从事一定年限的法律工作，即律师，而高级法官又只能从低级法官中进行选拔，由此很好地避免了法官存在司法经验不足，个人司法素养不高的情况出现。

（二）表见代理

A公司在一审、二审的庭审中都有提出“表见代理”不成立的观点。本案当中D公司所提交的证据，全部都是D公司和个人C发生的书面往来资料，因此A公司的代理人在答辩中均提到了本案D公司是与个人C之间发生了民事行为，与A公司无关。但是无论是一审法院还是二审法院都直接回避了此问题，并没有在判决中给出任何解释。事实上现在的很多实例中，法官并不会在判决上体现当事人所提出的观点，更不会进行有针对性的一一对照解释。法律解释对于法律适用来说是非常重要的，一般情况下，法官需要在判决中进行充分的解释和论证，根据法律内涵、精神、价值来阐述法律和事实的意义，才能使判决被当事人所接受，而不仅仅只是单纯的对法律条文进行澄清。法官的作用在于向别人证明什么是合理、公平地决定，向他们提供某种解决办法的全部论据。所以我国的法官应该具有良好的法律素养，在判案的过程中作出一个合情合理的法律解释，这样也能减少现今社会中普罗大众与法院的对立情绪，更能避免新闻媒体的一些歪曲理解。

回到本案中，D公司在与个人C发生整个民事行为的过程中从未向A公司进行确认、追认，也没有要求个人C出具任何其能代表A公司的证明文件，显然D公司自身存在严重过失。按照我国相关法律规定，没有代理权的行为人在民事行为中，擅自以被代理人的名义订立相应合同及约定的，该行为属于无权代理，该情形下签订的合同则被视为无效合同，通常情况下，由行为人自行承担责任。例外情况一般有两种：情况一是被代理人在事件发生后，及时予以追认，并且这种追认是积极的、明示的，则可视为有权代理，之前所订立的合同或约定将产生追加的法律效力，而不再是因为代理权瑕疵而造成的无效行为，被代理人也将承担合同相应的权利以及义务。情况二则是行为的相对人能够相信，行为人在进行该行为时，具有合法的代理权，则法律上视为该代理行为有效。在法律理论上，通常称之为表见代理。在法律理论中，对表见代理的构成，需要一个实质要件，那就是相对人有理由相信，行为人在这一行为上是具有代理权的。虽然在行为人实质上缺少代理权时，相对人相信行为人拥有代理权是一种误解。然而当相对人能举证或提出/暗示造成误信的理由时，该代理行为即在法律上视为有效，由被代理人承担对应的法律责任。而如果相对人误信，却又无法提供合理的理由及证据，则相对人自行承担不利的法律后果，该代理行为无效。相应法律责任由行为人和相对人自行承担，与被代理人无关。一个人对他人的信任，是一种主观上的心理状态和判断。通常情况下，需要借助客观现象来做出。在法律上的表见代理中，相对人如果在主观上相信代理人有合法的代理权，必然是由于客观表象而做出的决定，因此而作出判断，进而与行为人签订合同或进行交易。后续，代理权能够存在，前提必须是行为人获得了被代理人合法的授权，代理行为得到了被代理人的认可。如果不存在被代理人的明确授权，代理人与第三人产生的行为由被代理人承担是违背了意思自治的基本原则。作为无权代理制度的特别例外，表见代理制度的立法目的主要在于尽最大可能，保护行为相对人的合法利益。有鉴于此，笔者希望其他生产经营者在从事交易活动中对代理人及其代理权限进行审查。

（三）法律在生产经营中的重要性

民事主体在发生民事行为的过程中（本案特指交易行为），首先双方应该要有完善的法律意识，不能因为所谓的熟人关系或是情谊行为就采用口头约定的形式，虽然口头约定在我国是具有法律效力的，但是一旦发生纠纷想要取证是十分困难的。因此双方应当自愿自觉签订书面合同，但只是签订书面合同也不行，书面合同的签订只能说明双方有合作的意向以及双方对合作的一个权利义务的约定，并不代表双方实际履行了该合同并且在履行过程中是否按照合同的约定的权利义务来进行的。所以在实际履行过程中双方也要尽量采用书面资料的形式进行往来并且应当对这些资料进行收集、整理、保存。在将来可能发生的诉讼中，证据是最关键的一个环节，证据的概念，也就是说在我们进行民事行为中的书面文件、来往函件、图片以及视听资料等都是证据最直接的表现。在生产经营活动中，法律作为重要的依据和支撑，有着极其重要的影响，发挥着重要的作用，生产经营者只有明确了法律的重要性才能提高生产经营活动的合法性和实效性。

参考文献

[1] 法律出版社法规中心．中华人民共和国合同法［M］．北京：法律出版社，2017-5.

[2] 中国法制出版社．中华人民共和国民事诉讼法［M］．北京：中国法制出版社，2017-6-1.

[3] 法律出版社法规中心．最高人民法院关于民事诉讼证据的若干规定注释本［M］．北京：法律出版社，2008-5-1.

[4] 最高人民法院民事审判第一庭．最高人民法院建设工程施工合同司法解释的理解与适用［M］．北京：人民法院出版社，2015-9-1.

贵阳市构建基层社区服务型党组织问题探析

李强　邢溦*

（贵州民族大学人文科技学院，贵州民族大学，贵州贵阳　550025）

摘　要： 构建服务型党组织是新时代马克思主义执政党加强自身建设的基本要求。针对贵阳市基层社区党组织服务理念陈旧、社区居民自治能力不强和社区党组织服务群众手段单一的现状，提出转变服务理念，增强服务自觉性，强化服务功能，提高服务的针对性，以及提升服务水平，确保服务时效的工作路径。

关键词： 党建；基层社区；服务型党组织

贵阳市作为贵州省的省会城市，正处于率先向基本现代化①迈进的关键时期，在提高产业发展水平，建设科技创新体系，完善城市建设管理，

---

* 李强（1983—），男，汉族，广西柳州人，贵州民族大学人文科技学院讲师。

邢溦（1990—），女，汉族，吉林辽源人，贵州民族大学民族学与社会学学院2018级博士研究生。

① 实现基本现代化大体分以下三步，第一步，从1981年到1990年，国民生产总值翻一番，解决人民温饱问题；第二步，从1991年到20世纪末，国民生产总值再翻一番，人民生活水平达到小康水平；第三步，到21世纪中叶，人均国民生产总值达到中等国家水平，人民生活比较富裕，基本实现现代化。然后，在这个基础上继续前进。

加强生态环境建设和提高居民生活质量等方面应尽快取得新的突破。推动贵阳市向社会主义现代化迈进，对提升产业发展动力和城市基础设施建设具有重要意义，它是一项宏大的社会系统工程，会深刻影响社会结构的调整，不仅需要从规划、土地、财政、创新人才等方面提供政策保障，更需要从党的领导方面提供组织保障。因此，进一步加强贵阳市社区服务型基层党组织建设，完善和创新当前社区党组织的工作机制，能够为贵阳市率先实现治理体系和治理能力现代化提供强有力的组织保障。

一、建设基层社区服务型党组织的重要意义

建设服务型的马克思主义执政党，是党在新的历史条件下对自身建设的进一步丰富和完善，是巩固党的执政基础的重要举措，也是转变党领导方式的客观需要，是落实全心全意为人民服务宗旨的本质回归。对发挥基层党组织的战斗堡垒作用，推动经济社会发展具有积极而重要的意义。党的十一届四中全会首次将基层服务型党组织建设作为基层组织建设的主抓手，十九大报告更是明确指出：必须紧紧围绕保持党同人民群众的血肉联系，增强群众观念和群众感情，不断厚植党执政的群众基础。① 由此可见，按照坚持“从群众中来，到群众中去”的工作方法，加强基层服务型党组织建设，是夯实党的执政基础、提高党的自我革新、自我净化能力的迫切需要，也是全面深化改革、维护社会和谐稳定的重要举措。所谓基层服务型党组织是指在上下级党组织之间、党组织与党员同志之间，党员同志与广大群众之间建立更加便捷的办事流程，服务更加人性化，充满人文关怀的基层党组织。具体来说，它的服务对象是广大人民群众，本质体现的是中国共产党全心全意为人民服务的宗旨。

---

① 习近平．决胜全面建成小康社会 夺取新时代中国特色社会主义伟大胜利［N］．人民日报，2017（002）．

二、贵阳市基层社区服务型党组织建设存在的问题

（一）服务理念陈旧

当前，贵阳市基层社区党组织服务资源匮乏，服务内容和理念较为陈旧，社区活动较为单一，服务内容大都停留在无偿的，主要面向弱势群体的社会救助等福利性服务上。例如，社区党员、社区志愿者在节假日开展困难群众慰问等活动，缺乏对群众所需要的诸如法律援助、医疗保障、资金信贷、家政卫生、就业培训及咨询等个性化服务①。

（二）社区居民自治能力不足

基层社区党组织在工作开展过程中没有充分调动社区居民参与社区治理的积极性，对社区资源缺乏有效整合，建章立制工作尚未完善，服务社区居民未能做到有章可循，一些社区居民基本诉求得不到应有的满足。健康文明的社区活动开展有限，居民主动参与社区活动少，社区居民凝聚力和归属感不强，欠缺自我管理、自我服务等方面的自治能力。

（三）服务群众的渠道单一

目前，贵阳市各基层社区开展的公共服务多半仍是按原来传统的方式，等待群众上门寻求服务的情况居多，② 或是社区党员、志愿者响应上级党组织号召而提供志愿服务，没有对群众多元化的需求进行深入细致地调查，不清楚群众到底需要什么样的社区服务。这种等群众找上门的服务形式和手段往往是单一的，同时也是缺乏吸引力的，也难以满足群众的需求和认同。

---

① 邢激．农村基层服务型党组织建设研究［D］．贵州民族大学，2016.

② 邢激．农村基层服务型党组织建设研究［D］．贵州民族大学，2016.

三、贵阳市基层社区服务型党组织建设的路径选择

实现党组织的工作职能由“管理型”向“服务型”转变，是目前我国基层党建工作的新趋势。贵阳市基层社区服务型党组织建设也应当注意与群众需求相结合，应转变服务理念，拓宽服务领域，提高服务水平。

（一）转变服务理念，提升服务的自觉性

1. 推行“菜单式”服务模式。建立由报到党员列出所能提供的服务项目和内容提交到社区，社区据此制订“服务菜单”的新模式，同时实行居（村）民点单、支部下单、党员接单的“三单制”工作法。另外，在服务社区组织过程中，可以根据企业不同发展阶段的实际需求，提供有针对性的服务工作。比如，针对一些新办的企业，基层党组织可以将服务重心多放在如何办理资质，提供国家相关政策文件、了解目前的市场动态等基础性服务上。而对于一些处于发展上升期的企业而言，基层党组织的服务重点可以多放在了解融资渠道、项目招标等服务上，为企业与银行之间搭建合作平台。对于当地的一些龙头企业，基层党组织可以为他们提供形象宣传策划，媒体资源运用、党建品牌创建等高端服务。

2. 创建“多元化”服务平台。在社区建立信息化服务平台，实现“党员信息一网通、党员活动一网通、居家养老一键通”等功能。建立驻街区单位与社区党组织“双承诺、双服务、双评议”工作机制。建立社区党组织和驻街区单位党组织共建机制，促进驻街区单位设施资源向社区开放，拓宽社区服务功能。同时，探索互助式的社区养老新模式，为老人们提供更便利的医疗卫生服务以及更丰富的文体活动平台，构建多元化的社区养老新模式。

3. 搭建符合群众需求的社区综合服务平台。即构建综合协调能力完备的社区党组织服务平台。以社区党委为核心，① 深入开展机关党员到社区

---

① 邢溦．农村基层服务型党组织建设研究［D］．贵州民族大学，2016.

报到、“千名党员帮千户，干部群众心连心”和“社区党建连心行”等一系列活动，推动机关事业单位党建服务资源向社区下沉，逐步完善社区与上级业务指导单位的联动协调处置机制，加强社区党组织服务的各项保障平台建设，以达到提高社区综合协调服务能力的目的。

4. 构建社区居民自治服务平台。以居民议事会为依托，以楼（院）党小组为主体，在有条件的老旧小区、院落、楼栋，组建居民自治的楼管委。同时，进一步理顺在新型小区中社区党委领导下的居（村）委会、小区物业管理委员会、小区业主管理委员会之间的关系，加强社区群众性文艺团体、体育团体等自发形成的社会组织建设。

（二）不断强化服务功能，增强服务的针对性

1. 推动社会治理创新。以社区（镇）党委为纽带，积极构建社会事务由政府、社区（镇）、非公和社会组织之间协同管理的现代公共治理结构。① 同时加快社会组织培育力度，将社区组织的触角伸向服务型党组织网格化建设的各个部分。

第一，建立社区（镇）委员兼任制、区域联动制等运行机制。构建以社区（镇）党委为核心、居（村）党组织为基础、驻区单位及区域内非公和社会组织党组织共同参与的城市区域化党建工作格局。第二，采取课堂授课、参观学习与实地走访相结合的方式，进行党组织书记队伍的政治思想教育。第三，采取行政职能部门、社区（镇）党委、非公和社会组织党组织“三方联建”的方式，着力将党的组织和工作渗透到项目、融入产业、覆盖到党员、辐射到企业。第四，探索以楼院党小组、功能型党小组为依托，在群众中自发形成文艺团体等各类非正式组织，以及在业委会、家委会等群众自治组织中建立党小组。探索在新型小区物业管理企业中组建党组织并发挥作用的有效途径，不断延伸党组织服务和推动居民自治的触角。第五，以地域为单位，在各社区（镇）内划分若干网格，并配备专门网格员，目的在于开辟服务场所、建立信息平台、组建服务队伍，通过

① 崔文泉．社区党建推进城市基层社会管理创新研究［D］．中共中央党校，2012.

开展集党建、文化、公共服务于一体的系列活动，实现“一网多功能”的服务格局。

2. 扩大社区基层民主建设机制，推动民生改善升级。第一，通过社区网格化党建，建立社区居委会党支部，业主委员会，物业服务委员会，定期召开民主协商会。第二，建立社区事务决策民主听证、监督评议等制度。通过完善社区决策听证会、矛盾调解会、监督评议会，群众事务代理制和与居民公约相配套的民主管理制度。第三，建立群众公开提事、联席会议议事、民主表决定事、定点集中办事、严格制度监事的居民议事会“五步工作法”，不断推进居民自治建设。第四，拓宽群众增收渠道。以促进就业为导向，不断改进基层党组织的工作方法，提升服务水平，通过举办各类大、中型招聘活动，深层次推进基层党组织就业援助服务。同时，搭建创业者沟通交流平台，加强创业培训和落实创业奖励、创业场地出租补贴等创业扶持政策力度，不断提升社区基层服务型党组织的创业服务水平。第五，探索教育集团化办学，充分发挥优质资源辐射带动作用。强化进城务工人员随迁子女入学保障，在政策、经费和管理方面给予重点支持和指导，为民办学校招聘特岗教师，帮助提高其办学质量。

3. 打通联系群众的渠道。通过创建“党员博客”和“心灵驿站”等网络媒体，搭建党员意愿诉求平台，合理引导有倾诉意愿的群众能有渠道、有方式与党员同志交流思想，化解心结。同时，设立各级站长和“版主”，负责管理网络党员发帖、置顶、删帖等事宜，为网络党员参加党内活动提供更加便捷化、人本化的服务。

4. 优化党员教育管理。第一，建立机关预备党员和后备干部挂职锻炼实践基地，将预备党员选派到更能锻炼他们的能力，磨炼他们的意志的岗位上去，从而能在实践中提升预备党员的党性修养，进一步提高他们服务群众，为群众所思所想，化解群众矛盾的工作能力。第二，开展以党员管理目标化、经常化和规范化为目的的“星级党员评定”活动，通过“党员评星”“群众议星”和“公开亮星”等程序，评选出1—5星级党员，并将党员评星综合情况作为年度党员评议的一项重要的考核指标，从而进一步强化党员管理制度，增强了党员活动的参与率，提升了党员服务群众的自党性。

（三）提高服务水平，增强服务的实效性

1. 完善服务设施。加强基层公共服务数字化平台建设，充分运用现代科技和通信技术，积极探索和创新服务方式，丰富服务手段、提高服务效率。

2. 强化服务队伍建设。第一，实施“领头雁”工程。加强居（村）党组织书记培训，本着“干什么、学什么，缺什么、补什么”的原则，加强党的路线方针政策、党的优良传统和作风教育，引导居（村）党组织书记坚定理想信念。同时，加强对党员干部市场经济知识、法律法规条文、社会治理模式、民主管理方式，以及应对群体性事件的应急措施等方面进行教育培训。此外，通过建立实行自查自评、组织考核和群众测评相结合的工作评价机制，不断加强居（村）党组织书记队伍建设，有效发挥居（村）党组织书记服务群众的作用。第二，加强志愿者队伍建设。动员辖区内的各行各业的优秀青年加入志愿者的行列中来，形成一批在辖区内有专业能力和素养的医疗、法律、计生、环保、心理咨询团队。推行志愿者年度星级评定机制，进一步整合党团员志愿者和社会志愿者资源，建立由组织部门、群工委、文明办和工青妇以及社区党委等多家部门单位议事共商的志愿者服务工作联席会议机制。第三，探索培育社会工作者服务队伍。以社区为单位，建立社会工作者实践基地，面向省内高校建立社会工作相关专业人才引入机制，吸纳高校毕业生到居（村）委会实践锻炼。同步建立“社工师”资格准入机制，将获得“社工师”资格证书的社会工作者，纳入专业社会工作者队伍，重点负责社会服务资源综合利用、居（村）集体经济发展等宏观服务领域工作。通过打造一个专业化的社会工作者服务团队，加强与居（村）两委的合作和协调，共同促进基层党组织的和谐稳定发展。

3. 拓宽服务领域。第一，依托辖区医院、家政服务等机构，建立“一帮一”“错时工作制”“预约服务制”等服务机制。第二，通过创建公共安全服务平台等方式为社区群众提供一个集休闲、养老、咨询于一体的社

区服务中心。第三，开通24小时便民热线，公布社区公共电子邮箱，便于群众反映问题。第四，强化“非公党建沙龙”在跨区域社会公益服务中的协同作用。第四，加强居（村）委会的中介服务功能建设，采取市场化运作方式，与商业、服务业建立合作关系，进一步拓宽服务领域，逐步建立起无偿、抵偿和有偿互为补充的服务工作格局。

参考文献

［1］习近平．决胜全面建成小康社会 夺取新时代中国特色社会主义伟大胜利［N］．人民日报，2017（002）．

［2］邢潋．农村基层服务型党组织建设研究［D］．贵州民族大学，2016．

［3］崔文泉．社区党建推进城市基层社会管理创新研究［D］．中共中央党校，2012．

［4］中共宁波市委党校课题组．城市社区党建：问题与对策［J］．理论探索，2011（05）．

传播生态学视角下少数民族文化网站的现状与思考

李远兰*

（贵州民族大学人文科技学院，贵州贵阳　550025）

摘　要：网站传播是少数民族文化传播的新途径，建立良性、和谐、健康的网站传播生态是民族文化得以传播与传承的根本。经过研究壮族的壮族在线、回族的伊斯兰之窗、满族的吉祥满族网等10个少数民族文化网站，发现目前少数民族网站存在以下问题：传播技术墨守成规、传播内容滞后、传播形式单一、传播交往失衡、传播行动不显著等问题，并提出加强网站建设、提高受众意识的相应解决对策。

关键词：传播生态；少数民族网站；民族文化

少数民族文化是我国文化中不可或缺的一部分，传播与传承少数民族优秀文化是提升国家文化软实力的关键环节，也是每个人的责任和义务。民族文化凝聚着一个民族在其历史的自我生存发展中不断形成的智慧、理性、创造力和约束力，是一个民族得以生存和发展的灵魂和动力，我国少数民族多样性受到世界瞩目，是人类文明的智慧结晶，也是人类的共同遗

---

* 李远兰（1992—），女，壮族，广西桂林人，中南民族大学硕士研究生。

产，文化多样性是交流、创新的源泉，为了维持生态平衡，保护和传承民族文化多样性像保护物种多样性一样重要。少数民族文化无论是在媒介信息的选择性传播上，还是在受众信息传播的选择性接受上，以及信息的共通性与共融性上都处于绝对的弱势，因此，少数民族文化的传播、传承与发展借助网络媒介这一强势媒体势在必行。[1]随着大数据时代的到来，新媒体传播已势不可挡。据 CNNIC 2018 年第 41 次中国互联网络发展状况统计报告统计：截至 2017 年 12 月，中国网站数量为 533 万个，我国网民规模达 7.72 亿[2]。互联网终端和移动手机等新媒体通过网站传播少数民族文化是必经之路。网站建设已经逐步趋于成熟，视频、音频、动画、多种文字的切换等网络技术已经广泛运用在网站建设中，这为网站建设提供了技术基础。本文试图通过对少数民族网站的分析和探究，归纳当下典型的民族文化网站的优势和不足，为今后民族网站的建设提供一定的理论和现实依据。

一、研究方法及研究对象

本文采用内容分析法和个案研究法对我国少数民族人口排名前 10 的民族文化网站进行为期一年时间的研究，研究时间为 2017 年 8 月—2018 年 8 月。

根据中华人民共和国国家统计局第六次人口普查数据显示，我国少数民族人口排名前 10 的是：壮族、回族、满族、维吾尔族、苗族、彝族、土家族、藏族、蒙古族、侗族，[3] 由此确定壮族的壮族在线、回族的伊斯兰之窗、满族的吉祥满族网、维吾尔族的天山网、苗族的中国苗族网、彝族的彝族人网、土家族的中国恩施旅游网、藏族的藏人文化网、蒙古族的正北方网、侗族的侗人网为本文的研究对象。目前对于少数民族文化网站的定义还没有成熟的定论，学者彭兰在《网络传播学》一书中提到，一个网站是由若干用 HTML（或 XHTML 等）语言编写的网页构成。一个网页可以由多种形式的信息构成，这些信息依据一定的编排意图被整合在一个有限的空间中，而这些网页依照一定的结构方式构成网站整体。[4] 本文把少数民族文化网站定义为：以少数民族文化资源为网站内容，并以少数民族文化传播为基础开展其他业务运营的网站。

二、少数民族文化网站传播生态面临的冲突与问题

少数民族优秀传统文化的传播已经从口耳相传的民族内部传播搬上了面向全世界传播的互联网网站平台。然而，在运用互联网网站传播民族文化的过程中，是否维持了传播的良性循环以及营造了健康的传播生态是网站传播民族文化的一个重要命题。通过对以上 10 个网站的研究，笔者发现了以下几个问题：

（一）民族网站的传播技术生态方面

技术性特征是传播媒介最大的特征，是吸引受众关注的重要因素之一，少数民族文化网站的传播技术生态墨守成规，未能及时赶上时代技术革新，满足不了受众在技术上对内容呈现的要求。

1. 网站以文字形式呈现内容为主

网站的大部分内容均以文字的形式呈现，且文字在字体、字号、颜色、布局等方面没有特色。如中国苗族网整个网站基本用文字介绍苗族文化，其中“音乐舞蹈”版块，共有 46 篇文章，前 10 篇文章中，分别介绍了苗族的水鼓舞、苗族大歌、“卡牛档”舞蹈、芦笙舞、木鼓舞、花棍舞、板凳舞、苗族飞歌等民族特色歌舞，但是文章的展现形式是文字介绍以及少量的图片。如介绍花棍舞的文章中，就只有 200 个字左右的文字介绍以及一张图片，[5] 歌舞本是极具动感的艺术表现形式，用文字以及静态的图片进行展示是不能够让受众感受到苗族歌舞的魅力所在的。再如吉祥满族网的“食物”版块，用 152 篇文章介绍了满族的宫廷小吃“果仁张”“包儿饭”、豆面卷子、沙琪玛、烧燎白煮、夹馅烧饼等美食，但是文章中只有文字介绍，没有任何图片和视频，[6] 文字介绍远远不能将食物的色香味表现出来，自然不能够吸引受众的眼球。天山网也基本采用文字描述的形式介绍新疆的音乐、舞蹈、影视、戏曲等民族文化。正北方网中的“文化内

蒙古”版块没有任何音频和视频，[7] 侗人网中的“侗族大歌”“文化频道”“书画影苑”等版块没有运用任何音频技术手段，只有简单的文字介绍，该民族的歌曲在传播的过程中，并不能让受众直接聆听歌曲的美妙，因此，少数民族文化网站传播的技术性缺陷直接影响了传播效果。

2. 网站图片、音频、视频少且品质差

本文研究的10个少数民族网站中有些网站里有少量的图片、音频和视频，但比较粗制滥造，基本是转载或截取某电视台一场晚会的部分视频，既没有原创视频，也没有形成系统的系列关联性强的视频。伊斯兰之窗的“音频”版块，音频没有任何的解释性的文字，且“视频”版块没有任何内容。正北方网的“TV内蒙古”版块的视频均不能播放，[8] 彝族人网中的“视频”版块中有比较多的视频，并且按照流行MV、综艺娱乐、传统歌曲、传统歌舞、影视剧、纪录片等进行分类，是众多网站中具有较多视频的一个网站，但是网站中的视频均为转载视频。如：视频《宜春彝族学子欢度彝族新年 情暖学子心间》就是转载江苏卫视电视节目的一个截取视频，视频《乌尼乌且教授讲座：彝族传统文化的特点》是转载优酷网中的一个视频。由此可见，网站中的一些视频大都为转载视频，并没有原创性视频。壮族在线的整个网站大都由文字构成，局部范围内有少量的图片及音频，图片面积较小，像素不高清，色彩构成、布局等十分普通。当然，该网站的亮点在于壮族音乐在线视听专区的版块中基本上实现了在线欣赏壮族歌曲。但网站并没有根据歌曲的特点将其系统归类，也没有采用故事性的方式介绍歌手，每一首歌曲就孤立地、散乱地放在网站上，没有形成一种关联性较强的系列歌曲。

3. 网站没有设置动画效果，没有形成用户体验式传播。

音频可以用来聆听，视频可以用来欣赏，但它们始终达不到让受众具有身临其境的效果。每个少数民族地区的自然风光都美不胜收，令人惊叹不已，但是在作者研究的网站中，并没有用先进的动画效果展示少数民族地区独特的自然风景。恩施土家族民族地区的风景目前已经被开发成了国家级的旅游景区，中国恩施旅游网也首次运用了一点动画效果，但仍没有形成强烈的视觉冲击力，点击进入“美图”版块，在第一个页面运用了动画点击效果，但一旦点击进去浏览内容时，就是一幅幅照片。没有运用动画技术来展示民族地区的美景使网站的传播效果大打折扣。BBC 的纪录片《美丽中国》将西藏的景色拍得美轮美奂，让人看后就有立即起身去西藏的冲动，但是藏人文化网在“旅游”版块并没有制作动画视频来吸引受众，取而代之的是一些并不高清的图片以及干巴巴的文字。[9] 少数民族网站技术墨守成规，未形成立体的视觉感和体验感，不利于少数民族文化的传播与传承。

（二）民族网站的传播内容与形式生态网站

1. 网站的传播内容生态滞后

少数民族文化的传播就好比一台舞台剧，以故事性的形式展现就广受观众喜爱，如果只是把简单的舞蹈动作搬上舞台，就无人问津。笔者对以上 10 个网站进行仔细观察后分析得出网站的传播内容生态滞后。首先，网站的文化生产者与文化消费者分离。文化生产者呈现的文化内容并不满足文化消费者的需求。网站文化内容的呈现倾向于浅层次的语言基本表达，并没有深入地挖掘民族文化的内涵，从而故事性的、立体性地呈现饱满的民族文化内涵。如彝族人网中视频版块的传统歌舞就是简单地展示了民族舞蹈，却没有融入具有冲击视觉的、感染力强的故事情节。再如中国苗族网的“民间故事”版块，讲述了《扎董徘冉与蒙诗彩奏》《螺丝姑娘》《读格凸悬棺》《王灵官传奇》等故事，但网站呈现这部分的内容只用文字加以描述，若能将这些生动的故事拍成视频或者动画进行讲述，才能真正地满足文化消费者的需求。彝族人网中的“人物”版块介绍了彝族人很多传奇的人物，网站只是用大篇幅地文字与一张图片介绍青年艺术家彝族人常雄：常雄乐于展现自己的彝族身份，他是一名画家，走到哪里画到哪里。网站若能将对常雄的介绍拍成一个访谈视频，并且将他的画作展示给受众，文化生产者要善于这样传播文化内容才能满足消费者的需求。其次，网站相关资讯内容未能及时更新。在信息爆炸的时代，受众每天接收的信息都是与时俱进的信息，网站内容停滞就意味着没有新鲜的血液流动，就好比一潭死水，又怎能养活鱼呢？例如壮族在线的最新资讯版块，更新时间停留在 2012 年 7 月份。[10] 吉祥满族网主页的第四条信息更新日期是 2014 年 6 月 8 日，[11] 中国苗族网首页的“社会新闻”版块从 2015 年 5 月 8 日至 2015 年 8 月 26 日近 4 个月的时间里，只更新了 10 篇新闻报道，[12] 侗族人网的“最新资讯”版块最新更新的一篇新闻是 2015 年 6 月 3 日，[13] 在近 3 个月的时间里只更新了一篇文章。由此可见，网站的最新资讯内容更新速度极慢，几乎等同于没有更新内容。

2. 网站的传播形式生态单一

少数民族文化网站的传播形式生态单一体现在两个方面：第一，网站模板同质化。从网站的组织结构可以看出，大部分网站都是套用一个网站的模板，规规矩矩地按照横向的几个版块，如最新资讯、新闻、文学、旅游等。网站的模板形式单一，且均采用类似的模板完成网站的结构，同质化很强。网站只是将不同的民族文化内容直接装进雷同的模板中，并没有根据本民族的文化特色来设计具有特色的模板构造。第二，网站布局千篇一律，未根据民族特色进行排版布局。壮族在线背景为白色，字体为宋体、字的颜色为黑色、蓝色和红色，主页分三栏，页面几乎没有留白；伊斯兰之窗网站背景为白色，字体为宋体，字的颜色有黑色、蓝色、红色和绿色，标题栏为淡蓝色，主页根据内容而分成两栏、三栏、四栏，页面几乎没有留白；天山网背景为白色，字体为宋体，字的颜色有黑色、蓝色、红色，主页分三栏，留白较少；中国苗族网的背景为白色，字体为宋体，字的颜色有黑色、红色和绿色，标题栏为淡蓝色，主页分为三栏，彝族人网的背景为白色，字体为宋体，字的颜色有黑色、红色，主页分三栏，留白较少；藏人文化网的背景为白色，字体为宋体，字的颜色有黑色、红色、深蓝色和土黄色，标题栏为蓝色，主页分为三栏，留白较少；侗人网的背景为白色，字体为宋体，字的颜色以黑色为主，主页分三栏，留白较少，网页图片使用量少，基本以文字为主，既没有动态图片，也没有音频和视频。由此可见，网站布局千篇一律，均将网站内容分为三栏或四栏进行豆腐块式分割，并没有根据民族特色内容进行精美排版编排，容易让受众产生视觉疲劳。

（三）民族网站的传播交往与行动生态方面

1. 网站的传播交往生态失衡

传播媒介与其生存环境之间要通过物质交换、能量转换和信息传递构成密切关系和相互作用才能维持良好的传播交往生态，然而少数民族文化网站的传播交往生态严重失衡，主要体现在以下几个方面：首先，网站未与外界产生物质交换。伊斯兰之窗、吉祥满族网、彝族人网、侗人网都是民族地区的民族文化爱好者建立的个人网站，他们所建立的网站没有广告收入，没有建立起线上文化产品传播、线下文化产品出售的良性循环经营模式，没有开设民族文化传播基金筹集项目，借助具有民族文化传播意识的大众力量共同传播民族文化。也没有通过网站传播的民族文化来获取任何物质上的交换，相反地，他们为了经营网站而独自支付相关费用。其次，网站未与受众形成信息传递的相互作用。网站单方向地进行传播，未能真正地与受众产生互动，既没有从受众那里得到有效的信息反馈，更没有从有限的受众反馈中汲取营养而改善网站。壮族在线的用户注册版块功能失效，[14] 用户不能注册就不能对网站传播的民族文化做出相关的信息反馈，导致网站与受众不能进行信息传递，传者与受众之间没有形成平衡交往的关系。中国苗族网的论坛讨论并不热闹，最新回复的10个帖子集中在2014年和2015年，并且每个帖子几乎没有实质性回复内容。由此可见，中国苗族网与受众的交流并不充分，没有达到很好的信息传递效果。

2. 网站的传播行动生态不显著

少数民族文化的传播与传承虽然逐渐被引起重视与关注，但是仍然面临巨大的危机。网站传播少数民族文化已经成为一种趋势，少数民族地区也已经开始建立了自己民族的文化网站，但网站的传播行动生态并不显著，主要体现在民族地区的中老年人不会运用网络渠道传播民族文化，而年轻人又不愿意学习民族文化。且民族地区的年轻人远离家乡，使民族文化传播处于断层的局面。少数民族地区的中老年人不会使用互联网，不懂通过电脑和手机浏览网站，不会将本土的民族文化写成电子文档或者拍成视频传给少数民族文化网站的后台管理人员。在广西河池的一个壮族聚集区，笔者访问到一名壮族老奶奶：为什么不将山歌和壮族服饰的制作方法传给下一代？她的回答是：不知道怎么传，年轻人都出去了，没有人学，家里的中学生回到家里就看电视节目，没有人愿意唱山歌，也没有人愿意穿壮族的衣服，小孩子们吵着闹着去街上买裙子。继续问她：为什么不将山歌记录下来，或者用手机录下来传给网站的管理人员。她表示自己不会写字，也没有手机拍摄视频，更加不会上网。由此可见，在壮族地区的一些老年人并不会运用网络渠道传播民族文化。同时，笔者访问了一位壮族聚集地的初中生："你想学习壮族山歌吗？"答："不想。"问："为什么呢？"答："因为我觉得没意思，山歌没有湖南卫视里明星唱的歌好听。"笔者还访问了一名去外地工作的年轻人，问："你平常在外地工作会通过网站来学习你们民族的文化吗？"答："不会。因为上班工作很忙，空余时间少。并且周围的人都会关注明星娱乐节目，平常休息的时候回看中国好声音等综艺节目。"①，通过访谈可以得知，少数民族地区的网站传播行动生态并不显著，少数民族地区的老一辈文化传播与传承者不会运用网络渠道传播少数民族文化，而新一辈传承者因不愿意学或因没有土壤和条件学而导致民族文化传播与传承的断层。

三、结论及对策

美国新媒体研究专家约翰·帕夫利克在《新媒体技术——文化和商业前景》一书中认为"融合是指所有的媒介都向电子化和数字化这一种形式靠拢，这个趋势是由计算机技术驱动的，并在网络技术的推动下变得可能。少数民族文化网站的发展在媒介融合的大背景下也势必向数字化等新技术靠拢才能够建立良性循环的传播生态。针对少数民族文化网站技术生态、内容与形式生态、交往与行动生态方面存在的问题，本文从网站建设、受众意识 2 个层面提出相应的解决对策。

---

① 以上访谈内容是笔者于 2018 年 2 月 19 日至 2 月 14 日的春节期间去广西河池环江县的壮族聚集地采访得到。

（一）加强网站建设

1. 丰富网站组成结构

少数民族文化网站要丰富网站的组成结构，不能千篇一律的采用垂直式的子链接方式，打破网站豆腐块式分割的网页布局。网站设法吸引用户的眼球，主页要有醒目、新颖的画面、美观的字体。图像内容应该有一定的实际作用，切忌虚饰浮夸，合理运用图像来弥补文字的不足。中国恩施旅游网的主页结构比较吸引眼球，打开页面呈现在眼前的即是巨幅具有动态感的土家族风景画，并且以动态的形式不断地切换画面，既展示了土家族美不胜收的自然风光，又呈现了土家族的人文特色景观。新疆数字博物馆的网页组成结构也值得借鉴，[15] 点开网站首页即呈现了新疆数字博物馆的三维地图，十分简单但极具动感的组成结构：虚拟漫游、实景漫游、文物实景。组成结构打破了一般网站的线性结构，不是按照新闻、文化、歌舞、民俗的组成结构进行文字版的介绍，而是用实景漫游的结构展示维吾尔族所特有的文物。让用户在视觉享受中感受维吾尔族文化的无限魅力。少数民族文化网站也可参考故宫博物院网站的建设方式，[16] 进入网站首页即有 4 个板块：资讯首页、参观导览、时空漫游、资料搜寻，再根据文字需求选择简体中文、繁体中文和英语进行浏览，时空漫游又分为宫殿御苑游、宫廷史迹游、宫藏珍宝游，用户可以根据自己的兴趣点击进行浏览，每个页面都是高清的图片和相关文字介绍。网站既能满足受众的视觉享受，又能查找相关资料和了解博物馆的最新动态。

2. 提高网站技术特性

媒介融合背景下，少数民族网站技术性的提高是有效传播民族文化的最佳途径。首先，网站必须开发先进的新媒体数字化技术，如 3D 或者 4D 技术、三维动画技术、flash 动画制作，立足于视觉冲击力和提高信息可视化来吸引用户关注度。如获得普利策新闻奖的《雪崩》将各种网络传播的新技术运用于新闻报道，把文字、音频、视频、动漫融合运用。同样的，少数民族网站在传播民族文化过程中要想达到满意的传播效果，就不仅仅需要在传播内容上下功夫，更应该追求先进的数字化技术。日本在保护民族文化方面采取的措施就值得学习，“唐招提寺：鉴真与东山魁夷艺术”就是20个成功提案之一，参观者可以“漫步”在虚拟寺庙中，欣赏建筑的内部结构，就如同置身于真正的庙宇中。2007年，日本的Cadcenter公司利用Quest3D虚拟漫游互相合成软件平台，制作了虚拟的日本犬山城。我国少数民族文化网站应该积极借鉴日本在保护民族文化方面运用的超现代化新媒体技术。目前国内少数民族网站中新疆数字博物馆使用三维技术值得借鉴，点开网站首页即呈现了新疆数字博物馆的三维地图，用户可以根据自己的需求点击民俗馆、汉代馆、唐代馆、文字馆等直接进入馆内参观虚拟动画，用鼠标根据提示参观馆内的三维立体图像，仿佛身临其境，又仿佛陷入迷宫，给用户带来无穷的视觉享受。这些先进的技术如果运用到民族文化网站的开发与运营，势必带来民族文化传播的新视角，也会顺势拉动民族文化产业的发展。

其次，少数民族文化网站建设需要完善电商平台。少数民族文化网站实现线上和线下的协调配合，线上宣传，线下可以直接供应货源，有渠道供消费者便捷消费才能激活文化产业链。藏人文化网在少数民族文化网站中做得比较好，网站首页直接点击“淘宝西藏”即可进入淘宝网购买藏族的唐卡、经文、藏香、香炉、念珠，等等，但是民族文化网站不能仅靠淘宝网站作为自己的线上销售平台，更加应该开发属于网站自身的电商平台。蒙古族已经建立了本民族的电商平台赛罕贝贝，[17] 赛罕贝贝少数民族商品与服务B2C电子商务平台致力于民族特色商品与民族特色服务的推广和规范化运营。运营产品方面，将内蒙古民族特色商品与服务打包成一个少数民族知名品牌，推向国内市场并通过建设斯拉夫电子商务网站走出国门，将自治区的少数民族文化产品统筹整合推向蒙古国市场。服务产品方面，主要包装标准化少数民族特色旅游、民族艺人演艺、蒙医求医问药、蒙汉牌匾翻译等特色服务，通过互联网推广运营，打造具有地区特色的服务品牌，打造具有很强的民族特色的电子商务平台，争创国内少数民族电商品牌第一。除此之外，蒙古族还有开创了淘内蒙商城电商平台，淘内蒙网上商城由内蒙古日报社主管，《北方新报》、正北方网、鼎城传媒联合主办的本地化电子商务门户，是新一代专业消费服务网站。我国少数民族文化网站可以借鉴内蒙古民族建立自身电商平台的宝贵经验，争取开创线上传播民族文化，线下提供民族文化产品的生态运营模式，更好地传播与传承少数民族文化。

（二）提高受众意识

1. 企业主动开发民族文化商品

企业是市场经济发展的主角，企业家应该立足民族文化，主动开发民族文化商品，将民族文化与市场消费趋势紧密结合。如日本是单一民族国家，其民族的文化保护几乎是全民参与，企业家极具民族文化传播与传承意识，他们积极开发动漫产业，企业深入民族地区挖掘民族文化宝藏，将民族文化搬上影视舞台，供所有年龄段的受众消费影视中的民族文化。同时在线下开发系列影视中出现过的商品符号，如将《海贼王》中的人物角色图案印在儿童的书包上、文具盒上，等等，将动漫中出现过的布偶制作成实物进行市场销售。我国少数民族文化资源绚丽多彩，土家族的“西兰卡普”有独特的工艺，构图十分美妙。土家族的工艺运用在房顶屋角、窗户、嫁妆器具上，雕刻的图案多为龙凤呈祥等。一些家具企业可以积极开发土家族的民族手工艺技术，将土家族的“三滴水带踢板的雕花”技术运用于日常生活中的用具，如雕有各种花、鸟和人物故事的梳妆台、衣橱、碗柜、书桌，等等，富有民族特色文化的家具更加具有吸引力。此外，藏族的唐卡艺术、苗族的刺绣工艺均可以运用于现代服饰中，如今有很多高端的服装秀，服饰的展示是传播民族文化最直接有效的方式，范冰冰在历届戛纳节上展示的龙袍装、飞鹤装、青瓷装等都包含我国民族服饰的文化元素。满族的“高底鞋”文化也可以用于现代的高跟鞋文化中，蒙古族的蒙古包文化是现代人家人旅行的必备佳品。彝族火把节故事传说十分生动，企业可以开发少数民族的传说故事，将其运用于儿童读物等，企业开发民族文化，将民族文化纳入市场竞争，才是民族文化得以广泛传播与传承的关键。

2. 受众积极参与消费民族文化

受众树立民族文化保护意识，积极参与并消费民族文化商品。目前很多少数民族网站都推出了民族购物版块，如藏人文化网的首页就有淘宝西藏的链接，点击即可进入藏族文化生活用品官方网店，网站中有各式各样印有藏族文化图案的手机壳，印有藏族唐卡艺术的T恤、围巾等，极具藏族文化特色的首饰，以及色香味俱全的藏族特产美食。受众树立民族文化消费意识，在日常生活中，有需要的手机壳、被单、佛珠首饰就可以直接去藏族网店消费藏族文化商品，潜移默化地为传播与传承藏族文化作出绵薄之力。中国苗族网站首页有“黔苗堂——苗医苗药世家”的淘宝店链接，点击即可进入网店，店内有万能药酒、祛脚气、鼻炎、抗感染灵等一系列苗药，网民可以根据自身需求购买苗族医药文化产品，如购买祛脚气的产品。使用苗族医药文化产品，既是对民族文化传播的支持，又能亲身体会到苗族医药文化的博大精深，只有消费了民族文化，才能将民族文化融入生活，进而加以传播与传承。蒙古族已经建立了本民族的电商平台赛罕贝贝及淘内蒙商城，赛罕贝贝电商平台上的产品极富蒙古族文化特色，无论是T恤还是连衣裙，女士用的包包、头发饰品，儿童书包上都印有蒙古族文化元素的图案，如蒙古族卡通人物拉弓、草原马匹、蒙古包图案。受众积极参与和消费民族文化，将民族文化产品运用于日常生活之中是民族文化传播与传承的最好方式。

少数民族文化传播与传承不是一朝一夕就能够完成的，必须要与时俱进地运用先进的传媒工具增强传播力度和深度，营造和谐网络传播生态。融媒时代文字、图片、音频、视频等多媒体技术融合的网站信息是受众对接收信息的基本要求，也是民族文化网站与时俱进的必然要求，少数民族文化网站既要加强内容与形式生态的建设，更要具备与时俱进的技术生态，符合受众接收信息的习惯，满足受众的需求才能够建立良好的传播交往与行动生态。学者高卫华说过，文化传播的重要支撑，不外是掌控传播技术和选择传播内容。[18] 因此，传播民族文化具有先进传播技术条件的同时，政府、企业、受众要致力于挖掘民族文化优秀的本质，将中华民族最精髓、最灿烂的文化展示给世人。

参考文献

[1] 陈峻俊，邹慧霞. 论网络媒介语境下少数民族文化的传播 [J]. 新闻爱好者，2012 (16).

[2] 中国互联网络信息中心：http：//www. cnnic. net. cn/，2018-6-20.

[3] 中华人民共和国统计局：http://www. stats. gov. cn/ ,2018-3-26.

[4] 彭兰. 网络传播学 [M]. 北京：中国人民大学出版社，2009：102.

[5] 中国苗族网：http：//www. chinamzw. com/WebArticle/ShowContent？ID=392.

[6] 吉祥满族网：http：//www. manchus. cn/plus/list. php？tid = 58&TotalResult=152&PageNo=7.

[7] 正北方网：http：//nmg. northnews. cn/.

[8] 正北方网：http：//video. northnews. cn/TVneimenggu/.

[9] 藏人文化网：http：//www. cometibet. cn/.

[10] 壮族在线：http：//www. rauz. net. cn/bbs/dispbbs_ 33_ 45835_ 1. html.

[11] 吉祥满族网：http：//www. manchus. cn/html/Class69/wenhua/ 201406/9463. html.

[12] 中国苗族网：http：//www. chinamzw. com/.

[13] 侗人网：http：//www. dongzulm. com/article-548. html.

[14] 壮族在线用户注册：http：//www. rauz. net. cn/Reg/User_ Reg. asp.

[15] 新疆数字博物馆，http：//bwg. cd168. cn/tour/HuanJingManYou. htm.

[16] 故宫博物院网站：http：//www. dpm. org. cn/index1024768. html#.

[17] 赛罕贝贝：http：//www. saihanbb. com/index. php.

[18] 高卫华. 新媒介语境下中华民族传统文化资源的世界传播策略[J]. 中南民族大学学报（人文社会科学版），2013-5.

文化产业发展中的文化资源保护与开发问题研究

吕　渊*

（贵州民族大学人文科技学院，贵州贵阳　550025）

摘　要：文化遗产资源是文化资源的精髓和核心。生产性保护与保护性开发是我国目前在对文化资源进行保护与开发时采取的主要手段。本文通过比较分析两种手段的统一性与差异性，并结合国外文化遗产的保护经验，指出了我国文化遗产资源在未来保护与开发中应坚持可持续发展原则、本真性至上原则、完整性保护与发展原则、多样性保护与发展原则。

关键词：生产性保护；保护性开发；文化资源；文化遗产

胡锦涛同志在党的十八大报告中提出了“文化软实力显著增强”“文化产业成为国民经济支柱性产业”的全面建成小康社会中文化建设的宏伟目标。文化遗产资源是文化资源的精髓和核心。我国丰富多彩的文化遗产资源无疑成了发展文化产业的重要基础。尤其是已在名录的各级物质文化遗产和非物质文化遗产，成了各地发展文化旅游竞相开发的对象。在我国

---

* 吕渊（1988—），男，汉族，贵州毕节人，华中师范大学国家文化产业中心硕士研究生，研究方向：文化产业管理。

各地如火如荼地对文化资源进行的前所未有的大开发之中，不少专家忧心忡忡，一些民俗学者也提出了对非物质文化遗产的保护和传承的“生产性保护”手段；另一些文化学者对旅游资源的开发也提出了“保护性开发”的手段。本文通过比较、分析两种保护手段的异同，提出了对我国文化遗产“保护和开发之争”的合理化建议。

一、问题的提出：保护与开发之争

文化是一个民族的血脉，也是广大人民的精神乐园。那么，文化遗产就是我国优秀传统文化的物质载体和精神支撑。从雄壮巍峨的长城到庄严神圣的故宫，从巧夺天工的技艺到价值连城的绘画，没有文化遗产，中华文明便会黯然无光；没有文化遗产，中华民族的认同感和自豪感也会大打折扣。“巴黎是世界上最受欢迎的城市，一直以来难逢敌手。法国也很少为促销自己打广告，法国人根本不太在乎你是否去；即使你去了，他们也不怎么理会，他们依然按照自己的个性生活。这种发展源自对他们对自身文化的绝对自信。”[1]19

文化资源是有待人们正视的、预备的“准文化遗产”。文化资源按照其民族性、地域性、价值体现及人们申请文化遗产的先后顺序，大致可以分为文化遗产资源、准遗产类文化资源和“非遗”产类文化资源。然而不管其价值如何，年代远近，无不体现着我国人民的智慧与精神。文化的繁荣和发展有赖于文化资源的传承和发展。法国历史悠久的文化遗产保护俗成，促使法国的文物代代相传，光辉久存。法国以文化大国的形象屹立于世，成为世界上每年吸引将近7000万旅游者的第一旅游大国。针对历史遗留下来的文化遗产，是保护还是开发，是文化传承和发展过程中面临的两难抉择。

对于文化资源来说，保护与开发是一对矛盾。保护的本义是“护卫使不受损害”。开发是“通过研究或努力，开拓、发现、利用新的资源或新的领域”。“保护是针对过去的事物而言的，而作为文化遗产的多数事象不仅是历史的积累，也是今天的现实，同时也给未来的发展提供了基础，它是在不停地变化当中”。[2]开发是面向未来的。“开发”是一个较为广义的概念，对遗址的进行主题公园式的改造，是一种开发，那么对墓葬的开掘也是一种开发，即使在开掘之后将很多文物陈列在博物馆，也是一种开发。假如我们目前的科学技术有限，不能保证在开掘之后对文物进行有效的保护，那我们就放弃开发。文化资源也是一个道理，假如不能保证开发之后能够进行原真性的保护和传承，那我们就应当避免造成开发性的破坏。因此，应该很好地加以解决保护与开发的诸多问题。目前政、产、学、研四类工作者分别基本形成两类对立的观点，且总能彼此给出强有力的论据。

一种观点认为，文化遗产是非可再生资源，因此只能保护不能开发，创意和开发常常成为“保护”的对立面，一旦开发便会导致文化生态危机和生态环境恶化。很多专家提及文化遗产“产业化”“开发”“创意”就谈虎色变，似乎有一种天然的抵触。他们认为那些“借传统民俗文化的名，行现代化旅游和商业之实”的民族节日、民俗活动都是人为捏造的假民俗，也称为“伪民俗”。它们趣味低俗、粗制滥造、哗众取宠，盲目追求商业利益，违背了传统民俗的文化内涵。那些“民俗文化村”内雷同的活动方式和文艺表演，那些全国各地景区都在售卖的旅游纪念品，无一不提醒着人们，盲目追求文化遗产带来的商业利益只会破坏甚至毁灭掉它的特性。有人曾如此比喻“伪民俗”——它们就是以资本打造出来的人造物，横空截入历史的肌体之中，以冒充历史的身份，来盗用民俗在漫长的历史行走中，因为耗费巨大的时光成本而积聚起的如海一般的深厚价值，将它变成利润。民俗在当代的命运，确与石油无二：自然用它几百亿年的沧桑孕生了石油，工业化只消几百年就可以把它抽干不剩；人类用它几千年的蹉跎化育了民俗，商业化只消几年就可以把它消解一空。在一系列问题背后凸显的是全球工业大发展和经济快速增长背景下，我国绝大多数文化遗产共同面临着的“重申报、轻管理，重开发、轻保护”的尴尬局面。

另一种观点则认为，文化遗产项目只有在开发中才能获得更好的保护。这主要基于以下三个观点：一者，扎实地推动我国社会主义文化发展大繁荣需要开发利用我国的传统文化资源，建设优秀传统文化的传承体系，推动中华文化走出去，增强民族文化软实力，为中华民族的伟大复兴做准备。再者，民族文化资源是可再生资源与非可再生资源的复合体。虽然较多文化资源在开发中面临着被破坏的危险，但如果利用得当、开发适度，就能在开发和市场化生产中进行有效的保护，尤其是注重对文化资源的衍生资源如文化符号资源的开发，将会在对文化资源本真性的保存的前提之下实现对文化资源最大程度地开发利用。第三，文化资源由于其无形性和公共性，一些发达国家超越国界，利用我国的文化资源开发文化产品，并回头向我国倾销文化产品，由于减少了较多的文化折扣（Cultural Discount），这类文化产品将来能取得较大的成功。例如取材于中国武术、剪纸、唐装、水墨画、少林功夫等传统文化元素和中国国宝的“大熊猫”符号打造成的《功夫熊猫》，在中国获得了极大的成功，甚至有人提出该片使从来不去电影院的中国观众重新走进了电影院。第四，一些文化学者认为，我国的民族文化资源如果像国有资产一样，在保护和传承之中会存在着同样的“冰棍现象”。以传统技艺为代表的一些非物质文化遗产，的确在社会发展变迁过程中失传了。历代都产生了很多技艺，其产品的形态、功能、旨趣，都客观地反映了当时社会的现实需要。每一代优秀工匠都适时地把它引入当代社会，才形成了这样漫长的技艺传承。倘若没有这些优秀的工匠，这些技艺早就失传了。但是随着时代的变迁，确实有一部分传统技艺失去了现实意义与价值，从古到今，也不知道中断了多少手工技艺，又发展出多少适应当代要求的新的技艺![3]因此，与其坐等一些文化资源在无声中发霉变质或被国外文化企业侵占和挪用，不如改变目前大多文化资源“养在深闺人未识”的情况，让其重见天日，为社会主义的文化复兴增光发热。他们坚信文化保护需要在开发中获得利益，要在市场中获得认可和认知。文化遗产只有发挥它的社会、经济、文化建构功能，才能获得持久的延续，甚至能引发文化的复兴。尤其是那些适合市场的文化遗产更应该通过市场化的运作让更多的人了解和认可，才可能获得更大的生命活力。

二、“生产性保护”与“保护性开发”路径的比较

当前，我国民族文化资源富集处大部分都处在经济相对欠发达、欠开发的地区，那些珍贵的文化资源还处于一种分散、孤立和原始的状态，不仅是民族生活的一个组成部分，甚至是一种活态的生活文化，独特的民族生存方式的消失和完整性的割裂是对民族文化资源的最大破坏，因此只有保护好民族文化生态环境，才能传承文化遗产。一些经济欠发达地区走在开发中促进保护、在保护中进行开发的策略，以开发文化资源发展文化旅游业，虽能在短期内取得了可观的经济效益，但从长远来看，并不符合可持续发展的开发准则。

针对目前我国文化资源的开发现状，一些专家学者从文化的动态传承和活态保护境况出发，从保护和开发的实践出发，先后提出了“生产性保护”和“保护性开发”等手段，旨在保护我国的多种形态的文化资源。

生产性保护的根本实质就是在探究发展与保护、产业化与生产性的问题。其定义最早出现于2006年中国艺术研究院院长王文章出版的《非物质文化遗产概论》。王文章老师认为非物质文化遗产具备“活态流变性”特点，在既不转换其内在规律自然演变的生长历程、又不影响其将来发展走向的这个条件下，应最大可能探寻生产性的保护方法，同旅游开发相连接，将非物质文化遗产转变为有经济效果的文化资源。[4]《非物质文化遗产概论》中没有对“生产性保护”做出很清楚的界限，却指出其是非物质文化遗产保护的基本原则和方式，并提出了手工艺务必在生产实践中得以守护。随着国家社会对非物质文化遗产的重视和我国四级非物质文化遗产体系的逐步完善，“生产性保护”的概念在探索和发展的过程中不断得到提升。2009年元宵节期间举办的“中国非物质文化遗产传统技艺大展”系列活动让“生产性保护”成为探讨的焦点，首次对这一概念进行了深入、全面的探究，使非物质文化遗产保护研究者和工作者实践检验的理念和保护方法得以宣扬。大会主旨是“以保护带动发展，以发展促进保护”，与会专家将“生产性保护”由传统技艺类项目扩展到整个非物质文化遗产领

域。“生产性保护”则由一般概念上升到非物质文化遗产保护的重要理念，变为非物质文化遗产保护的新途径。2011 年 6 月 1 日，《中华人民共和国非物质文化遗产法》颁布实施，“生产性保护”方式写入了该法之中，实现了从根本意义上的保护。

资源保护性开发是指在某个特定时间内，为了达到更好保护的目的性，针对某个地区所具有的特殊社会文化、自然等景观，通过政府、相关专家等多方面参与，用跨学科合作的方式合理开发；是从长远利益为出发点，对资源进行有机规划的合理开发。是与掠夺性开发形成相对应的概念。“保护性开发”之所以被提出来，是基于以下背景：风起云涌的现代旅游活动与旅游资源的脆弱性、环境承载能力的有限性形成了强烈的反差，频繁的旅游浪潮所产生的旅游垃圾、空气破坏、水体污染、噪声污染、植被破坏、文化变质等一系列的问题越来越突出，于是，旅游资源的开发与保护成为当下热门话题，引起了许多学者及政府部门、企业界人士和社会公众的关注，旅游资源的“保护性开发”这一提法应运而生。从目前发表的文献看，人们最早并没有直接提出“保护性开发”这一概念，这一概念缘起于对城市历史街区（historic urban quarters）的保护。最早正式提出“保护区”（conservation place）概念的是 1967 年英国的《城市休闲法案》。[5] 随着新理性主义的产生，学者们提出了“城市的保护与开发”，罗杰斯（Rogers）认为，要正确处理保护和发展的关系，就不能肆意开发，也不能过度控制，保护和开发不是孤立存在的，两者之间存在着长期的辩证关系。随着经济社会的发展以及文化产业的崛起，保护性开发不仅被用于旅游资源，更利用于文化资源的保护乃至矿产资源的保护与开发。

实质上，“生产性保护”“保护性开发”本身都存在较大争议，两种概念自提出之初就为文化遗产保护者诟病不已。不少学者认为：文化遗产一旦开发，便犹如出笼的野兽，很难控制，保护性开发很难再保护与开发、短期效益与长期效益、社会效益与经济效益、个人利益与集体利益之间寻找一种均衡。由此而来便出现了“重开发轻保护、重申报轻管理”“重经济效益轻社会效益、重短期效益轻长效益”等诸多问题。著名学者祁庆富教授就在采访中谈到自己的担忧：“真正需要保护的是手工技艺，生产性方式保护可能不会对它的生存起到实质性作用。比如黎族织锦，现在市场上造假的很多。可能“生产性方式保护”的提法没有保护到它，反而会被用工业化方式造假的人利用了。如果发展不当，还有变成“文化搭台、经济唱戏”的危险，成为商业牟利的合法性依据。”[6]

三、生产性保护与保护性开发的比较分析

作为人类有效处理对文化资源的保护、开发、利用的辩证博弈关系的手段，保护性开发与生产性保护在许多方面展示着共同的夙愿和追求，也在一些细节方面表现出些许差异。

在共同点方面，两种手段体现出以下共同点：第一，都是为了应对文化资源的稀缺性而在历史流变过程中遇到的问题而提出的解决方法；第二，都重视文化资源的可持续性开发，都以开发的形式面对文化资源在现代社会的传播与传承问题；第三，都提出了对文化资源的保护，并且都以保护为核心，注重文化资源的原真性的留存和延续；第四，初衷都为达到社会效益和经济效益的双赢，并且从保护结果来看，都起到了保护文化资源的作用；第五，都在局部表现出对文化资源的破坏，以至于为文化学者及文化工作者所诟病；第六，都随着文化资源的保护与开发工作的不断向前发展，其内涵不断发展演进，逐步形成了文化资源保护和开发的范例，为我国文化资源的保护工作的借鉴以及文化资源保护立法工作奠定了前期基础。

在不同点方面，两者的差别也是较为明显的。第一，两者的保护对象不同，前者保护的对象发端于为传统文化资源，但主要为物质性的（包含文化遗产资源、民族文化资源、旅游文化资源、古迹建筑遗址、民族风情等）以及矿产资源（如稀土资源），后者主要用来保护非物质文化遗产资源。第二，保护方式不同。前者由于物质与非物质经常难以划分，提出了整体性保护等原则，后者注重现代化科技手段和创意手段，对文化资源进行现代性转变，在发展中保护文化资源，在开发文化资源中求得发展。第三，前者是在开发的过程中强调保护的重要作用，后者强调要利用生产手

段对非物质文化遗产进行必要保护。第四，两者的核心都为可持续发展，前者落脚点为开发，后者目的为保护；保护性开发以开发为落脚点，但带有明显的保守性，保护性开发虽然也以资源的经济性开发为目的，但是必须在保护的前提下，注重资源的长期可持续利用；生产性保护以保护为目的，但是具有显著的开放性和灵活性，面对非物质文化遗产的生存现状，提供了一个较为可靠的传承方式。第五，前者为开发中的粗放式经营而采取保护性措施而促进其转换经济增长方式；后者是为保护手段的不足、难以为继而进行的保护手段的变化更新。第六，两者与“产业化”有着不解之缘。“产业化”即是指要使具有同一属性的组织集合或企业达到社会承认的规模程度，来完成从量的集合到质的改变的过程，真实成为国民经济中用某一标准划分的重要组成部分。但产业化开发不是生产性保护的唯一手段，更不是生产性保护的核心手段，一旦产业化超越了一定程度，盲目用产业化淡化“非遗”的本真性，就有沦为“脱离传承母体的非遗”的危险。然而对于保护性开发来说，产业化是其重要手段乃至唯一手段，一旦脱离了以经济为目的的产业化开发，保护性开发将不具备太多的吸引力。

四、结论与启示

不管是保护、开发抑或是生产、利用，坚贞的文化学者和世俗的文化产业工作者都不能完全接受，但传承和发展五千年的中华文明，弘扬和传播璀璨旖旎的中华文化却是人们的共识。就好像五四文化论争中有关“本土化”和“西方化”永无止境的争论最后归结于“现代化”一样，“保护”与“开发”的博弈大概统一于“传承与发展”。在文化遗产未来的发展过程中，不管是“生产性保护”抑或“保护性开发”，都将是一个大浪淘沙和流变传承的过程。既然众多的优秀传统文化在中华民族五千年的历史长河中可以流变为炎黄儿女根深蒂固的“文化传统”，那么我们坚持“古为今用、洋为中用”的原则，我国的文化资源定可以在传承和发展中获得新生。

其一，坚持并延伸可持续性发展原则，促进我国经济、文化和生态的协作发展，专一于我国物质文明、精神文明及生态文明建设。一是坚持多元文化生态的可持续发展。文化的可持续即是各种文化保持各自传统与异质性，以防非主流文化受到削弱甚至淹没，在全球化的背景下给世界增添多种多样的色彩，这就需要我们在保持文化资源的可持续利用时，防止对文化资源的挥霍、摧残，尽可能地增长文化资源的生命周期，更进一步提升文化资源利用功效。二是坚持区域经济发展的可持续发展。经济可持续首先目标是要缩短地区间的经济差距，这是文化资源开发跨地区分布的功能体现。在发展文化产业的同时，注重区域间和区域内部文化经济的协调发展。只有减少差距一同发展，才能真确实现经济可持续发展的目的，人民的幸福指标才能提升。三是坚持生态环境的可持续发展。这就要求在开发的同时，注重环境保护，甚至可以将文化资源开发与绿色廊道建设相结合。例如，历史街区的保护可以把自然景观、历史地段、城市风采及沿路景色结合起来建设成一个大型的大众文化产物，利用“智慧保护法”建立一个庞大的绿色走廊框架，守护和保持开放空间的生态功能，从而免除了开发活动中的诸多不利影响。

其二，坚持本真性至上的发展原则，保护其最真实的、最原始的面貌，避免在实物、孤本、遗址、遗迹上进行大规模的开发建设，而失去文化遗产的本来面目。根据文化资源尤其是物质文化遗产，如同矿产资源一样，具有不可再生性，一旦破坏便不能再生，成为人类共同的遗憾。在对非物质文化遗产的开拓中，更加要保持本真性至上的准则，但既不能因循守旧、与世隔绝，亦不能过于功利。一些非物质文化遗产传承人利用商业化方式摄取了部分民俗的艺术形式，这样会剥离非物质文化遗产的文化语境，将使原生态的非物质文化遗产在精神信仰、艺术形式、信仰仪式及公众参与度方面发生诸多变化。因此，为确保一个昌盛的文化生态，民俗学家们务必大举促成“非遗”的繁荣，但需要监督非遗的混合体和衍生物。

其三，坚持完整性传承的发展原则。首先，要维护多元文化特征和文化多样性，防止对地域内总体文化进行分裂，防止形成文化生态失衡。保护文化资源，是让其返回本来的生态中。虽然这个生态本身也是处于不断变化当中，其不断循环。我们要努力恢复这样的循环体系，而不是将它从这个循环体系中剥离出来，将其片面化、偏执化地进行培养。所以，今天，我们要防止将生产性保护单一地往市场经济追寻商业化上培养，不考虑其社会生态环境、社会内涵，使之表演化、旅行化、商品化。其次，注重物质文化遗产与非物质文化遗产的联合保护与传承。实质上文化资源本身就是物质财富和精神财富的综合体，物质文化资源不乏体现着劳动人民的思想与智慧；非物质文化遗产的传承和传播也必须以一定的物质资料为载体。将两者有机结合，既是我们在进行文化资源的开发保护中的基本手段，更是文化资源传承与发展的基本任务。最后，注重利用历史街区、博物馆以及民俗文化生态保护区的形式实现文化资源的整体性保护。“人类所创造的每一种文化都是一个动态的生命体，各种文化聚集在一起，形成各种不同的文化群落、文化圈、甚至类似生物链的文化链。它们互相关联成一张动态的生命之网，其作为人类文化整体的有机组成部分，都具有自身的价值，为维护整个人类文化的完整性发挥着自己的作用。”[7]因此，依照相近性质的区域文化特征，选择文化资源保存较好，在生产方式、生活方式和观念形态等方面极具代表性，采用“生态博物馆”“生态走廊”“民族民间文化生态保护区”“特色文化县（村）”“民间文化保护区”等形式，将会让区域内传统的物质及非物质文化遗产得到较为完善的传承和发展。[8]

其四，坚持多样性保护与传承的原则。第一，坚持在注重开发传统文化资源的同时，能较为完备地开发新兴的“符号化的文化资源”。文化是人们生活的样法，人们在历史发展进程中不断创造的物质财富和精神财富的综合。我们在享受和挥霍着传统文化的同时，也在不断创造和生产着新的文化。我国在现代化过程中创造的各种文化品牌和文化符号，以及以此为内核的衍生的文化资源，都越来越向符号化的方向发展。在未来文化资源的保护和开发过程中，应当注重和转向文化符号资源，这样就能避免因不合理开发而造成的环境破坏、文物损害、民俗变异等危机。第二，坚持利用文化与科技相融合，将文化资源保护与科技手段开发进行有机结合。比如在对非物质文化遗产的实践中，在坚持利用手工技艺和简单器具维护其本真性的同时，可以利用数字化手段对其进行可视化的传播。工业化手段虽然泯灭了文化产品的个性和特色，但是在体力过度消耗的工艺环节，在提高生产效率、节约生产资源等方面都有优势。使手工技艺与工业化手段共荣共生、互补互益，能满足人们多元化的文化需求。

参考文献

[1] [马来西亚] 冯久玲．文化是好生意 [M]．南海出版公司，2003：19.

[2] 刘玉琴．保护非物质文化遗产，直面不容忽视难题 [N]．人民日报，2006-3-17 (14).

[3] 徐涟，吕品田．非物质文化遗产“生产性方式保护”的意义与前景 [N]．中国文化报，2012-3-12.

[4] 王文章．非物质文化遗产概论 [M]．文化艺术出版社，2006：29-31，257-258.

[5] 许芬，王林伶．中国北方古镇的保护性开发——以宁夏镇北堡为例 [J]．城市问题，2012 (2).

[6] 王晶晶，陈娟．“生产性保护”别成了“非遗”商业牟利的避风港 [N]．中国青年报，2009-02-17.

[7] 方李莉．文化生态失衡问题的提出 [J]．北京大学学报 (哲学社会科学版)，2001 (3).

[8] 刘魁立．文化生态保护区问题刍议．浙江师范大学学报 (社会科学版)，2007 (3).

节日影像记录技术总结
——以水族“嘎仙节”为例

唐 黎*

（贵州民族大学人文科技学院，贵州贵阳 550025）

摘 要：习近平总书记在文化强国战略中，明确提出弘扬中华民族优秀传统文化，提高国家文化软实力，坚持文化自信、民族自信，为新时代中国文化建设与发展指明了方向，明确了路径。贵州是多民族聚居的省份，独特的民族文化、民风民俗是中国古老传统文化的传承下来的，一些民族因为交通不便信息闭塞还保留着比较原生态的生活方式和古老的信仰和仪式，随着科技进步信息时代的发展，民族文化的传承和保护急需传播与传承，这让民族记录变得尤为重要。民族文化丰富多彩，民族节日集中呈现了极具民族特色的文化事象，如何拍摄和记录，形成有价值的民族影像志，这需要不断实践和总结才能将中国优秀的传统文化记录下来，传播出去，提升民族自信、文化自信。

关键词：田野调查；影像文本；故事性；活动摄像

民族节日志在影视人类学中是专业的创作实践领域，全媒体时代影像

* 唐黎（1978—），男，苗族，贵州民族大学人文科技学院教师。

技术与教育学科的融合，记录民族特色、记录家乡、记录极具民族特色的节日、活动、赛事也成为各大高校、新媒体和自媒体拍摄的主题和内容，对民族节日影像记录技术拍摄的总结对记录民族文化弘扬中国民族优秀传统文化有实践应用意义。

贵州水族“嘎仙节”源于贵州黔南少数民族稻作农耕的间歇期间，不论是水族还是布依族都形成了重要的节日“三月三”“六月六”，其节日的重要性堪比汉族的“过年”，一般有祭祀、比赛、相亲等活动。以“嘎仙节”为例，一般时间在农历六月六阳历7月中旬，在黔南州独山县玉水镇温泉村每年都会盛大举行，“嘎仙”是水族话意为“等仙”，水族有优美的传说，有最漂亮的龙女，即是祈求风调雨顺、谷物丰登也是唱水歌祈求姻缘的“东方情人节”。

一、田野作业与影像文本

通常节日影像志的内容分为三个部分：节日的现场记录、节日的来历、节日与现代生活的对比和发展。传统节日纪录片的创作模式以解说词串接影像资料、现场纪实以及人物采访的可视化视听文本，所以是主题和表达形式单一的资料片。大量的田野调查是对民族文化更深入了解和更完整表达的必要，所以在确立影像文本方案之前，前期调研越充分，主题多元、形式多样、内容丰富的可能性就越大。全媒体时代是一个泛真人秀时代，纪实性的内容以故事性的叙述、戏剧性的情节和立体化的人物，是大众文化时代影像作品内容技巧性的呈现。“嘎仙节”是少数民族对于丰收和爱情的浪漫向往，节日的活动有表现热情好客的“拦门酒”；凸显民族信仰的“祭祀山神”；各种社交赛事，男人的“赛马”，女人的“西施扑鸭”；还有玉米地里的“对歌”；表演性质的赛歌……上万人参加的隆重的节日，活动多所以人群和时间被分散，分工采集素材没有统一线索的主题，成片就会呈现碎片而没有重点。可以通过人物为线索、以故事为内容准备拍摄脚本，在田野调查中从节日活动筹委会选择干事采访拍摄作为节日活动流程线索，从当地历年都参加活动的民族男女的采访中搜集故事，从各类比赛中通过采访得出“黑马”候选人，作为戏剧性情节的准备。

二、影像采集技巧

1. 场景是落实拍摄方案、设计脚本，准备设备器材的关键。民族节日仰赖地域环境、自然资源的形成，所以拍摄地理环境的镜头是必不可少的部分，既要有气势磅礴的大镜头也要有“呼吸感”的景致小品。由于贵州地势以山地为主，要拍摄素有“绿氧”之称的地域特点，在拍摄时间上就得提前一天到活动村寨踩点并做好准备，凌晨才能拍摄到山地水雾的镜头素材。除了拍景之外，必须体验和感受当地的生活气息，人、动物、植物、生活方式都是需要采集的影像素材。

2. 在田野调查中确定好的采访人选也要提前采访记录，在具有民居特点的环境采访就需要带上摄像用灯以及收音设备，采访好的语录就是脚本设计的依据。

3. 活动赛事的拍摄必须提前准备好流程，以及选择跟踪拍摄的人物，用利于拍摄运动镜头的设备和器材，比如摄像机，搭配手持的微单，极限运动摄像的 gopro，航拍器还有能拍摄高画质的手机等。摄像机是利于近距离采访拍摄和跟踪采访，比如拦门酒类似的活动，人多且动作多，有对话还可以采访，必须使用灵活稳定画质的摄影设备，所以专业摄像机是首选；赛马是具有一定风险却极具视觉冲击力的活动，所以找好长焦拍摄点，根据前期选好的人和马跟踪拍摄，既能拍到他们比赛的过程还能拍摄突出个体的特写，同时航拍的俯瞰可以看到赛马的全程，gopro 能用蚂蚁视角拍摄马蹄飞溅的镜头；在最具“嘎仙节”代表的环节就是玉米地的对歌，如何能拍出爱情，镜头语言的传情达意就显得尤为重要了。

注：在拍摄之前所有的设备都必须调式好白平衡，最好使用统一品牌的摄像设备，避免后期时画质与色调差距太大。

三、影像叙事的审美意蕴

传统节日志的呈现都是由作者代言的解说词，或是采访专家的资料片，给人疏离之感，在体验时代的媒介环境中是不吸引观众读者的。所以带有参与感的同期声是声音素材的重要部分，环境声和具备表征意义的音乐和音效的混音处理是形成听觉叙事的线索。水族赛歌、以歌传情、迎客劝酒的歌声都是以往使用解说词时被掩盖的精华。在前期的田野调查中采集声音素材就可以尝试制作只有声音的版本，用于配合拍摄脚本和分镜头讲解时给团队成员直观的节奏感和画面感，也大大地节省了后期的时间，虽然也有套嵌画面素材的可能，但是对于非专业、新媒体、自媒体这样的制作团队是一种高效和实用的方法。少了视觉的信息，听觉会敏锐地感受到情感意蕴。

总结：1. 田野作业是记录好民族节日志的关键，长期的技术重点忽略了内容创作的重要性，在全民记录的时代里，人人都可以记录呈现的却是碎片内容，对传承文化是巨大的缺失。2. 不能只关注宏大或浓重的节日气氛和仪轨程序而忽略了人物才是承载故事性的关键，传统文化由人来传承，人与家庭是活动的主题，活动由人而起也影响着个人，所以透过人物，由小见大，由浅入深，才能抓住那些自然而真实的细节，打动观众读者。3. 针对不同的场景使用的设备不同，所以前期的脚本与分镜以及声音的版本要做充分的准备，团队协作分工采集，如果出现理解的偏差就会造成数据采集的缺失，活动可以通过总结预测，但是实际情况是瞬息万变的，要做好应对变化的对策方案。4. 影像叙事的文化表达不是只有技术的掌握，审美意蕴是在扎实的了解和体验传统的文化中积累起来的。更多元的主题，更丰富的内涵，更优秀的民族节日影像志的作品需要我们潜心研究，用心创作，坚持文化自信，民族自信，弘扬中华民族优秀传统文化。

贵阳市优秀传统文化品牌化建设研究*

王月月　赵尔文达　李雪南**

（贵州民族大学人文科技学院，贵州民族大学民社学院，贵州贵阳　550025）

摘　要：当前，国内外很多城市都非常重视文化软实力的提升，“文化强市”“文化兴市”成为重要的发展战略，文化的品牌化建设与发展成为重要途径，以文化品牌带动文化传播成为主旋律。贵阳市优秀传统文化源远流长，凝聚了贵州人民的智慧，是文化品牌的灵魂。目前，贵阳市已经初步形成了一些文化品牌，如阳明文化、多彩贵州、夜郎文化、土司文化、美丽乡村等。孔学堂已经成为贵阳市优秀传统文化的重要传播平台。贵阳市构建优秀传统文化品牌，优势、机遇与劣势、挑战并存。文章在对贵阳市传统文化品牌建设基本情况的系统梳理基础上，提出促进贵阳市优秀传统文化品牌化的建设路径。

关键词：贵阳市；传统文化；文化品牌

---

* ［基金项目］“贵阳市 2017 年度哲学社会科学规划课题——贵阳市加强优秀传统文化品牌化建设研究”成果。

** 王月月（1989—），女，汉族，贵州民族大学人文科技学院讲师，硕士。
赵尔文达（1991—），女，苗族，贵州民族大学人文科技学院教师，硕士。
李雪南（1995—），女，汉族，贵州民族大学民社学院，硕士研究生。

传统文化是一种具有巨大开发利用潜力的宝贵资源，当代社会应当结合现代化，对传统文化进行创造性转化，取其精华，去其糟粕，赋予传统文化中的优良传统以新的内涵，弘扬“优秀传统文化”应运而生。

2017 年 2 月，中共中央办公厅、国务院办公厅联合印发《关于实施中华优秀传统文化传承发展工程的意见》（中办发〔2017〕5 号），首次以中央文件形式专题阐述中华优秀传统文化传承发展工作。文件中认为，“中华优秀传统文化”主要包括核心思想理念（如革故鼎新、与时俱进、脚踏实地、讲仁爱、守诚信等理念）、中华传统美德（如自强不息、敬业乐群、孝老爱亲等美德）和中华人文精神（如求同存异、中和泰和、以文化人等思想文化），基本上规定了“优秀传统文化”的基本内涵。

当今世界的竞争不仅是经济实力的较量，也是文化软实力的较量。我国历史悠久，传统文化底蕴深厚，将优秀的传统文化元素进行挖掘、包装、整合，打造成强有力的竞争品牌，以品牌促传播，以品牌助影响，是增强我国文化软实力的重要途径。目前，国内也有很多城市利用当地的优秀传统文化，将优秀传统文化元素运用到城市的建设与设计中，使城市的形象得到大幅度的提升，并且提升了城市的知名度与美誉度。

一、贵阳市优秀传统文化资源类型

结合贵阳市传统文化资源的现状，文章将贵阳市优秀传统文化类型划分为传统哲学、民间信仰、非物质文化遗产三种基本类型。

（一）传统哲学思想文化

在全国重视儒家文化的背景下，贵阳市虽然并不是儒家文化的起源地，但依托阳明心学，依然十分重视传承和发扬儒家文化。在贵阳，儒家文化的主要传播场所有两处，分别是贵阳市花溪区孔学堂文化传播中心和贵阳市修文县阳明文化园。孔学堂文化传播中心位于贵阳市花溪区十里河滩，是传播儒家文化的圣地，孔学堂以“传承与弘扬儒学的圣殿，教化与开启新风的基地”为原则，在教化、祭祀、收藏、旅游、研究、传播等方面起到了重要作用。阳明文化园位于贵阳市修文县，是为了纪念圣人王阳明而建。阳明文化园以“心学圣地，王学之源”为主题，以“一带、两心、三坊、六区”为布局结构，由阳明文化广场、阳明洞遗址区、王阳明纪念馆等组成，是贵州省重点打造的“十大文化产业园”之一。

（二）民间信仰

在贵阳，民间信仰影响较为广泛的宗教有佛教和道教，尤其是佛教。目前，贵阳市辖区内约有46所寺庙，其中较为著名的黔灵山弘福寺、南明河畔黔明寺、觉园尼庵、观音洞、西普陀寺、东林寺、巢凤寺、九龙寺、万华禅院、佛光寺等。其中，黔灵山弘福寺、南明河畔黔明寺被列为全国重点寺庙。

目前，贵阳市的道教传播地点主要有仙人洞（南明区云关乡）、万寿宫（花溪区青岩古镇）、协天宫（乌当区东风镇）、三元宫（贵阳市南明区西瑞金路金锁桥侧）等。2015年，贵阳市仙人洞道观承办了纪念抗战胜利70周年教育活动，通过纪念座谈、祈福法会、国学讲经等形式，弘扬道教的爱国情怀，展示贵州道教的良好风气，使道教与社会主义社会更加融合。①

（三）非物质文化遗产

在几百年的历史沉淀下，贵阳市积累了丰富多彩的非物质文化遗产，包括民间音乐、民间美术、传统技艺、传统医药等。其中，贵阳市拥有国家级非物质文化遗产代表性项目2项（见表1），拥有省级非物质文化遗产代表性项目31项（见表2）。贵阳市的非物质文化遗产的传承与保护得到了国家与地方的重视与支持，如对少数民族的传统技艺、传统医药等进行了初步的挖掘，扩大了“非遗”项目的知名度。

---

① 吴婷. 贵州道教界举办纪念抗日战争胜利70周年教育活动［N］. 贵阳网贵阳晚报，2015-5-7. http：//news. xinhuanet. com/local/2015-05/17/c_ 127809671. htm.

表 1　国家级非物质文化遗产代表性项目

项目类别	项目名称	项目编号	申报地区	批次
传统美术（1 项）	苗绣	VII–22	贵州省雷山县、贵阳市、剑河县	第一批
传统技艺（1 项）	皮纸制作技艺	VIII–67	贵州省贵阳市、贞丰县、丹寨县	第一批
合计（项）	2			

注：表中数据由课题组根据文化部公布的四批国家级非物质文化遗产项目代表性名录整理而成，谨代表课题组意见。

表 2　贵州省省级非物质文化遗产代表性项目

项目类别	项目名称	申报地区	批次
传统舞蹈（5 项）	苗族芦笙舞	雷山县、关岭县、凯里市、榕江县、水城县、乌当县	第二批
	苗族猴鼓舞	花溪区	
	苗族花鼓舞	乌当区	
	卡包花棍舞	乌当区	
	苗族斗角舞	修文县	第三批
传统戏剧（5 项）	文琴戏	乌当区、黔西县、铜仁市、遵义市	第二批
	蓬莱布依地戏	白云区	
	花灯戏	贵州省花灯剧团、开阳县、镇远县、金沙县	扩展
	阳戏	沿河土家族自治县、息烽县、黔西县、罗甸县、开阳县	
	地戏	开阳县	
传统体育、游艺与杂技（1 项）	布依族铁链械	花溪区	第三批

续表

项目类别	项目名称	申报地区	批次
传统技艺（7项）	乌当手工土纸制作工艺	乌当区	第一批
	花溪苗族挑花制作工艺	花溪区	
	高坡苗族银饰制作技艺	花溪区	第二批
	罗吏目布依族龙制作技艺	花溪区	
	布依族纸染绣花制作技艺	花溪区	
	苗族芦笙制作技艺	花溪区、丹寨县、凯里市	扩展
	西山虫茶制作技艺	息烽县	第三批
民俗（13项）	苗族“四月八”	贵阳市	第二批
	杜寨布依族丧葬砍牛习俗	贵阳市	
	贵阳苗族服饰	贵阳市、乌当区	
	高坡苗族射背牌	花溪区	
	苗族跳场	花溪区	
	苗族杀鱼节	开阳县	扩展
	苗族八月八	息烽县	
	布依族六月六	开阳县	
	苗族服饰	习水县、开阳县、修文县、纳雍县、金沙县、黄平县、从江县、凯里市、水城县、兴仁县	
	布依族三月三	贞丰县、开阳县、惠水县	第三批
	苗族斗牛习俗	开阳县、凯里市、施秉县	
	清真瓜灯节	清镇市	
	布依族坐夜筵	开阳县	
合计（项）	31		

注：表中数据由课题组根据贵州省公布的四批省级非物质文化遗产项目代表性名录整理而成，谨代表课题组意见。

从表1看，目前贵阳市只有2项国家级非物质文化遗产，分别是以苗绣为代表的民间美术、以皮纸制作技艺为代表的传统手工技艺，数量还比较少。

从表2看，贵阳市的省级非物质文化遗产总计31项，数量较多，贵阳市省级非物质文化遗产类型有传统技艺、传统舞蹈、传统戏剧、民俗、传统体育、游艺与杂技共5种。其中，传统技艺有7项，传统舞蹈、传统戏剧都有5项，民俗有13项，传统体育、游艺与杂技有1项。

由上表可知，贵阳市的非物质文化遗产存在以下问题，一是国家级项目数量较少，亟待今后的大力挖掘；二是“非遗”项目的类别不够丰富，目前只有5类，仅占国家“非遗”项目类别的二分之一。

二、贵阳市优秀传统文化品牌建设取得的成就

近年来，贵阳市委、市政府非常重视优秀传统文化的传承与发展，已经初步打造了一些文化品牌，如阳明文化、爽爽的贵阳、夜郎文化、土司文化、美丽乡村等品牌家喻户晓。

（一）初步形成了知名度较高的文化品牌

1. 阳明文化

阳明文化是儒家文化的重要组成部分，也是贵阳传统文化资源的瑰宝之一。为了更好地继承和发扬阳明文化，贵阳市以“阳明文化”为发展核心，积极打造阳明文化的传承高地，如中国阳明文化园和孔学堂文化传播中心。一方面，贵阳市修文县围绕阳明洞积极打造中国阳明文化园，努力践行“知行合一”的学术思想。另一方面，贵阳孔学堂文化传播中心是贵阳市打造的另一个以阳明文化为核心的文化品牌。

2. 爽爽的贵阳

贵阳的气候温暖湿润，空气清新，有着优良的水质、适中的海拔、较低的紫外线、适宜的温度、湿度等气候条件，适宜人们居住游玩。贵阳得天独厚的地理气候环境，使其形成了避暑之都——“爽爽的贵阳”。“爽爽的贵阳”是贵阳市推出的一个城市文化品牌，以贵阳市的生态优势为发展基础，打造以生态文明为核心的一种城市发展模式。

3. 夜郎文化

贵阳市对于夜郎文化这一品牌形象的塑造也做了相关的工作，如白云区夜郎古城、花溪区夜郎谷等。夜郎古城位于贵阳市白云区，是以夜郎文化为主题打造的一个文化主题公园，集休闲娱乐、旅游度假为一体的景区。夜郎谷不仅引起了贵州人的广泛关注，还吸引了德国媒体的采访及报道。

此外，贵阳市在学术研究方面也做了一些工作。2004 年 8 月，贵州民族学院西南夜郎文化研究院成立，还设有湖南新晃分院、贵州赫章分院、长顺分院、石阡分院四个分院，为贵阳市、贵州省开展夜郎文化的研究搭建了新平台。

4. 土司文化

贵州土司众多，土司文化独具特色，为贵州创造了丰富的土司历史文化遗迹。2017 年，贵阳市乌当区充分挖掘历史文化资源，整合利用当地资源，以当地水东土司文化为主题，打造了水东土司文化产业园——“土司王府”。该文化旅游产业园、充分展示了贵州苗族、布依族、侗族、彝族等少数民族的特色文化。

5. 开阳、花溪美丽乡村

“美丽乡村”建设计划实施以来，各地区积极发展乡村文化，打造美丽乡村。如贵阳市开阳县禾丰乡马头村的著名景区水头寨，是开阳十里画廊景区的著名八景之一——“水调歌头”，这里是布依族人的聚居地，布依族的传统手工艺和布依民歌保存良好。贵阳花溪区以打造美丽乡村为发展目标，以青岩古镇为核心，打造了 10 个美丽乡村示范点、4 个美丽乡村提高型示范点和 3 条美丽乡村示范带。

（二）初步建成了优秀传统文化的传播平台

目前，贵阳市已经建成并投入使用了一些文化设施，如图书馆、博物馆、文化馆等，还有孔学堂文化传播中心，以及节日会展的举办都为优秀传统文化的传播提供了平台。

1. 孔学堂文化传播中心

孔学堂文化传播中心将成为构建贵州“精神高地”的重要支撑，成为贵州弘扬优秀传统文化、对外文化交流的重要平台。孔学堂文化传播中心经常举办弘扬优秀传统文化的学术活动、开展传统文化礼仪教化活动、开展优秀传统文化传承主题活动等。

2. 举办文化会展及节庆活动

近年来，贵阳会展业进一步发展提升各类节庆活动的举办，不仅促进了会展经济的发展和消费水平的提高，更是扩大了优秀传统文化的影响力。如举办了贵州国际民间文化旅游产品博览会、中国（贵州）国际酒类博览会、贵阳国际阳明文化节、“六月六”布依民族风情节、孔学堂春节文化庙会等。

3. 依托公共文化设施传播文化

贵阳市在打造城市文化品牌建设上，有一定的建设基础。文化基础设施正在逐步完善。“十二五”期间，贵阳市逐步完善文化基础设施，先后建立了贵阳市图书馆金阳新馆、贵阳市博物馆、贵阳市金阳剧院、贵州京剧院学员培训基地、贵阳古玩城、贵阳市非物质文化遗产展示中心等多个大型重点文化建设项目。贵阳市积极构建市、区（县）、乡（镇）三级公共文化服务网络。贵阳市委、市政府积极推进公共图书馆、群众艺术馆、文化馆等文化基础设施建设。

4. 出现了依托新媒体的传播新形式

目前，互联网技术广泛传播和应用，为优秀传统文化的传播提供了新平台。如青岩古镇、孔学堂都开通了微信平台 APP，人们可以通过微信关注公众号，就可以定期接收到这些文化单位所传播的传统文化知识，或是近期的文化活动信息，对于扩大优秀传统文化的影响面提供了重要平台。

（三）成立了传统文化保护及传承的民间组织

目前，贵阳市内已经成立了传统文化保护与传承的相关组织，对贵阳市乃至贵州省传统文化的保护、传承、开发与利用起到了一定的作用。如贵阳市民间文化交流促进会、贵州大学传统文化促进会等。

三、贵阳市传统文化品牌化建设中存在的问题

尽管贵阳市传统文化品牌建设取得了一些成就，但是也存在着诸多问题需要解决。如经济基础仍比较薄弱、缺乏创新型的文化企业、缺乏建设的专业化人才、与其他地区存在同质化竞争等。

（一）经济基础仍比较薄弱

贵阳市地理位置较为偏僻，多山地少平原，发展空间被局限，造成了贵阳相对东部沿海地区来说，人才较为稀缺、文化教育水平较低、交通不发达、生活水平偏低等情况，从很大程度上制约了经济的发展。贵阳市经济基础相对薄弱，不能支出足够的财力去支持优秀传统文化的保护与发展，制约了优秀传统文化的品牌化建设。

（二）缺乏创新型的文化企业

目前，贵阳市围绕传统文化品牌建设的文化企业数量不是很多，规模也不够强大而这些文化企业也存在着一些弊端，如存在“点多面广、分散经营”的问题，导致文化品牌内容重叠、形式趋同，缺乏差异性。此外，贵阳市没有将地方文化特色资源与市场有效结合起来，难以满足顾客的精神、物质文化需求，因此难以吸引更强的文化企业入住，对传统文化品牌的建立非常不利。

（三）缺乏建设的专业化人才

目前，贵阳市人才短缺成为贵阳传统文化品牌化建设面临的重要问题，首先体现在从事传统文化建设工作的人才也远不能满足传统文化品牌建设的需要，现有文化人才结构也不合理，缺乏本土化设计人才、缺少创新型管理和经营人才、文化领军人物等。其次体现在贵阳市诸多高校中既有文化专长又懂得市场运作的人才缺乏，应用型人才相对不足。

（四）与其他地区存在同质化竞争

贵阳市的传统文化与周边省份比较起来，仍然存在着一些劣势。就省外而言，贵阳传统文化的品牌化建设与其他省市存在同质化竞争，如山东曲阜是孔子故乡所在地，山东曲阜打造“儒学原乡，文化圣地”的传统文化品牌，浙江余姚市则是王阳明的故居地，阳明学与浙江文化精神建构紧紧相连，打造阳明文化品牌。然而，贵阳市既不是孔子的诞生地，也不是王阳明的故居地，在文化的起源地问题上不占优势。就省内而言，随着全省对传统文化的重视、保护、开发和利用，加剧了传统文化品牌建设的竞争。

（五）政府的支持力度仍需加大

政府对文化的引导起着重要的作用，目前，政府对优秀传统文化的传承十分重视，并且也做了很多工作。然而，优秀传统文化的传承是一项系统而复杂的工程，需要政府加大重视及支持的力度，出台具体的举措，切实推动大力弘扬贵阳市优秀传统文化。在今后的一段时间里，贵阳市还需要在系统规划未来贵阳市优秀传统文化的传承与传播、成立传统文化传承与传播的相关组织机构、出台具体的促进措施等方面做些努力，从优秀传统文化品牌的定位、构建、宣传到扩大知名度、美誉度等角度去思考未来的传播之路。

四、促进贵阳市优秀传统文化品牌化的建设路径

报告依据品牌塑造及传播的相关理论，从政府层面、企业层面提出了促进贵阳市优秀传统文化品牌化的建设路径，如编制科学发展规划、优化产业结构、塑造特色传统文化品牌、重视与文化产业相结合、打造“1+N”品牌发展模式、鼓励文化企业积极开发新产品、重视专门人才培养、依托新媒体资源扩大产品传播等。

（一）依据各级政府的相关精神，编制科学发展规划

科学的发展规划是指导建设的重要标尺，贵阳市政府相关部门应该着手为贵阳市优秀传统文化的品牌化建设编订一份科学的发展规划，为今后优秀传统文化的品牌化建设提供指导方向。如出台《贵阳市优秀传统文化品牌化建设发展规划（2018—2020 年）》，或者出台其他相关的保障措施，为今后几年贵阳市塑造优秀传统文化品牌提供发展依据。同时，为了促进《规划》的落实，还应当成立一个专门负责优秀传统文化保护与传播的部门，以政府的名义开设部门而非民间组织，举办相关的文化活动。

（二）优化产业结构，促进经济的快速发展

贵阳市调整产业结构，可以有效地促进经济水平的提升。贵阳市需要通过供给侧结构性改革，调整第一产业、第二产业、第三产业的比重，并且要大力发展第三产业。第三产业包括流通、服务两大部门，具体包括交通运输业、商业餐饮业、金融业、旅游业、公用事业、教育文化事业、广播电视事业等。贵阳市应当重点在这些领域加快发展，努力使第三产业成为贵阳市社会经济发展的支柱性产业。贵阳市可以借助大数据产业发展、文化产业发展的机遇，快速推动第三产业的发展，促进产业结构的调整与升级，为优秀传统文化的传播提供坚实的经济基础。

（三）立足本地优秀文化资源，塑造特色传统文化品牌

贵阳市内优秀传统文化资源丰富，类型多样，目前已经初步进行了开发利用，例如阳明文化、民族文化、夜郎文化、茶文化等。然而，目前并没有形成合力，还没发挥“1+1>2”的整体效能。今后，贵阳市在促进优秀传统文化品牌化的道路上，还需要进一步整合优秀的传统文化资源，使传统文化资源成为系列文化的整体，而不是单独的开发。这样，贵阳市的优秀传统文化资源才能发挥整体优势，达到“1+1>2”的效果。同时，多种类型的优秀传统文化成为整体，也有利于提升文化品牌的内涵，提升贵阳市优秀传统文化的综合竞争力。

（四）重视与文化产业相结合，提升传统文化品牌知名度

文化产业是新兴产业，具有广阔的发展前景。文化产业的灵魂是文化，核心是创意，对传统文化的品牌化建设将起到重要的推动作用。文化产业的行业门类主要包括影视业、新闻广播业、出版业、旅游业、报刊业、动漫游戏业、茶产业、体育产业等。贵阳市优秀传统文化的打造可以与文化产业的相关门类融合发展。

（五）突出优势文化资源，打造“1+N”发展模式

优秀传统文化品牌的形成，既需要注重突出优势资源，也需要注重培育综合文化品牌，促进共同发展，增强品牌的整体竞争力。阳明文化是贵阳市传统文化的重要优势资源，贵阳市目前也正在着力打造阳明文化，已经修建了阳明文化园、孔学堂等传播基地，并经常举办一些文化活动、学术活动及交流等。除此之外，贵阳市还应该在如何将阳明文化在硬件设施及软件宣传方面做些工作，目的就是将阳明文化深入到城市的方方面面。

（六）开展“传统文化进校园”活动，为品牌建设培养人才

贵阳市优秀传统文化的品牌化建设，需要既精通文化又熟悉品牌建设及营销的人才。因此，一方面，贵阳市培养这方面的人才还需要与地方高校密切联系，专门培养一批人才，为传统文化的品牌化建设提供智力支持。另一方面，在中小学广泛开展“优秀传统文化进校园”的活动，树立传统文化的传承“从娃娃抓起”的思想，通过合理的设置优秀传统文化课程、编订相关教材等途径，让祖国未来的花朵更多地了解优秀传统文化，并自觉的传承。如在中小学开展“贵阳市优秀传统文化知识竞赛活动”就是一项传承文化的有效方式。

（七）出台相关激励措施，鼓励文化企业积极开发新产品

目前，贵阳市政府相当重视优秀传统文化的保护与利用，在今后一段时间里，应当将重视保护、利用落到实处。首先，市政府可以出台相关的

政策或措施，鼓励文化企业围绕贵阳传统文化设计、生产产品，为贡献突出的文化企业提供资金支持、减税免息等优惠政策；鼓励文化企业围绕贵阳市的文化特色，设计、生产特色民族文化产品，塑造优秀文化品牌，在国内外市场上奠定独一无二的特色文化产品的地位。其次，市政府通过政策、资金等政策进行扶持，加大力度，为文化企业拓宽融资渠道，为贵阳市优秀传统文化的品牌化建设提供支持。如动漫游戏业发展迅速，广受青年群体的青睐，动漫领域也可以成为宣传传统文化的重要平台。相关领域的文化企业可以将贵阳市内优秀的传统文化元素植入到动漫、游戏中，通过人物的选择、场景的设计、语言的设计、饮食的设计、建筑的设计、服装的设计等方面来体现。

（八）依托新媒体资源，进一步扩大文化品牌传播

随着互联网技术的广泛应用与传播，新媒体平台应运而生，如手机APP、微信、微博等，逐渐与现代快速的生活节奏相融合，已成为传统文化传播的有效载体。目前，贵阳市一些文化单位或文化企业已经在优秀传统文化的新媒体传播方面进行了探索。如文化企业可以依托新媒体平台，根据受众的性别、年龄、爱好等细分人群，开发有针对性的优秀传统文化的传播内容。文化企业还应该着重创新传播模式，将传统文化与现代习俗有机结合。通过以上方式，对优秀传统文化的传播发挥重要推动作用。

浅谈大学生朋辈教育的意义与作用

禹华意*

（贵州民族大学人文科技学院，贵州贵阳　550025）

摘　要：随着中国社会与经济的全面发展，教育取得丰硕成果的同时，也面临着巨大的挑战。在新时期，新形势下，随着高校的扩招，学生人数的激增，高等教育工作面临着转型。对于加强高校学生管理工作，开展大学生朋辈教育是一种有效的途径。本文在阐述朋辈教育理论基础和国内外大学生朋辈教育开展现状的同时，探讨了开展朋辈教育的积极作用和意义，以及提出了关于完善高校开展此项创新教育途径的几点建议。
关键词：朋辈教育；大学生思想政治教育；自主教育；校园文化建设

随着我国高等院校的扩招，中国的高等教育由精英教育阶段逐渐转变为大众教育阶段。学生人数的激增，高校教工人员的不足使得国内高校的学生管理工作面临着艰巨的挑战。在传承和完善传统的教育模式的同时，高校教育工作者们孜孜不倦地为大学生教育与管理工作开创新的途径。为

---

* 禹华意（1993—），苗族，硕士，贵州民族大学人文科技学院教师。研究方向：财务管理，金融会计。

了提高大学生的思想政治素质，适应新形势，促进大学生的全面发展，中共中央、国务院在《关于进一步加强和改进大学生思想政治教育的意见》（中发［2004］16号文件）中明确指出，将“坚持教育与自我教育相结合”① 作为加强和改进大学生思想政治教育的基本原则之一。最近几年，“朋辈教育”作为高校探索大学生自主教育其中的一个新途径，受到了众多高校教育工作者的关注。得益于学者的理论研究和高校的实践探索，大学生朋辈教育这一新兴的教育实践活动在国内高校得到了有效的推广。

一、朋辈教育的研究现状和相关概念，理论

“朋辈”是朋友和同辈的简称，所谓“朋辈教育”也称为同伴教育。在传统的教育模式下，通常施教者的年龄、身份、经验以及境遇与受教者的情况有很大的不同。但是在朋辈教育的模式下，参与教育的双方都是具有相仿的年龄，相同的身份地位，以及对人生有相同体验的大学生群体。在拥有相似经历的同龄人之间引导大学生们开展自主教育，充分运用榜样的作用，更能增强教育的可接受性，发挥大学生朋辈教育的积极作用。

（一）国内外研究现状

朋辈教育这一概念起源于公共卫生健康领域的实践。②在20世纪六七十年代，来自美国的薇兰德（Virend）发表了首篇涉及朋辈咨询领域的研究报告。自此，朋辈咨询被广泛应用到教育领域，朋辈教育是西方国家高等教育的产物。自20世纪60年代起，欧美国家的青少年经常遭受来自学业、家庭、心理健康等方面的困扰，国外学者致力于研究朋辈教育对于青少年健康的影响。Medley Amy（2011）的研究报告指出，朋辈教育在青少

---

① 中发［2004］16号. 中共中央国务院关于进一步加强和改进大学生思想政治教育的意见［N］. 人民日报，2004-10-15（1）.

② 董春阳，史立伟，潘红涛 . 朋辈教育在新生教育中的实践与思考［J］. 北京教育，2014：71-72.

年预防艾滋病中有着积极的作用。①除此之外，西方学者对实施朋辈教育的教育者的培训的内容、技巧方面做了大量的研究。Erney 和 Myriek（2000）认为，作为实施朋辈教育的教育者，必须先要接受培训，并拥有能产生同理心和学会倾听等技能。②

国内的朋辈教育相对于西方国家起步较晚，广大教育学者也在积极探索加强大学生思想政治素质和大学生管理工作的有效路径。近年来，国内高等教育的版块涌现出大量关于“朋辈教育”的研究论文。这些研究主要着力于大学生朋辈教育的体系创建的研究，朋辈教育的重要性及其优势，和实施路径等方面。李春辉和任维聪（2013）认为教育工作者应从入学适应，心理健康，就业指导，党团建设等方面对在校大学生进行朋辈教育。③董春阳等（2014）提出了有关朋辈教育工作模式的几点建议，加强朋辈教育者的选拔，培训与考核等。

（二）朋辈教育相关理论

1. 参照群体理论

参照群体理论是指个体从心理上把自己列入、与之对照、并在评价、态度、行为上和在规范与价值观形成上接受其影响的群体。④ 大学生的同辈群体对于个体来说具有非常深远的影响，中国大学生的生活是高密度的集体生活，每个学生同时在多个同辈群体（班级，宿舍，兴趣社团）里学习和生活。人类是擅长模仿的动物，大学生在远离父母的监管的情况下更容易在自己所处的环境中去模仿同龄人的心理和行为，由此可见，大学生的同辈群体里的氛围的好坏与否和高校大学生教育工作有着紧密的联系。各高校应该密切关注大学生同辈群体的发展趋势，积极引导优秀的学生发

---

① Medley Amy. The Contribution of HIV-discordant relationship to new HIV infections in Rakai, Uganda [J]. AIDS, 2011, 25 (15): 43-50.

② Erney, T & Myriek, R. D (2000). Caring and sharing Becoming a peer facilitator Minneapolis, MN: Educational Media Corporation.

③ 李春辉，任维聪．大学生朋辈教育体系创建研究［J］．兰州教育学院学报，2013（2）：99-100.

④ 金盛华．社会心理学（第2版）［M］．北京：高等教育出版社，2005：13.

挥榜样作用，有针对性地开展“朋辈教育”。

2. 人本主义理论

人本主义是美国当代心理学的主要流派之一，著名心理学家罗杰斯是这一流派的代表人物之一，他提出了“以人为中心疗法”这一概念。这一疗法注重心理医师和患者之间所建立的情感联系，心理医师在诊治的过程中轻技巧，重感情。① 医师要运用同理心去切实的感受患者的苦楚。人本主义理论运用在教育上是以学生为教育的主体实施教育。大学生有相仿的年纪和相似的经历，能让彼此容易卸下心防，在学习和生活方面产生积极主动的交流，以学生为主体的教育模式，例如同伴教学，能够增强大学生自主学习的积极性和提升朋辈教育的可操作性。

3. 班杜拉社会学习理论

社会学习理论由美国心理学家班杜拉在 1971 年提出，该理论指出观察学习和自我调节在引发人的行为中的作用，重视人的行为和环境的相互作用。班杜拉社会学习理论重视榜样的作用，人的行为可以从观察中获得。② 高校应结合这一理论，积极挖掘优秀的学生和能发挥榜样作用的学生，作为朋辈教育的教育者积极参与到大学生同辈群体中并做出优秀的示范作用。

二、大学生工作存在的主要问题

虽说现在已经是 21 世纪，但是国内部分高校的学生管理工作的观念停滞不前，显得陈旧，缺乏创新。首先部分高校在学生管理工作中还是将学生作为学校的“客体”进行管理。从根本上来讲，并没有将学生的地位在管理工作中做出转变。学生处于被动地位管理方式很大程度上影响了大学生管理工作的效益。其次，很多高校管理学生的方式较为“简单粗暴”，实行群体管理，这种管理方式虽然简化了管理的过程，但是也抹杀了学生的个性化发展。管理工作缺乏弹性，在一定层面上来说不利于学生的个体

---

① 赵同森．解读人本主义教育思想［M］．广东：广东教育出版社，2006：112-114.

② 徐欢，吴国斌．班杜拉社会学习理论的德育价值探索［J］．人民论坛，2015（1）：208-210.

发展与创新。再者，部分高校管理工作只注重“管身”，不注重“管心”。高校管理制度将重点放在了学生的旷课，迟到，早退以及晚归等情况的处理上，而不是太关注学生的心理健康。有时只是象征性的开展一些活动去应付上级关于大学生心理健康管理工作的检查。以上种种问题严重影响了当代大学生管理工作的可持续发展。

三、大学生朋辈教育的积极作用及意义

（一）有利于加强大学生思想政治教育

在大学校园里，学生们不仅要学习丰富多样的专业知识，更要接受全面的思想政治教育，成为一个全面发展的高素质人才。在传统的思想政治教育中，各高校大多都采用“主题班会”等形式进行，由班主任或辅导员以授课的形式，将枯燥的学习内容灌输给学生，其效果也差强人意。大学生朋辈教育能让学生自己由教育的客体转变为教育的主体，极大程度地提升了学生对思想政治教育活动的兴趣。在思想政治教育层面开展朋辈教育不仅能够增强教育模式的多样性，还能促进更新大学生思想教育的理念，提高高校德育的实效性。高校德育可以摆脱以往单一的模式来进行，学生们可以通过建立非正式群体，建立网络交流平台和学习小组，以平等、自然以及互助的方式进行交流和学习。以往传统的教育方式对时间和地点都有限制，朋辈教育提高了高校德育的灵活性，学生们能够通过实时的交流来解决自身的困惑，这种新兴的教育模式为学生带来更多的便利。朋辈教育还能弥补高校教育工作者工作的空白，有限的教师和辅导员的人数为学生提供教育服务是有限的，近年来高校的扩招，学生人数的激增，大学生教育管理工作遭遇了严峻的考验，大学生朋辈教育为高校教育、学生管理工作带来了新的转变与活力。

（二）有利于增强教育的可接受性

朋辈教育相较于传统的教育方式有更强的可接受性，在传统的教育模

式下，教育者与受教育者的身份，年龄和生活境遇差距较大。教育者在受教育者眼里往往是权威的象征，受教育者在面对师长时都不会轻易表露出自己真实的想法和情感，无效沟通会增多。朋辈教育是将学生作为教育者的角色来开展教育的一种新型的教育模式。这一新的教育模式将“平等”一词放在了重要的位置，主张平等学习，互助学习。拥有相仿的年纪，相同的社会地位，相似的生活境遇和相同困惑的大学生们本身就具有强烈的同理心。学生作为教育者，更能理解求助者的疑惑和心理，更能提出最切实的解决方法。同理，学生作为受教育者，更能敞开心扉，放下防备的去向其他人寻求帮助，更能接受来自教育者的建议与意见。朋辈教育为大学生提供了一个更自由，平等的平台，能让这些在学习，生活，感情和心理方面遇到困难的学生找到一个更轻松的解决方式。同时也增强了高校大学生思想教育和管理工作的实效性。

（三）有利于促进大学生自主教育的积极性

根据中共中央、国务院的指示，高等院校须坚持将“教育与自我教育”相结合作为加强和改进大学生思想政治教育的基本原则。大学生朋辈教育将传统教育模式下学生的客体身份转变为主体身份，这一重大转变无疑将学生本身在教育活动中的参与度大大提升。因此也大大提升了学生自主教育的积极性。当学生作为教育者参与到朋辈教育活动中时，身份的转变会使得他们的心态发生变化。肩负了比以往更重的责任的学生会主动的审视自己，自己是否有能力去帮助前来寻求帮助的同伴，或者自己是否是足够优秀的榜样去引导同伴做出正确的选择。当作为教育者的学生们开始主动反省自己时，当他们能够发现自身的不足而去积极学习与改善时，“朋辈教育”就实现了大学生的自我教育的第一步。大学生朋辈教育不仅帮助受教育者们找到一个更理想的交流平台，也为教育者们提供了一个自身成长的空间。“朋辈教育”为大学生提供了互相学习、互相鼓励和相互帮助的平台，为大学生的自我服务、自我管理和自我教育做出了积极贡献。

（四）朋辈教育是构建和谐校园的重要载体

学校是由若干个学生，宿舍，班级，专业，学院，以及各个学生社团组建而成的。由此可见每一个学生的发展和每一个团体的发展都关乎整个学校的发展。建设和谐校园，树立良好的学习与生活的风气离不开每个学生的努力。大学生朋辈教育为高校建立和谐校园提供了一个重要途径。其“相互学习，相互鼓励”的主张为学生们建立联系，建立情感提供了一个广阔的空间。朋辈教育不仅能促进学生之间发展健康和谐的友谊，也能让他们从中受益，开展积极主动的学习活动，全方位的发展自己。

朋辈教育还能发展一批优秀的学生代表作为教育者，在他们实施教育时，能够充分发挥榜样的力量，为同伴在学习或生活方面做出良好的表率。与此同时，朋辈教育还能有效干预学生危机事件的发生。①学生不同于老师，能在和同伴朝夕相处中，及时的感知同伴的状况。作为教育者的学生，如果能在日常生活中做到仔细观察同学的状态或积极主动地关心同学，并能及时和老师沟通，寻找解决办法，就能在很大程度上阻止同伴们发生危机事件。因此，朋辈教育在为促进学生全面发展和积极建设和谐的校园文化的层面上有着重要意义。

四、关于开展大学生朋辈教育的几点建议

（一）应做好教育者的选拔与培训工作

在“朋辈教育”中，一部分学生被挑选来担任教育者的角色，教育成果的好坏与这一部分学生的能力和素质息息相关。因而，高校应制定合理而高效的选拔制度来挑选朋辈教育的教育者。首先，为了保证“教育者”的学习能力，选拔小组先从每个班级里挑选出学习成绩较优秀的学生作为候选人；其次，可以制定一套科学的性格测试，从而挑选出富有正能量，

① 许公正．大学生朋辈教育研究［D］．辽宁大学，2015.

思想阳光、积极向上和富有同理心、同情心的学生进入面试阶段；最后在面试阶段挑选出富有热情和勇于创新的学生作为“教育者”。在教育者上岗之前，高校应制定科学合理的培训方案并组织教师作为培训师去引导“教育者”，针对不同的版块培养相对应的教育者。除了在学生兴趣社团，心理健康咨询，情感咨询，新生入学和就业指导等多个方向可以开展大学生朋辈教育的实践活动之外，更要加强“朋辈”教育人员的思想政治理论学习，为大学生思想政治工作打牢基础。

（二）高校应做好适度监管工作

高校对“大学生朋辈教育”活动的开展情况应做到张弛有度的监管，将激励与约束相结合为原则来管理。朋辈教育的主要前提是“以学生为本”，这一实践赋予了学生们相对自由和宽松的学习环境，但高校应该建立合理的监管制度和危机处理机制来灵活的应对各种各样可能发生的问题。这是保障大学生朋辈教育能顺利进行的根本。学校应组织教师成立监管小组，不定期地对朋辈教育的教学内容进行抽查，对教学内容和创新度进行把关。此外，监管小组应着重关注“朋辈”教育人员的思想政治状况，避免在教育中出现违反国家法律法规的内容，确保“朋辈教育”的可控性。再者，监管小组应对教育成果和教育者本身进行及时评估，以激励教育者的自我成长和工作的主动性。对于教育者采用淘汰制，对工作态度懈怠或敷衍的教育者做出定期的更换，为其他更有热情的学生提供成为教育者的机会，为朋辈教育注入新鲜的血液。在监管时，教师不能喧宾夺主，老师要充分发挥导师的作用，积极引导学生参与制定教育内容，对具体的教育实施过程不做过多的干涉，让学生充分发挥主人公的作用。

（三）应注重提高朋辈教育的实效性

在制定朋辈教育的内容时，应合理地结合当代大学生的特点，不落入俗套，注重针对性、创新性和实效性。当代大学生注重建立真实地情感联系，教育内容不仅要不断探索新型的教育模式，教育者们更要运用真实的情感和热情向受教育者们传达与时俱进的、正确的价值观、人生观和世界观。教育也是一种服务，教育者作为服务者应时常反思自己的态度与行为，对自己的工作做出定期的反馈，从而提升教育服务的质量和有效性。

结束语

在新形势下，“朋辈教育”这一概念与教育部所提倡的“自我教育”高度契合。大学生朋辈教育将学生放在了教育活动中的主体位置，主张“互励，互帮，互学”，这一新兴的教育实践活动对提升大学生学习的自主性与积极性有着积极的作用。

参考文献

[1] 董春阳，史立伟，潘红涛．朋辈教育在新生教育中的实践与思考[J]．北京教育，2014：71-72.

[2] Erney，T & Myriek，R. D（2000）．Caring and sharing Becoming a peer facilitator Minneapolis，MN：Educational Media Corporation.

[3] 金盛华．社会心理学（第2版）[M]．北京：高等教育出版社，2005：13.

[4] 李春辉，任维聪．大学生朋辈教育体系创建研究[J]．兰州教育学院学报，2013（2）：99-100.

[5] Medley Amy. The Contribution of HIV-discordant relationship to new HIV infections in Rakai，Uganda [J]．AIDS，2011，25（15）：43-50.

[6] 许公正．大学生朋辈教育研究[D]．辽宁大学，2015.

[7] 徐欢，吴国斌．班杜拉社会学习理论的德育价值探索[J]．人民论坛，2015（1）：208-210.

[8] 中发[2004] 16号．中共中央国务院关于进一步加强和改进大学生思想政治教育的意见[N]．人民日报，2004-10-15（1）.

[9] 赵同森．解读人本主义教育思想[M]．广东：广东教育出版社，2006：112-114.

What Is the Role of Translation for Language Teaching and Should Teachers Use an Exclusively Monolingual Approach

张　茉*

（贵州民族大学人文科技学院文学与新闻传播学院，贵州贵阳　550025）

Abstract: In the process of teaching English as a foreign language to L2 learners (whose native language is not the target language), the appliance of the student' s native language has became a common situation. However, the function of the native language in the classroom is under controversy. Some teachers may say the native language would distract the teaching process and the students tend to reply on their familiar language. While others states that the native language could be an efficient teaching tool provided language teachers apply it in the classroom in a more proper way.

Key words: EFL (English as a foreign language) context; L1 (native/first language); L2 (second language/English); monolingual approach

---

* 张茉（1991—），女，汉族，贵州毕节人，贵州民族大学人文科技学院文学与新闻传播学院专职教师，硕士研究生。

1 Introduction

At present the question of whether language teachers should use foreign language learners' native languages as teaching assistance in the second language classroom is controversial. Supporters of using the target language only in the classroom claim that a new language will be best taught and acquired with the sole use of the second language. While some concerns on the role of L2 learners' native languages provide valuable support of its direct and indirect function in teaching and learning the second language. This paper will discuss this controversial issue in the context of a Teaching English as a Foreign Language (EFL) classroom, in which both teachers and L2 learners share the same native language and thus argue that the monolingual approach (the use of only the target language for teaching) may not be the best for L2 learners in this context. However, using the shared native language as a teaching and learning aid would be more helpful for L2 learners.

The development of this paper is as follows. The first section will give a brief introduction about origins of the monolingual approach and look at the present situation regarding teachers' use of the target language and the native language in recommendations and policy, on the one hand, while their actual practices will also be considered. Based on teachers' actual practices in the classroom, the second part will discuss the advantages and disadvantages of using L1, in which the role of translation an effective tool will be discussed in more detail. The disadvantages of adapting L1 will also be illustrated in the following section. The main argument of this paper, with regards to using L1 appropriately in a principled way to assist learning and teaching L2 will be discussed in the fifth section, at the same time, some examples will be provided in this section.

2 The monolingual approach and the native language use in the EFL classroom

2.1 Brief introduction of the monolingual approach

In the late nineteenth century, the typical assumption in English teaching history was that a new language would be best taught and learned with exclusively the use of the target language and the abidance of learners' mother language (Hall & Cook, 2012). In the English as a foreign language (EFL) classroom, according to Tang (2002), the monolingual approach states that target language should be the only language that is used as a unique communication technique in the English classroom and any other language should be avoided since the adaptation to the L2 learners' native language would likely reduce the effectiveness of learning the target language. Howatt (1984) also concluded that the use of monolingual approach would enable L2 learners to think in the target language, provided that there was minimal interference from learners' native languages. Based on these assumptions, many attempts have been made to make L2 learners' learning more effective and productive. For example, L. Sauveur opened a language school in Boston in the late 1860s. He believed that intensive oral interaction in the target language would finally help L2 leaners master the new language and soon his method was referred to as the Natural Method. Sauveur's natural method laid the foundation for the widely spread teaching method: the Direct Method, which also underpinned the monolingual principle. The Direct Method was introduced in France and Germany and lately has become widely known in the United States and gained great success in private schools. From the natural method to the direct method, the principle of "the less the first language is used in the classroom, the better the teaching will be" was emphasised, but at the same time, the trend of using learners' native language has become overwhelming and a return to using native language has been made by increasing number of supporters of the bilingual teaching method (Richards & Rodgers, 1986).

2.2 Current state of the learners' native language

In the present EFL teaching context, the monolingual principle has been embodied in many schools' teaching guidelines (Littlewood & Yu, 2011). In Hong Kong, for example, the official English Language Teaching Curriculum Guide (Curriculum Development Council, 2004) gave a very clear teaching guide for teachers, which urged English teachers to "teach English through English." Not only was it aimed for the teachers, the students were also encouraged to use English to interact and communicate with peers during the class time. Nevertheless, a study based on some interviews and students' reports, conducted by Littlewood and Yu (2011), reported that in reality there existed a discrepancy between the recommended guideline and teachers' actual use of the target language in Hong Kong. Instead of using exclusively the target language during the whole class, some teachers would mostly likely make inferences to the native language, which both the teachers and students shared, for giving explanations and maintaining class discipline when necessary.

Teachers who were involved in Littlewood and Yu's study agreed that the target language should be used as much as possible in the L2 class, but it should not absolutely rely on it. Additionally, in the EFL classroom, the moderate and appropriate use of the first language will assist L2 learners with their learning processes rather than decreasing their learning effectiveness (Butzkamm, 2003). This then leads to the discussion of the advantages of using L1 in the EFL classroom, covered in the next section.

3 Advantages of using L2 learners' native language in the EFL classroom

According to some literature about using the shared native language between L2 learners and teachers, the apparent advantages for teachers is that it helps them maintain discipline, give clear instructions and develop a collaborative learning environment. For L2 learners, on the other hand, their native language will reduce their anxiety in the foreign language class and enable them to feel comfortable. However, there are more advantages than these and the following sections will discuss these more specifically.

3.1 The first and foremost advantage of using the first language in the classroom, for students, is that it can encourage L2 learners to express themselves with more of a sense of security (Schweers, 2003) and then enable them to say what they really want to say, which is surely a humanistic element, necessary in any classroom (Atkinson, 1987). More important than this, the adaptation to students' native language can be regarded as a communication strategy to compensate for language learners' deficiencies in the target language (Dornyei & Kormos, 1998). For EFL learners, especially low level ones, they will come across some difficulties in expressing their ideas, since they do not have the relevant capacity in this respect, but with the help of their native language they are capable of expressing and since the teacher shares the same native language with them, the teacher can offer them with the equivalent expression in the target language, which also will promote L2 learners' learning processes.

However, some will argue that for EFL learners, the limited class time may be the only chance that they have for exposure to the target language (Lilltewood & Yu, 2011) and when the teachers encourage their students to use the target language to communicate with one another it can give them the opportunity to produce comprehensible output and negotiate meanings (Schweers, 2003).

Thus both the teachers and L2 learners should cherish the limited opportunity to use the target language. Yet to some extent, perhaps, it is more beneficial for the higher level L2 learners to use their limited class time to acquire and practice the target language. For the lower level learners, they might not be producing the target language effectively if they do not have enough comprehensible input of the target language.

3.2 The use of translation in language teaching originates from the grammar-translation method and it is used to help learners remember vocabulary and simple sentences. The role of translation has been neglected since the attacks on the grammar-translation method by the reform movement at the end of nineteenth century. Criticism about translation claimed that it was useless and all uses of it were inevitably concerned with language accuracy rather than fluency, focused on form instead of language function and the activities involved were dull for L2 learners (Cook, 2007). However, besides its use in the grammar-translation method, the purpose of translation in the EFL classroom is not to train professionals, but to help learners develop their knowledge of English in more depth (Popovic, 2001). Moreover, advocators of translation have evidence about its benefits for L2 learners, particularly in the EFL context. In the EFL classroom, the use of translation from one language to another is an effective way to enable L2 learners to produce comprehensible output (Cummins, 2007) and using L1 to acquire L2 is an important as well as a valuable learning technique for L2 learners.

Firstly, translation makes it easier for L2 learners to understand a specific grammar issue, particularly when the grammar is different form their own rules in their language. In addition, when teachers and students have the same mother tongue and share a similar linguistic and cultural background, it will be more effective to use translation to clarify grammar rules (Cook, 2008). For many Chinese L2 learners, for example, the concept of "perfect tense" (a verb tense which shows action that is already completed) is unfamiliar in their own language. If the teacher uses the target language to explain what the perfect tense is and how to use it in English, it might be more complicated than explaining in their shared native language.

In addition, as Cook (2007) stated, translation during the second language learning might be useful, since it cognitively aids language acquisition and functionally becomes a needed skill in global communication. As for a cognitive language acquisition aid, the switching between the target language and the first language provides L2 learners with an opportunity to compare two different languages and then produce "contrasting analysis" which is useful as it identifies points of difficulty for language learners. A substantiated example can be found in Manyak' s research about the effectiveness of using translation in an EFL classroom. Manyak observed an EFL classroom where the teacher required students to share daily news with each other. Although most students used their native language to share news, the teacher would ask students to repeat their peers' words with the target language. By allowing students to use their L1 to narrate news, the teacher even gave the most limited English-speaking students a chance to participate in this activity. Furthermore, the students' English was enhanced through the translation activity, since it encouraged learners to translate the same news in one language they were familiar with into the target language and they could compare the two languages actively and were challenged to produce comprehensible output. As for the needed skill, with the wide distribution and spread of English, translation is commonly used for any hope of international peace and cooperation. With times changing, the need for learning foreign languages in twenty-first century is different from past centuries. Many L2 learners nowadays in the expanding circle countries are more concerned with international communication and cooperation. In these circumstances, translation seems a necessary language skill.

In general, translation has become important in the field of teaching and learning L2 not only because it can be used for grammar explanation but also because it is helpful in producing comprehensible output in the target language.

3. 3 The adaptation of L2 learners' native language also has a positive effect on the process of learning and teaching English (Tang, 2002) . For example, the native language could be used for establishing constructive and communicative social relationships between teachers and learners, especially when both teachers and L2 learners share the same native language. Clear evidence lies in a Chinese foreign classroom where English is learned as a foreign language. Besides this, teachers could use the native language to elicit learners' language use, for example, teachers could ask L2 learners about how they will use the target language to express a specific words or phrases with the use of L1. Moreover, the native language which is shared by both teachers and students in the EFL classroom could be adapted for giving instructions of activities (particularly for low level learners), checking learners' comprehension and also maintaining the classroom discipline. In the last place, since the class time is limited, for hard-pressed teachers, native language use can help them achieve a specific aim with little amount of time because the techniques involving use of native language require little preparation (Atkinson, 1987).

However, Turnbull (2001) pointed out that when the EFL classrooms rely too extensively on the using of the native language, especially with teachers who are not highly fluent in the target language, the use of L2 would be declined significantly for both teachers and L2 learners.

4 Disadvantages of adapting L2 learners' native language in ELF classroom

Even though L2 learners' native language use could be an effective technique in the classroom, some proponents of the monolingual approach would likely deny its advantages, as evident in the following points:

4. 1 The first prominent drawback of utilising L2 learners' native language

in the English classroom is that it will deprive L2 learners' opportunities for exposure to the target language context (Tang, 2002). But with the monolingual approach, the use of the target language will provide L2 learners' with opportunities to be exposed to the context of the new language, which is a vital element of acquiring L2 successfully. More specifically, learning the new language in the pure context of the target language can teach L2 learners effective and confident language use, as well as intercultural competence (Inbar-Lourie, 2010). So, in this regard, it seems that L2 learners' learning will be more effective in a monolingual context.

Nevertheless, on the other hand, exclusively relying on the monolingual approach will be counterproductive (Richards & Rodgers, 1986). In monolingual principles, the target language will be used as the only communication channel and any inference in the first language will be avoided. Under such circumstances, it will be more difficult for learners if the teacher explains a complex grammar point or gives instructions with the target language than with the use of the native language. Strict adherence to the use of the monolingual approach might not be effective for language learning when a simple and brief use of translations could have solved the learners' understanding on a specific issue. Therefore, a naive belief in the monolingual approach is sometimes less effective than the appropriate use of a leaners' native language.

4.2 Despite this, another reason that proponents of monolingual approach criticise about the native language use in EFL classrooms is that L2 learners' learning effectiveness would likely be affected by the "first language interference" (Krashen, 1981). Just as children acquire their first language, since during the process of children learning a new language, they do not have any fall back on, which means they do not have any other language interference and as a result of this, L2 learners would ideally acquire the second language in the same way without any other language interference. Cook (2008) also pointed out that L2 learners' two languages should be separated individually in mind, to make sure there are positive learning outcomes. Based on those theories, it seems that L2 learners will acquire the target language more effectively in a monolingual context.

However, Widdowson (2003) emphasized that the native language is an inevitable and natural part of classroom life and cannot be simply avoided and separated individually by L2 learners. Besides this, Butzkamm (2003) also holds the view that the mother tongue is always available and no one can simply turn off what they already know. Moreover, he insisted that the monolingual lessons would not be successful without the help of the mother tongue.

In this respect, instead of interference in the learning process of the target language, L2 learners' native language will play a helpful role in promoting the process. But to what extent the use of native language will positively influence L2 learners' learning outcomes is worth discussing.

5 Should teachers use the monolingual approach in the EFL classroom?

The reason the monolingual approach has become a popular notion in the late nineteenth century is due to the assumption that "a new language is best taught and learned monolingually, without use of the students' own language use". This assumption could be accepted by the EFL classroom since it possesses some merits, which the use of L2 learners' native language does not have. Firstly, the required using of only the target language provides L2 learners with enough opportunity to be exposed to the target language, which is regarded as valuable for EFL learners. Schweers (2003) agreed with the idea that English should be regarded as a vehicle for communication in the classroom and EFL teachers have the responsibility of giving students ample opportunities to produce and negotiate meanings in the target language. Based on this, it is worth trying to use monolingual approach in the EFL classroom to promote L2 learners acquiring of the new language in a more suitable context.

Controversially, however, completely relying on the monolingual approach in the EFL context might not be practically possible, since using the target language is likely to be more beneficial for high level L2 learners, similar as when Crawford (2004) found in his research that language teachers tend to view target language use more favourably in higher level classes that in lower level classes, as well as when differentiating between advanced and less advanced learners. So, to some extent, using L1 could be a teaching aid to helping less advanced learners. While some scholars stated that if EFL teachers were offering free license to use L1 in the foreign language classroom, the positive position of the target language might be taken away and lead to the overuse of L1 (Littlewood & Yu, 2009) . Yet those who support using L1 in the EFL classroom Butzkamm (2003) stressed that the aim of using L1 in a foreign classroom is not to take away time from target language use but to use it as a means of communication to help more L2 learners. The aim then, according to Cameron (2001), is to use L2 learners' language in a principled way, without endangering the primary status of the target language. Hammerly (1991) also suggested that if EFL teachers adopt L2 learners' native language "in carefully crafted techniques", the results of teaching can be twice as efficient as when using the target language.

5.1 Using L1 in the EFL classroom in a principled way

In the traditional EFL classroom, L2 learners are always in a negative position, in that they are hesitant to use the target language, as planned. Particularly in China, and especially in previous eras, Chinese L2 learners had less opportunity to engage in the target language and they had relatively less time to use English in their daily lives. The influential factors, including anxiety, motivation, confidence as well as attitudes, will reduce the learning success rates to some extent.

Despite of the advantages of utilising L1 in the EFL classroom, research from Auerbach (1993) declared that the use of the L1 could also help L2 learners reduce their anxiety and their hesitation to participate in the target language classroom and in a short, the use of the mother tongue helps to foster an affective learning environment and create a less threating atmosphere. Using L1 in a L2 classroom also implies that leaners' native language should not be over used and as a result, the use of mother tongue should be selective. Based on this principle, the L1 could be used as a technique and a resource in the foreign language classroom.

5.2 Using L1 as a teaching technique for clarifying difficulties

It is inevitable that L2 learners will come across comprehension difficulties of foreign language words, structures or utterances. When this situation arises in the EFL classroom, then teachers could use their native language for clarifying the meanings of those difficulties as an efficient way to promote the learning process. A practical model could be found in Dodson' s (1972) book. He designed a "sandwich technique" for presenting difficult understanding words or phrases for L2 learners. For each new word or utterance, in the presenting stage, the new word or utterance would be presented in the sequence of "TL (target language) L1 - TL" . This meant the new language point would be presented for students in the target language in the first place and during this phase, teachers could also try to use the target language to explain the meaning. Following this, to make sure all the students in the classroom truly understood the new point' s meaning, translations from the target language to the native language could be applied in the second stage. As for the final stage, the target language would be utilised again to consolidate what learners had acquired in the previous stages. It is clear that in the sandwich technique, the role of translation was utilized naturally and purposefully. Through translation, comparisons between the target language and the L1 could assist L2 learners' understanding of the new language and increase their confidence by creating links between the new language and their familiar one. More specifically, the translations would also further L2 leaners' general linguistic awareness.

5.3 Using L1 as a resource for consolidating comprehensible target language input

Apart fromthe teaching technique usage of L1 for solving learning difficulties, teachers could also use L1 to foster the interactions of students and provide them with more comprehensible input for learning L2. In Widdowson' s (2003) book, he pointed out that L2 learners' native language cannot be avoided in the EFL classroom and it can be turned into pedagogic advantage or as a positive resource but should no longer be removed. For example, in specific tasks, students could interview their friends or family in their native language and then use the collected materials as resources to produce written or spoken outcome. Alternatively, the L1 could be applied in learners' discussion tasks with peers for brainstorming.

An ideal way of providing L2 learners with sufficient and comprehensible input with the use of L1 is through task-based teaching. Additionally, according to Hung (2012), the advantages of using L1 in the TBLT model will be clearer. Next, making L1 beneficial to L2 learners in the EFL classroom without affecting the primary use of L2, needed to be clarified.

In the pre-task phase, it is necessary that teachers use the target language to give task instructions but teachers could also need to use L1 to explain some difficult grammar patterns or concepts which are not perceived by L2 leaners in their own language. Clarifying the task instructions with L1 lay a foundation of students' comprehensible input of both the task and the new language. When it comes to the task cycle phase, students are in an active position of interaction and they are the dominant target language users. Teachers now play a role of supervisor and language supporter and if there is any call for help from the students due to their lack of the target language use, teachers then might use L1 to foster their tasks and learning. In this phase, L1 plays a scaffolding role, which can generate the learners' comprehensible interactions with others and their new language input. Teachers' feedback about the task is the primary focus of the post task phase. In this phase, L1 could be applied by teachers for explaining any errors that students made during the process of the tasks. In this respect, L1 could be regarded as a source of cognitive support in achieving language analysis, for L2 learners to then move to a higher level of learning.

5.4 Choices between L1 and L2

Based on the discussions above, it is clear that both L1 and L2 serve different functions in the EFL classroom. Learning the target language is not only the "target" for L2 leaners but also is the purpose for the EFL classroom. However, the shared native language is crucial for teaching and learning assistance, which will be as twice as effective if adapted carefully and appropriately. For second language teachers, the choice between the use of L2 learners' native language or the target language is not an easy decision to make. The monolingual approach would provide leaners with a better understanding of the target language, context, and encourage them to use it to communicate within the classroom, which would also help learners improve their competence in the target language. However, this does not imply that the use of L1alone will impede leaners' acquisition of the target language. In fact, appropriate and necessary use of the native language will aid the learning process. Sometimes, exclusive use of the target language may not be the best approach for teaching EFL students. This is especially true for those who are not sufficiently competent to cope with complete exposure to the target language in the classroom. In this case, necessary and moderate use of L1 could be an effective method for foreign language learning.

6. Conclusion

Developing sufficient knowledge of the target language is the primary goal for any L2 learners in the EFL classroom. Bearing this in mind, many scholars argued that the primary goal of acquiring the new language would be best achieved if teachers only use the target language for teaching. It cannot be denied that the exposure to the target language, provided by the monolingual approach, is beneficial for EFL students particularly when they have limited opportunities to step into that context. In such cases, in order to guarantee learners' learning is successful, their native language should be separated from the target language during the learning process.

However, L2 learners' first language would not be invisible, just as suggested. In fact, any new language learners will consult their own language more or less. Moreover, for EFL learners, with the help of their native language, they will have more confidence and an added sense of security when expressing themselves, especially when their language competence is not sufficient for expressing. In addition, using L1 to translate L2 can also enhance their chances of developing new language knowledge. For EFL teachers, on the other hand, utilising the shared native language with students has some practical benefits as well. For example, teachers can use L1 to maintain classroom discipline, to give clearer instructions and more importantly, to develop a comfortable and collaborative learning atmosphere. Therefore, using native language as a teaching technique and learning to use this resource appropriately has the potential to promote both learning and teaching effectiveness.

To sum up, L2 learners' native language would not impede the learning process of the target language as long as it has been applied in a principled way. In relating to this, EFL teachers' use of L2 learners' mother tongue in the monolingual context could produce more successful learning outcomes. As for the limitation of this paper, more evidence regarding to the merits of translation should be provided in order to illustrate it further and more examples of applying L1 in EFL classrooms also is needed to support the thesis statement.

References:

Atkinson, D. (1987). The mother tongue in the classroom: a neglected resource? [J]. ELT Journal , 41: 241-247.

Auerbach, E. R. (1993). Reexamining English only in the ESL classroom [J]. TESOL Quarterly, 27: 9-32.

Butzkamm, W. (2003). We only learn language once. The role of the mother tongue in FL classrooms: death of a dogma [J]. Language Learning Journal, 29-39.

Cameron, L. (2001). Teaching language to young learners [M]. Cambridge: Cambridge University Press.

Cook, G. (2007). A thing of the future: Translation in language learning [J]. International Journal of Applied Lingusitics, 17 (3): 396-401.

Cook, V. J. (2008). *Second Language Learning and Language Teaching* [M]. London: London Arnold.

Crawford, J. (2004). Language Choices in the Foreign Language Classroom: Target Language or the Learners' First Language? [J]. A Journal of language teaching and research, 35 (1): 5-20.

Cummins, J. (2007). Rethinking monolingual instructional strategies in multilingual classrooms [J]. Canadian Journal of Applied Lingusitics, 10 (2): 221-240.

Dodson, C. J. (1972). Language teaching and the bilingual method [M]. (2nd edn) . London: Pitman.

Dornyei, Z. , & Kormos, J. (1998) . Problem-solving mechanisms in L2 communication: A psychological perspective [J]. Studies in Second Language Acquisition, 20 (3): 349-385.

Hall, G. , & Cook, G. (2012). Own-language use in language teaching and learning [J]. Language Teaching, 45 (3): 271-308.

Hammerly, H. (1991). Fluency and Accuracy: Toward Bbalance in Language Teaching and Learning. Multigual Matters 73 [M]. Multigual Matters Ltd. , 1991: 216.

Howatt, A. (1984). A history of English language teaching [M]. Oxford: Oxford University Press.

Hung, N. V. (2012). Mother Tongue Use in Task - Based Language Teaching Model [J]. English Language Teaching, 5 (8): 23-30.

Inbar - Lourie, O. (2010, Septemper). English only? The linguistic choices of teachers of young EFL learners [J]. International Journal of Bilingualism, 14 (3): 351-367.

Krashen, S. D. (1981). Second Language Acquisition and Second Language Learning [M]. New York: Oxford University Press.

Littlewood, W. , & Yu, B. (2011, Jan) . First language and target language in the foreign language classroom [J]. Language Teaching, 44 (01): 64-77.

Manyak, P. C. (2004). "What did she say?" Translation in a primary-grade English immersion class [J]. Multilingual Perspectives, 6: 12-18.

Popovic, R. (2001). The place of translation in language teaching [J]. Bridges, 5: 3-8.

Richards, J. C. , & Rodgers, T. S. (1986). Approaches and Methods in Language Teaching: a description and analysis [M]. Cambridge, New York: Cambridge University Press.

Schweers, W. J. (2003). Using L1 in the L2 classroom [J]. English Teaching Forum, 34-37.

Tang, J. (January 2002). Using L1 in the English Classroom [J]. English Teaching Forum, 36-42.

Turnbull, M. (2001). There is a role for the L1 in Second and Foreign

Language Teaching, But··· [J]. Canadian Modern Language Review, 57 (4): 531-540.

Widdowson, H. G. (2003). Defining issues in English Language Teaching [M]. Oxford: Oxford University Press.

目的论视角下时政新闻标题汉译英研究

周兴娇*

（贵州民族大学文学院，贵州贵阳　550025）

摘　要：社会的飞速发展使得人们的阅读方式发生了巨大的改变，通过阅读新闻标题来获取消息和了解事实，成为大多数人的不二之选，新闻标题翻译也就越来越具有其必要性。新闻标题的重要性堪比一部使人印象深刻的电影名，一则响亮的广告语，一本撩人心弦的书名。较之娱乐新闻，时政新闻略显严肃客观，又因当今科技物质的飞速发展，时政新闻的点阅数量明显少于以消遣娱乐为目的的娱乐新闻。怎样提高时政新闻的阅读量，怎样使得时政新闻如同娱乐新闻一般深受广大人民的喜爱，这不仅是新闻编辑者们的挑战，也是新闻翻译界的难题。本文以德国功能派翻译目的论为理论指导，结合新闻学及编辑学的相关学科知识，通过对中英时政新闻标题的对比分析，旨在对时政新闻标题的汉译英提出翻译策略，让国外读者正确客观无误的了解中国的时事政策。

关键词：目的论；时政；新闻标题；汉译英

---

* 周兴娇，（1992—），女，汉族，贵州盘县人，贵州民族大学文学院硕士研究生，研究方向：跨文化交际与翻译 。

一、引言

当今社会经济和科技发展迅速，信息传播更加快捷，各类信息充斥着人们的日常生活。在这个生活节奏加快的时代，现代人难以做到如同过去信息不发达时的人们一般，坐在家里慢慢品读报纸新闻。现代的人们，为了节约时间，为了在繁忙的工作之余能快速获知当天发生的事件，看新闻标题从而快速了解社会的发展走向并了解当时最新消息，成为人们的阅读习惯。这就使得新闻标题翻译的意义和重要性得以突显。因此，翻译新闻标题时，要力争做到客观准确，并且使得译文能够体现新闻的新鲜和及时性，不能误译或使读者产生理解偏差。

时政新闻涉及国家的政治、经济、军事、国际关系、文化、科技、法律等方面，比起娱乐新闻来说，时政新闻显得较为严肃客观且比较强调意识形态的体现，因此时政新闻是一个国家形象的报道和宣传。就受众层面来说，时政新闻的阅读者们大多是知识分子及一些政府工作人员，而娱乐新闻的读者几乎包括了广大群众。如今，娱乐新闻在生活中独占鳌头，关于明星八卦等新闻充斥于我们的茶前饭后。然而，时政新闻是培养人们提升爱国意识的新闻，关注的人却少之又少。

笔者以“新闻标题翻译”为关键词在中国知网上进行检索，其结果显示对新闻标题的研究相关文章大约有四百多篇论文，可见新闻标题研究还是有不少学者在为之努力。在这些论文中，通过以“汉译英”为关键词搜索，发现目前针对新闻标题翻译这一方面，英译汉较汉译英多，大多数国内学者都是仅对新闻标题英译汉进行研究，且研究语料大多来源于中国读者相对熟悉的新闻网站，如 VOA 和 BBC。相反，对于新闻标题的汉译英研究，相关文章却不多，能查阅到的新闻标题汉译英论文，语料居多是来自《中国日报》上。

针对新闻标题翻译这一研究对象，学者们大多将其进行分类别研究，目前对娱乐新闻标题的研究居多，而对相对严肃的时政新闻标题的相关研究较少。理论选取方面，除了翻译目的论外，生态翻译理论、互文性、主述位推进模式等理论也有应用于新闻标题研究之上。

二、目的论的理论内涵

目的论由德国功能派翻译理论家汉斯·威密尔最先提出，它的发展形成经历了一定的过程。第一阶段主要是目的论的萌芽阶段，由凯瑟琳娜·赖斯（Katharina Reiss）在发表于 1971 年的《翻译批评的可能性与限制》中对相关理论思想有所提及。在这一阶段赖斯认为理想的译文应该做到在内容、语言形式和交际功能上能与原文保持对等，这也就是她提出的综合性交际翻译（integral communicative performance）的核心思想。但赖斯还发现要完全做到这些方面的等值是不可能的，在无法达到各个方面的等值时，应该根据译文所要传递的功能特征和翻译的具体情况来进行翻译，切忌盲目追求等值。在赖斯之后，她的学生汉斯．弗密尔（Hans Vermeer）进一步分析和总结了其老师的理论，而不是以原文为中心追求译文与原文之间的完全对等。提出了翻译时应该以译文的目的为主，这也就是翻译的目的论（Skopos theory）。目的论的提出依据了行为学理论的观念，根据这一观念弗密尔认为翻译也是人类有目的的去做的一种行为活动。我们在做翻译时，译者要以翻译的目的为导向，根据客户和委托人对译文所做的有关要求，结合考虑译文接收者的接受情况以及原文本与译语之间的不同文化背景来进行选择性的目标明确的翻译。在第三阶段，贾斯塔·赫兹·曼塔利（Justa Holz Manttari）认为翻译的本质是一种复杂的各种语言之间的信息传递（message transmitters），在做翻译时要与跨文化交际理论相结合。她的理论体现了翻译这一活动过程中参与者的角色和这一过程中的环境等因素。第四阶段是对目的论的完善阶段，主要由德国翻译学教授克里斯蒂安·诺德（Christiane Nord）对功能派的各种学术思想进行了全面系统的归纳整理，并在这一过程之中提出了翻译的忠诚原则。

目的论强调将翻译应挣脱原语的束缚，主要应当从译入者的视角来完成翻译活动。目的论的三个原则是：目的原则、连贯原则和忠实原则。三个原则之间遵循这样的关系，要先有目的的支撑，然后在此基础上去追求译文的语法文本的连贯，与此同时不违背译文的中心思想，翻译的忠实性取决于译者对翻译目的的把握。目的原则中的目的主要是指翻译者想达到的目的、译文所要传递的目的和特定要达到的某种目的。一般情况下，目的主要指译文所要传达的交际目的，这一目的的实现取决于翻译的发动者。目的原则指翻译出的译文要和译语的情境和文化相符合并且要充分考虑到译语接受者的期待视野和接受方式。连贯法则是指译文要做到在文本之间和文本之内的最大的连贯和通畅，从而能够让译语接收者阅读和理解。忠实法则在连贯法则的基础之上还强调译文应当忠实于原文。

三、新闻标题定义及作用

新闻标题，如同一则新闻的眼睛，其最先映入读者眼帘，给予读者最为快捷的提示作用以及内容梗概。通过总结学者们对新闻标题的定义，其一致认同的新闻标题定义为：新闻标题是报刊上的文章的题目，它位居文章最上方，字体大于文章正文，其字数往往有所限制，用词较为精炼，力求能概括或突出文章主要内容，是一篇新闻不可或缺的一部分。报刊标题的功能包括：广告故事、总结故事、美化版面（美化报纸版面）。因此，新闻标题必须以简洁、突出、概括和幽默为特点。此外，新闻标题有单一型和复合型，本文主要研究的是单一型新闻标题的汉译英。

目的论是否能够指导新闻标题的翻译，取决于新闻的文体类型。首先，我们要区分新闻的文体属性。新闻是一种以信息传递为主的文体，其主要任务是告知信息。凯瑟琳娜·赖斯认为，文本类型有助于译者确定翻译的具体目的，并以德国心理学家 K. 布勒（K. Buhler）为参照，指出文本类型可以帮助译者确定译文所要达到的某种特定的翻译目的，她借鉴德国心理学家 K. 布勒（K. Buhler）的观点，将文本类型（typology）分为以传达告知读者信息为主的信息型文本（informative）、以美学效应来感染熏陶读者的表达型文本（expressive）、以最大限度迎合读者需求为目的的操作型文本（operative）三种基本类型。

目的论自从发展形成直至现今，被广泛运用于旅游宣传翻译，电影字幕翻译以及广告营销翻译之中。新闻属于一种信息型文本。结合新闻报业的发展，新闻行业与经济和盈利也有着不可分割的关系，因此当今的新闻报业为了利益，也不得不使得新闻兼具表达型文本和操作型文本的特点。通过对新闻的文体类型的分析，新闻这一文体，在翻译过程中与译者主体性和译语目的等有着密不可分的联系，证明目的论是可以应用于新闻标题翻译的。

四、英汉新闻标题的对比研究

（一）选词

中英新闻标题在选词方面，都需要精心考量，相同之处都是用词力求精简概括。词选得好，不仅节约了报纸的版面，同时，一则简短扼要的标题会更加美观。因此，中英文新闻标题都需要在选词之上深思熟虑。

英语新闻标题中通常会用到短小词、缩略词、新词、外来词、习语、俚语，中国新闻标题也有共同特点。例如：*Didi Dache, a Chinese ride-hailing app, raises $ 700 million*（滴滴打车进军物流，再融资超 7 亿美元，继续“烧钱大战”）。在这一例子中，“Didi Dache”（滴滴打车）这一词语就是一个由网络衍生出的新词，“app”这三个字母实际上是英文单词“application（应用程序）”的缩略形式。在此则标题之中，应用了网络创新词使得新闻能够标新立异，既体现了新闻的新颖猎奇，又节约了文章版面。以上的新闻标题，中英文都做到了对好的新闻标题应具备的特点的充分掌控，属于一则成功的新闻标题。

（二）语法

语法方面，这里主要强调的是新闻标题在时态表达上面的选取。汉语和英语分属两种不同的语言。汉语的时态没有变化，而英语需要进行时态的相应变化。因此，汉语新闻标题一般是直接点明事件新闻发生的时间，而英文则习惯用一般现在时表达过去的事件，用“to do”结构表达即将发生的事，用动词“ing”形式表达正在发生的事。其目的主要是为了突出新闻的及时性，给人新鲜感。此外，英文新闻标题还常常省略一些助动词及数词，以使得标题简洁。

例如以下这则新闻标题，*Time to redraw the status of ‘solicitor’*（《泰晤士报》2001 年 10 月 16 日）。在这一则新闻标题当中，即省略了“it is”这一主谓语成分。下面这则新闻标题，*UN General Assembly adopts resolution on status of Jerusalem*（联大通过关于耶路撒冷地位的决议，2017. 12. 25 ，来源：*China Daily*）。这则新闻标题中，“adopts”就应用了一般现在时态来表示过去已发生的事件。一般新闻报道，都是对已经发生的过去的事情的报道，但是新闻往往为了体现新鲜性，从而出现英文新闻标题与内容时态上不相同的情况。

（三）修辞

中英文新闻标题在修辞手法上几乎相同。新闻标题常用的修辞手法有比喻、借代、拟人、反语、夸张、低调、委婉语、对照、反问、设问等。时政新闻在修辞方面的使用越来越多了，修辞手段的使用不仅可以使标题精简，还能吸引更多读者的眼球。

下面举一则来自 *China Daily* 于 2017 年 11 月 7 日发布的新闻为例。*Poll：Are you ready for the Nov 11 shopping carnival?*（亲：双 11 剁手吗?）这是一则报道中国在每年的 11 月 11 日当天的消费情况的新闻。英文标题运用了反问的形式，英文先用“Poll”一词，其本意是“民意调查”之意，整个标题结构看上去显得很醒目。而且，这个标题还很具概括性的点明了中国双十一的消费盛况。再看看中文的翻译，其中引入了“亲”一字和“剁手”一词，使得标题即不失幽默亲和感，又充满趣味性，不由得使人想去阅读。一则反映经济消费的新闻，加上这样的标题，大大增加了点阅量。

（四）句子结构

就标题句子结构层面来看，英文时政新闻标题通常会省略些助词、数词等结构成分，多用名词短语，较少使用形容词、副词，且一般常用简单的主谓宾句子，很少使用从句。汉语也同样，为了节省版面，很少使用长难句，善用四字格结构。此外，被动句结构在英语中使用，而主动句在汉语中使用。

以下是几个时政新闻标题（括号内为中文版新闻标题）：（1）*Memoir by Japanese WW2 emperor Hirohito sold in New York auction*（日本二战时期天皇回忆录在纽约拍卖）。（2）‘*Cooperation is complementary*’（习近平谈到中加关系时强调“两国的合作是互补的”）。（3）*Buzzwords from Xi's New Year greetings*（习近平主席新年贺词中的流行词）。（4）*China claims Indian drone*‘*invaded airspace in crash*’（突发！印军一架无人飞行器侵入中国领空之后坠毁！）通过对这几个中英文新闻标题的观察，我们还可以发现，中文标题比较注重于句子和报告内容的完整度，而英文标题则侧重于报道内容的重要内容的突显。但相同点在于，两者都较少用到标点符号。

五、新闻标题汉译英策略

通过第四章中对中英文时政新闻标题从选词、语法、修辞、句子结构四个方面的对比分析，本章将从目的论的角度出发，进一步分析时政新闻标题英译汉的翻译策略。

中文标题汉译英大体上可以使用以下几种翻译方法，增译、省译、转换词性、变换语态、分译与合译、编译、创译。增译和省译，转换词性和变换语态，分译与合译，都体现出了翻译目的论中的目的原则，译者为了使译文能够让译文读者所接受，需要灵活的采用多种翻译手段。而编译和创译，实质上体现出了翻译目的论中的连贯原则和忠诚原则，当译者发现直译不能表达出新闻内容并且不利于译文读者的接受，不符合译文读者的阅读习惯时，就得对新闻标题做进一步的加工处理，但是这种加工又必须使得译文要做到最大限度地忠实于原文，做到语内连贯和语际连贯，而不是凭空篡改。

（一）增译和省译

增译就是在翻译时，由于译语与目的语的语言之间存在着文化习俗、语言等多方面的因素，导致了如果直接翻译会造成歧义甚至误译。为了能完整的表达出原语料的内容，则需要适当增加相应的词汇，从而使得译文更能表达原语言的意思。

省译则是为了省去一些烦冗多余的句子成分，从而起到既节省版面，又使得新闻标题简短有力。通常省略的成分为一些两种语言国家都达成共识的具有普遍认知的词汇。

以下两则新闻标题中，在对“联大”和“联合国”的翻译中，都用了缩略词形式，第二个例子中，将“金正恩”省去，加上朝鲜的国名，从而使得新闻标题尽可能的简短明晰。

例：（1）联大通过关于耶路撒冷地位的决议（来源：*China Daily*，2017. 12. 25）

UN General Assembly adopts resolution on status of Jerusalem

（2）联合国加强对朝制裁金正恩称此为“战争信号”（来源：UPI，2017. 12. 25）

North Korean brands latest UN sanctions an ‘act of war’

（二）分译法与合译法

分译法与合译法，常用于长短句型之间的翻译 。考虑到中英两种语言在句式表达习惯及用词语法方面的不同，汉语多用四字结构和成语，而英语一般是用简单句。新闻标题翻译时，要注意观察中文的句型及用词等特征，然后灵活运用翻译方法处理。观察以下两个例子，从汉译英这一过程，显然例（1）以合并译法，将两小句汉语结合为一句。例（2）则用分译法，从而使得标题内容更加全面完整。

例：（1）每天海量金正恩照片朝鲜人表示伤不起

North Koreans annoyed with Kim Jong Un photographs

（2）美联储 2018 年的三次加息即将到来

Fed raises interest rates as expected, sees 3 *more increases in* 2018

（三）编译和创译

编译是对原文本的再加工处理。编译对翻译者来说是个最复杂且困难的过程，译者要对整篇新闻进行仔细分析，然后对新闻标题做一些适当的调整并将其翻译出来。这个过程需要考虑到原文本、原文作者、译语读者，等等，译者处于一个连接处。而创译要求译者在翻译过程中要做到主动性的增强，要将翻译当作一个创造性的行动，从而译出创意的、新颖的，且恰到好处的译文。特别是对于一些网络流行语的文化因素的翻译，译者应在翻译中发挥更重要的作用。以下两个例子，都是通过对文章内容的阅读后，进行的适当编改和创意翻译。例（1）新颖之处在于标点符号的翻译处理之上，例（2）在于运用合并译法，且添加了时间进行具体限定。

例：（1）中国人和日本人对彼此的国家有了更好的印象？

Chinese, Japanese have better impressions of each other's country: study

（2）沙特人终于可以进电影院了，看电影不再是道德沦落

Saudi Arabia to allow cinemas to reopen from early 2018

六、结语

时政新闻涉及国家的经济、科技、军事、法律等方面。在做汉语时政新闻标题翻译时，译者首先要树立正确的意识形态，准确把握住国家的国情，这才能够体现出目的论中的忠诚原则，做到对国家对读者的忠实。其次，在目的原则和连贯原则的指导之下，当拿到汉语新闻标题时，要认真分析其字、词、句、语法等方面的特征，然后针对不同的句子结构特点，有的放矢，有目的的采取相应的翻译策略。最后，还需对译文进一步的审查校正，力争译文做到与新闻内容相符，既吸睛又具概括性，既美观又节省版面。中国时政新闻的汉译英，读者是针对广大国外人士，因此翻译存

在一定难度，还需广大学者们今后共同研讨。

参考文献

[1] 陈明瑶. 浅论英语新闻编译加工 [J]. 中国翻译，2001-9，22 (5).

[2] 吴珏，陈新仁. 英汉新闻标题中的预设机制：调查与分析 [J]. 外语教学. 2008-7，29 (4).

[3] 廖志勤. 英文新闻标题及其翻译策略 [J]. 中国科技翻译，2006-5，19 (2).

[4] 刘金龙. 英语新闻标题中的修辞格及其翻译 [J]. 中国科技翻译，2011-5，24 (2).

[5] 陈大亮. 针对翻译目的论的一种批判性反思——兼论文学翻译主体性的困境 [J]. 西安外国语大学学报，2007-9，15 (3).

[6] 卞建华. 对诺德"忠诚原则"的解读 [J]. 中国科技翻译，2006-8，19 (3).

关于做好新时代民族工作的思考
——以贵州省花溪区民族乡为例

汪　月*

（贵州民族大学管理学院，贵州贵阳　550025）

摘　要：党的十九大顺利召开宣告中国特色社会主义正式进入了新时代，十九大报告对民族工作作出明确部署和要求，体现了对民族工作的高度重视。民族乡是我国最基层的民族自治地方，它的建立是对民族区域自治制度的重要补充，做好民族乡的民族工作对于推动全省乃至全国民族工作意义重大。本文将花溪区民族乡作为个案进行实地调研，通过分析花溪区民族乡的发展现状及民族工作中存在的问题并提出参考性建议，以期为推动新时代民族工作有所贡献。

关键词：新时代；民族乡；民族工作

中国特色社会主义进入了承前启后、继往开来的新时代，也是决胜全面建成小康社会的重要阶段，在奔小康的路上一个民族都不能少，一直是党和国家始终坚持强调的。我国各民族自古以来便共同生活在统一的多民族大家庭中，各民族既有一定聚居区域，又有杂散居，在长期交往交流中

---

* 汪月（1988—），女，汉族，贵州贵阳人，贵州民族大学人文科技学院专职教师。

和谐相处。但是由于各民族历史、文化、地域的差异，导致民族间发展差距依然存在，因此新时代民族工作必须将发展作为解决民族问题，缩减民族发展差距的第一要务，牢牢把握新时代民族工作的根本任务。

根据国家宪法和相关规定在各少数民族聚居区建立和改建了一批民族乡，以解决我国杂散居民族问题，也是对民族区域自治制度的重要补充。本文以民族乡为研究新时代民族工作的最小单位，一是为了整合多方资源，达到协调发展的目的，二是为了适应中国少数民族杂居、散居比较多的特点，保障和实现各少数民族都有共同发展的权利。花溪区素有“高原明珠”美誉，地处黔中腹地，共有 39 个民族共同生活，是一个典型的新时代民族地区。将花溪区民族乡作为研究个案，分析民族乡民族工作的现状及存在的问题，能够更具体、真实的提出一些针对性建议，从而为新时代整个民族地区民族工作提供一些参考。

一、花溪区民族乡基本概况

贵州省贵阳市花溪区是一个多民族聚居的区域，根据第六次全国人口普查数据资料统计，全区有汉族、苗族、布依族等 39 个民族，少数民族 38 个。少数民族人口为 151444 人，占全区总人口的 31%。全区辖 7 个乡、2 个镇、18 个社区服务中心，其中有 4 个民族乡，分别是：高坡苗族乡，主体民族是苗族；孟关苗族布依族乡，主体民族是苗族、布依族；黔陶布依族苗族乡，主体民族是布依族、苗族；马铃布依族苗族乡，主体民族是布依族、苗族。从民族成分来看，花溪区世居少数民族主要是苗族、布依族。

通过以上情况可知，花溪区人口众多，民族区域较广，民族构成复杂，由于不同的区域环境等因素影响，花溪区各民族乡发展存在一定的差异。因此，正确、全面认识民族乡乡情，做好民族乡工作对推动新时代全省民族工作意义重大。

二、花溪区民族乡民族工作现状

（一）经济发展工作

为加快民族乡各民族的发展，花溪区各民族乡大力打造以发展第二、三产业，提升第一产业的产业结构调整道路。目前各民族乡主要以农畜产业化加乡村旅游为主要发展路径，农作物有红米、乌米、水稻种植等，配合小茨菇、蔬菜、油菜籽、辣椒、西红柿、香葱、生姜、蔬菜、茶叶种植。养殖方面除各家散养的家畜外，以黑毛猪、草地鸡为主，以养殖水牛、山羊等为辅。农产品通过土地流转扩大种植面积，通过雇佣留守村民来增加劳动力，通过整村整销的方式进行对外批发销售。

为了更好地依托青山绿水的人文环境资源，花溪区民族乡大力发展优美风景、特色民俗、度假旅游为一体的休闲乡村旅游产业，传承优秀民族文化、民俗文化，开展民俗民风活动，民族特色舞蹈、音乐等文艺活动，同时也开设多家农家乐种植葡萄、草莓或配有鱼塘，提供休息娱乐多项服务。例如高坡乡的红岩峡谷、云顶草场、甲定洞葬、石门梯田、高寨云盘、水塘悬棺、摆弓岩瀑布等风景资源，黔陶乡的老榜河、赵司河等。通过大力宣传乡村旅游，让更多的人走进民族乡，了解民族风情。

工业方面花溪区发展了两大工业民族乡，黔陶布依苗族乡现有工业企业 6 家，民营企业 5 家，集体企业 1 家。另外，贵州燃气集团在该乡黔陶村建设天然气门站 1 个，占地 40 余亩，拟于 2014 年建成投产。贵阳（孟关）国际汽贸城总规划面积 3000 余亩，打造成了集中外各类汽车品牌，汽车销售、保险、售后保养一站式汽车超市。碧桂园生态居住区总规划面积 7000 余亩，总投资规模预计超过 300 亿元。改毛铁路货运中心是全国铁路运输体系中规划的 40 个集装箱专办站之一，是目前西南地区规模最大的综合性货运中心。多个大型产业极大程度地带动了花溪区民族乡经济。

（二）民族文化教育发展工作

由于花溪区民族乡以布依族和苗族居多，各乡均有苗族的“四月八”

“六月六”活动，跳洞、吃新节、斗牛等活动依然是各乡坚持的传统民族活动。马铃布依族苗族乡的马铃村水车坝布依各节已经举办了七届，参加活动的少数民族群众除本区的外，还有来自周边区县如惠水县、龙里县、长顺县的少数民族同胞。青岩镇龙井村已经在每年的正月初九连续举办了十多届布依歌会。

民族地区要想得到持久全面发展，必须从根本上摆脱文化贫困。随着近年以来，国家“两免一补”政策的实施，教育经费的加大投入，花溪区各学校建起了教学楼、食堂、宿舍，解决了偏远村寨学生入学难问题。4个民族乡共有学校32所（其中：中学4所、小学24所、幼儿园4所）。为了传承和发扬民族文化，学校开展民族文化进校园活动采取不同形式进行民族音乐、乐器、语言的教学，以确保民族特色文化的代代相传。

（三）社会民生保障工作

为了改善花溪区民族乡人民的生活条件，保障人民良好的健康卫生状态。花溪区各民族乡均大力推进实施新型农村合作医疗和养老保险制度，各乡新型农村合作医疗参保率均在90%以上。不断推进具有民族特色的新农村建设、城镇化规划，加大水利和交通道路修建资金投入，为民族乡解决出行难、吃水难、灌溉难的问题。逐步改善贫困农户们的居住环境，开展危房改造、移民搬迁房建设、房屋立面整治等一系列项目。同时各大村寨参与美丽乡村评选活动，卫生评比活动，改善居住环境，清洁乡村卫生。

（四）民主政治发展工作

花溪区民族乡党委、政府积极按照《民族乡行政工作条例》的要求，采取一切有效的措施全面宣传和执行，同时认真贯彻落实上级党委政府及有关单位部门的民族政策，优先发展少数民族集居村寨，给予政策上的倾斜，不断加大资金投入，努力加强扶持力度，不断改变少数民族聚居村寨的生产条件和生活环境。各乡党组织和村民委员会的选举及其他管理工作也都本着公平、公正、透明的原则，确保各族人民民主权利的真正实施。

三、花溪区民族乡民族工作存在的问题

（一）产业发展方面存在的困境

首先是特色产业发展不均衡。由于地理环境和气候条件的限制，特色产业仅在个别地方有条件发展。例如蔬菜主要分布在南部乡镇，如黔陶乡、青岩镇、马铃乡；高坡红米、小茨菇只有少数几个村较为适合种植，面积不大。由于缺乏科学的指导，各种种植类产业在发展的过程中往往会出现很多问题，难以达到预期效果，例如有些农产品在种植过程中出现坏苗、死苗的问题，由于对种植品种的不了解，也往往出现料理不周的情况。有些村寨为了扩大产业规模，采取大户和散户种植相结合的方式并创办了农业合作社，然而由于合作社缺乏有效管理，合作社成员之间不信任不合作的问题也屡屡出现，其次是配套基础设施需要完善。主要是果树基地、蔬菜基地内的道路、水利设施需要进一步完善，如机耕道、小水池、小水窖等。许多地方的水稻灌溉依然是靠雨水或分散式供水，山泉自然供给、高位水池等普通渠道灌溉。虽然大部分都以寸为单位购买了小型农机，村民分组来使用，但是由于地理限制，还有部分村民靠自家喂养的牛耕作。总体来说传统耕作收入颇微，由于近年来的气候变化导致很多农作物减产，例如云顶的红米出现减产现象，导致农作物的收入仅仅满足村民基本的生活支出。

另外产业扶贫上需要进一步加强。由于资金缺乏，部分群众在发展特色产业生产上心有余而力不足，主要依赖政府部门给予项目资金支持帮助其解决种子、化肥、架材或者猪苗、鸡苗等费用，自身造血功能较差。例如高坡乡黑毛猪的养殖，由于后期的销售渠道没有打通，使得黑毛猪滞销。导致目前村民养猪积极性减弱，影响了黑毛猪养殖业的后期发展。草地鸡的养殖经常出现政府补贴资金不到位，养鸡技术的培训不到位，导致部分农户出现死鸡现象且未得到相应补偿与措施。村民对此表示不满，不仅不同程度地影响了村民养鸡的积极性，还影响了对相关部门的信任。

（二）文化教育方面存在的漏洞

虽然花溪区各乡都大力推进民族特色文化发展，积极进行民族文化的重构和回归，促进民族文化的传承与创新。但是新形势下，受到外部社会新兴事物和潮流的不断强力冲击，加上社会的发展，使得人们越来越重视物质的追求。民族特色文化的传承一度受困，导致许多年轻人不会说本民族语言，不会唱本民族歌，不会跳本民族舞蹈，不会弹奏本民族乐器。民族文化是民族地区招揽游客，丰富旅游项目的表演节目，但是却缺少了其真正的文化含义。

虽然在政府“两免一补”政策和“9+3”计划的扶持和保障下，民族地区教育事业得到了迅速的发展。然而由于民族地区大部分青壮年的外出打工，导致了大批留守儿童脱离了父母的教育。许多留守儿童出现了一些特殊的心理状况，出现逃课，对学习不主动，对社会没有责任感，出现叛逆，等等，如果留守儿童的心理问题得不到关注，将会为社会带来不良影响，教育的发展也将仅仅停留于课本上、形式上。

（三）民主政治方面存在的问题

花溪区民族乡党委、政府积极按照《民族乡行政工作条例》的要求，采取一切有效的措施将政策认真贯彻落实到扶贫开发、经济建设、文化教育等多方面，大力推进各民族乡的全面发展，民族干部的选举也尽量选用本民族的人来担任。但是由于沟通的不到位及村民自主民主意识的薄弱，常常对村干部或乡干部等存在猜忌和埋怨。例如村民对外来干部的调遣，会认为他只是来过渡一下，并不会为本村干实事。对外族的干部也认为不会尽力发展本村，存在一种不信任感。对一些政策贯彻过程中的疏忽也会认为是干部的玩忽职守或者自谋私利。长期积累导致民族乡政府公信力不断下降，政策难以执行，民主权力难以发挥。

四、完善花溪区民族乡民族工作的建议

民族乡的建立是建乡少数民族行使民族平等和一定自治权利的标志，民族乡的发展是建乡少数民族及其他乡内民族发展的标志。① 那么民族乡就应该通过行使自主权，根据本乡的情况和本民族的特点，做好民族工作，加快发展经济、文化、教育事业。

（一）发挥资源优势，带动区域经济发展

不同的地区具有不同的特点，那么必然有它独特的资源优势，民族地区的发展要尽可能做到细化、多样化、区位化。充分认识和发掘本乡的特色，发展本乡适合的多样化的特色产业，不能盲目跟风效仿。政府对地方的政策支持和资金投入，不但要保证量更要保证质。争取每一分都用到实处，每一个政策都落实到位。

（二）完善教育基础设施，关注留守儿童教育问题

新时代的精神文明建设将迈向更高水平，民族工作也必须以“铸牢中华民族共同体意识”为主要任务，弘扬各民族优秀文化，让中华文化汇聚各民族文化之大成，成为各民族共有的精神血脉。民族乡要多形式、广范围的开展民族文化宣传与教育工作，加大民族乡教育资金、师资的投入力度，不仅要发展基础教育，更要结合民族乡特色、根据少数民族需求发展民族特色文化教育，满足民族文化发展传承的需求。

对于留守儿童的教育问题更多的应该从人文关怀入手，进一步创造有利于社会主义核心价值观内化于心、外化于行的社会环境，让留守儿童感受到社会的温暖，树立正确的人生观、价值观。同时对青壮年外出务工的现象，应该从根本上为他们提供脱贫致富的途径，例如开展技能培训，发

---

① 杨昌儒．杂居散居民族工作［J］．载于《民族政策学》．贵阳：贵州民族出版社，1998-3：42.

展本地特色产业，提供更多的就业岗位，使得青壮年能够为本民族本乡的发展贡献力量，同时也能在家乡安居乐业。

（三）打造服务型政府，强化基层组织建设

为人民服务一直是我国政府施政的重要原则，民族乡政府更是应该严格秉持为人民服务的原则，提高基层公共服务和社会管理水平，切实做好服务群众的基础工作，为少数民族群众做好事、做实事。少数民族干部是党和国家干部队伍的重要组成部分，是推进民族团结进步事业的重要力量。[①] 乡政府要扎实推进学习型、实干型党组织建设，抓好乡村两级党员干部的培训和管理。做好宣传和沟通工作，提高各族群众自主管理的积极性，让其能够以主人的姿态对待本民族本乡的事务。同时也要培养一批既有工作能力、又受群众信任的少数民族干部。加大基层组织建设力度，创新服务理念，努力打造适应新时代，符合新要求的先进基层组织，使其能够带领各族人民全面建成小康社会。

新时代意味着我们迎来了新的飞跃，意味着全国各族人民要继续团结奋斗、努力同心，奋力实现伟大中国梦。因此各族人民特别是有着特殊地位的民族乡更应该发挥其行政作用，不断创新民族工作方式，完善民族工作路径。

---

① 吴仕民．中国民族理论新编［M］．北京：中央民族大学出版社，2010：306.

从中医学角度把握疾病进展及治疗

左金鹭*

（广西中医药大学　广西南宁　530000）

摘　要：快速发展的科学技术，提高了人们的认知水平。生理、社会、心理等因素，逐渐成为疾病的重要致病因素。心身疾病是一种全新的疾病类型。从宏观的角度来说，心身疾病是指病发于躯体部位的病症。心理因素和社会因素，是影响心身疾病发病、发展的重要因素。躯体器质性疾病和躯体功能性障碍，是心身疾病的主要表现形式。中医学没有出现心身疾病的定义，没有形成完善的心身疾病分类。丰富的治疗经验和先进的医学认知，逐渐提高了中医学的医学地位。为了论述中医方法把握疾病进展的可行性，我们深入探究了中医学把握疾病进展的发展，阐述中医学治疗案例，以实证探讨中医学把握疾病进展的可行性和优势。

关键词：中医学；疾病；把握进展；可行性；优势

---

* 左金鹭（1996—），女，汉族，河南商丘人，广西中医药大学学生。

一、中医学把握疾病进展的发展现状

快速发展的科学技术，提高了人们的认知水平。医学领域出现了一种全新的疾病类型——心身疾病。种类多、范围广、涉及多个系统，是心身疾病的主要特点。支气管哮喘、神经性咳嗽、心律不齐、原发性高血压、类风湿性关节炎、神经性皮炎、原发性痛经、糖尿病、口腔溃疡、消化系统疾病、恶性肿瘤等，是常见的心身疾病。疾病种类较多、发病率较高，是消化系统疾病的主要特点。危害程度较高、治愈率较低，是恶性肿瘤的主要特点。近几年，心身疾病的发病率逐渐上升。功能性消化不良、习惯性便秘等躯体功能性障碍，成为心身疾病的主要表现形式。反流性食管炎、消化性溃疡、慢性胃炎、慢性胰腺炎、溃疡性结肠炎等，都是躯体性病变的主要表现形式。中医学领域没有明确划分疾病的名称和种类。症状、病因、病发表现，是中医学区分不同疾病的重要依据。痞满、嘈杂、吞酸、胃痛、便秘、泄泻等，是中医学领域常见的疾病类型。中医学没有系统疾病的概念，对系统疾病的认知和研究比较丰富，认知先进，治疗经验丰富。

二、中医学把握疾病进展的案例

（一）中医学把握消化系统疾病进展

1. 中医学对消化系统疾病的认知

先进性、优越性，是中医学认知消化系统疾病的主要特点。中医学的理论核心——整体观念，强调人与自然的统一、人与社会环境的统一、人体的完整。自然环境是影响人体生理、病理、心理的重要因素之一。《黄帝内经·素问》中曾提到，大喜大悲，悲喜交替，对人体精气的伤害较大；急剧变化的环境，影响了人体的皮肤、筋骨和精神。社会地位、经济环境，都对人体的心身健康产生影响。人体的完整性是人体自我调节、自我适应的重要保障。中医学注重形神一体，人体和精神、思想、情绪是一个整体。形神统一保证了生命的延续。《黄帝内经·阴阳应象大论》中曾提到，人体的五脏六腑产生五种精气，不同的精气对应人体不同的情绪，大喜伤害心脏，大悲伤害肺部，暴怒伤害肝脏，恐惧伤害肾脏，深思伤害脾脏，暴怒伤害人体的阴气、暴喜伤害人体的阳气。情绪、心理，是影响人体气血、津液、脏腑的重要因素，是心身疾病发作的主要原因。情志心理因素和中医学、消化系统心身疾病的联系较为密切。思虑过度、气郁不舒、急躁易怒，是情志心理因素的主要表现形式。思虑过度伤害脾脏，阻碍脾胃功能的正常运行，是人体消化系统出现器质性病变的主要原因。气郁不舒影响人体气机的运转，阻碍人体气血的正常运行，影响消化系统的功能。急躁易怒伤害肝脏，损害肝功能，影响人体消化系统。

2. 中医学对消化系统疾病的预防

中医学研究疾病预防和疾病调养的时间较长。《黄帝内经·素问》中曾提到，品学兼优的圣人，注重预防，不注重治疗。人体内存在正气，可以有效防止病症的入侵。身体素质决定了人体的健康程度。春夏两季蕴养阳气，秋冬两季蕴养阴气，适应自然变化，保证天人合一，是人体实现健康长寿的重要方式。从日常生活的角度来说，人遵循阴阳循环，迎合术数之法，控制饮食，规律作息，不透支身体健康。从精神情志的角度来说，人追求恬淡虚无，提升精神境界，顺其自然，控制欲望，保持平和的心态，增强心理素质。

3. 中医学对消化系统疾病的治疗

精神心理因素，是中医学治疗消化系统疾病的重视因素之一。心理调节、心理疏导、中药治疗、中西结合、针刺治疗等，都是中医治疗消化系统疾病的重要方法。

（1）心理治疗

当诊断患者的病症时，中医注重了解患者的生活环境和心理状态。中医学强调“治病必求于本”。当治疗消化系统疾病时，根据患者病情和环境情况，中医可以准确诊断出患者的病因和患病部位，对患者进行心理疏导或心理劝解。通过向患者解释病因、病症，医生可以调节患者的心理状态，平衡患者的阴气和阳气，疏通患者的气机运行，帮助患者恢复身体健康。

（2）中医学和心理治疗相结合

中药治疗和心理治疗相结合的治疗方式，是现代中医治疗消化系统疾病的常用方式。这种治疗方式疗效较好，见效时间较短。柴胡、佛手、枳实、厚朴等具有疏肝解郁、调畅气机功效的药材，都可以治疗肝郁气滞和痞满之肝胃不和，疏通患者的肝脏，调节患者气机。柴胡可以疏通肝脏，调节肝气，举脾胃清阳之气，消除胀气。枳实、厚朴和柴胡搭配服用，可以调理脾胃处气机，保证全身清气运转流畅。治愈胃部病症的主要思想是调节气机运转。柴胡、小柴可以疏散肝部郁结之气，清除体内热量，理顺气机运转，中和胃部病症。身心同治、心理疏导，可以增强中医的治疗效果。根据刚柔辩证理论，肝部是心身疾病的首要发病器官。人体的刚柔秉性决定了病症的发展方向。治疗肝脏可以有效根除消化系统疾病。当治疗刚症患者时，四逆散配合香附、郁金、青皮、陈皮，可以疏通肝部郁结，调理人体气机运转，疏通人体脉络，缓解肝脏疏泄堵塞。心病同治、先医其心，是中医治疗消化系统疾病的重要理论。药物治疗之前，中医首先对患者进行心理治疗，为药物治疗的效果提供保障。

（3）其他疗法

除心理治疗、中药治疗等常规治疗方法外，针刺治疗，中西医结合治疗，是疗效较好的中医治疗方法。针刺治疗有利于缓解患者的肝部郁结和脾脏虚浮，可以疏肝理气，补充脾脏元气。公孙穴、太冲穴，是针刺治疗的主要穴位。通过导气和针刺，中医可以根除患者的消化系统疾病，降低复发率，增强治疗效果。理气止痛是治疗气滞胃痛的主要方法。疏通肝脏和胃部，化解凝滞胀气，针刺太冲穴和肝俞穴，疏通肝部之气，理顺肝脏气机运转，可以有效增强临床治疗效果。当治疗溃疡性结肠炎时，中药治疗、心理疏导、西药治疗三者相结合的方式，可以显著提高治愈率。

（二）中医学把握恶性肿瘤进展

1. 中医学在恶性肿瘤综合治疗中的应用

凭借作用方式和特点，中医学广泛应用于肿瘤治疗的各个阶段。和放疗、化疗结合，中医学可以降低化学物质对人体的伤害，增强化疗效果，延长化疗时间。化疗结束后，中医学可以稳定病人的病情，巩固化疗效果，降低肿瘤的复发率和扩散率，增强远期治疗效果。单独使用中医学治疗，有利于增强病人的身体素质，缓解病症，减轻病痛，延长病人的寿命。中医学治疗恶性肿瘤的作用是不可替代的。

2. 中医学治疗恶性肿瘤的方法

（1）中医学和靶向治疗结合

靶向治疗是治愈恶性肿瘤晚期患者的全新方法。皮疹、腹泻、肝功能损伤，是靶向治疗的常见不良反应。相比放疗和化疗，靶向治疗对人体器官的伤害较小，对人体器官功能的阻碍较轻。中医学结合靶向治疗，可以有效缓解患者的不良反应，降低皮疹、肠道功能异常等不良反应对患者生活的影响。根据医学文献和相关临床案例记载，中医学结合靶向治疗，有利于缓解患者的皮肤瘙痒，改善患者的肠道情况，提高患者的生活质量。

（2）中医学和化学治疗结合

化学治疗是治疗恶性肿瘤的重要方法之一。化疗对肿瘤的控制作用较强，可以有效杀死恶性肿瘤细胞。化疗的副作用较强，严重破坏患者的消化道和骨髓。中医学结合化疗的方法可以显著缓解化疗的副作用，增强化疗的效果，改善患者的身体素质。根据临床研究结果，中医学结合化疗的治疗方法，增强了患者的身体素质，延长了化疗的治愈时间，增强了化疗的治愈效果，大幅度减轻了化疗对人体的损伤，增强了人体对化疗的敏感性。中医学结合化学治疗的方法优势较大，具有增强患者体质，补充患者体力，延长患者时间的作用。相比单纯中医治疗和单纯化学治疗，中医学和化学治疗结合的治疗方法，毒副作用更小，患者的血红蛋白水平更高，对化疗副作用的防治效果更强。患者的生活质量提高，体重增加，血红蛋白稳定，白细胞降低速度放缓，人体对化疗的耐受性逐渐增强。中成药对患者身体、骨髓、消化系统的保护，提高了化学治疗的完成率。

三、中医方法把握疾病进展的可行性和优势

近几十年，国家政府大力发展中医学，显著加快了中医学的发展速度。越来越多的医疗单位开始应用中医学理论，成果显著。很多大型临床课题都加入了中医学内容。中医学取得了突破性的发展，进步明显。改善患者症状，提高患者生活质量，增强患者身体素质，稳定疾病发展状态，是中医学的主要作用。从治疗恶性肿瘤的角度来说，中医学可以提高肿瘤的稳定性，降低肿瘤扩散的可能性，增强患者的身体素质，为正常进行其他治疗方法提供保障，维持治疗的正常进行。

中医预防疾病、治病的核心是辨证论治，即人、时间、环境，都是影响治疗病症的重要因素。望闻问切四诊合一，是中医辨证治疗的主要方式。个体化治疗是中医治疗病症的重要表现形式之一。辨证论治观念，是中医学个体化诊疗的重要理论依据。截止到现在，中医已经发展了几千年，拥有丰富的治疗经验和医学理论。中医的个体化治疗是所有医学类型中完善程度最高的治疗方法。急则治其标，缓则治其本，标本同治，异病同治，同病异治等，是中医辨证论治思想的主要内容。根据辩证个体化治疗原则，患者的不同治疗阶段和不同疾病状态对应不同的治疗原则。当患者处于放疗、化疗阶段时，中医治疗以扶正、驱邪、降低副作用、改善症状、恢复机体功能为主。当患者结束放疗、化疗后，中医治疗以驱邪、扶正、控制、预防为主。中医个体化诊疗的基本原则是辨证论治和三因制宜。中医可以降低患者的医疗成本，减少社会资源消耗，增强治疗的针对性和个体性。

参考文献

[1] 袁嘉丽，李丰良，陈文惠，韩妮萍．从中医学“人与天地相应”理论析环境与疾病［J］．辽宁中医杂志，2004（05）．

［2］徐祥芸，王昊，杜渐，李志荣，刘珍珠．以中医特色的人文关怀促进消化系统疾病的防治［J］．现代中医临床，2017（02）．

［3］殷忠勇．中医心身一元医学思想及其现代价值研究［D］．南京中医药大学，2015（03）．

柳城民间传统山歌特征研究

韦柳相*

（贵州民族大学民族学与社会学学院，贵州贵阳　550025）

摘　要：柳城民间传统山歌是柳州山歌的一个分支，不仅是一种音乐与文学艺术，还是柳城族群精神生活的重要组成部分，是柳城区域文化传承脉络的一个重要指纹。柳城民间传统山歌历经沧桑而不衰，在现代化都市里至今仍保留着传唱山歌的古老文化形态，显示出顽强的生命力和历史传承性。

关键词：柳城；山歌文化；特征

一、引言

广西壮族自治区地域风情浓郁，山歌文化源远流长。千百年来，柳州人民对山歌情有独钟，善于运用山歌歌唱才艺展现世事变迁，表情达意，

---

* 韦柳相（1994—），女，壮族，广西柳州人，贵州民族大学民族学与社会学学院 2018 级硕士研究生。

描绘出别具一格的图景。歌词灵动风趣，曲调优美活泼，民族特色鲜明。作为地方乡土文化的山歌，在与现代都市文化的撞击中，居然能在现代化洪流中大放异彩实属惊奇。柳州山歌在全区乃至全国闻名遐迩，中央电视台、北京电视台、柳州地方电视台等众多新闻媒体都曾对柳州山歌做过专题报道，是名副其实的“城市金名片”。

柳城民间传统山歌是柳州山歌派生的一个分支，蕴涵着聚族而居的柳城县地区深厚的文化基因、文明精髓，绘制出不落窠臼的历史文化演变踪迹，是当地族群生活、劳动状态、价值观念的反映；是县城人民民族个性、审美情趣、民族气质的鲜活载体；也是维系柳城地区族群存在发展的内在动力和精神依托，推动社会可持续发展的文化之源。柳城人唱山歌能做到即景、即人、即事，信手拈来，左右逢源，寓教于乐，掺旨带理。贾芝在编写《广西民间文学作品精选・柳州市卷》总序时曾提道：“中华人民共和国成立初期，我到柳城参加土改，临走时老乡在大榕树下以歌声和泪花送别。壮族每年逢歌节，许多地方都有歌墟……”

2006 年 1 月，柳州市人民政府率先在全区公布了第一批包含柳城民间传统山歌在内的八项柳州市非物质文化遗产代表名录。但就搜集的材料来看，涉及柳城民间传统山歌文化的调查研究仍不够具体，专门针对柳城民间传统山歌特征进行研究的更是寥寥无几。因此，本研究试图通过对柳城歌手的采访调查以及对柳城民间传统山歌活动的实地调查收集第一手田野调查资料，并借鉴前人的研究成果，力图对柳城民间传统山歌文化特征进行较为详细的解读，通过对柳城民间传统山歌文化个案研究，为柳城民间传统山歌文化研究提供一些有价值的参考资料，弘扬优秀民族文化，让民族文化得以传承与发展。

二、调查点概况

（一）柳城县自然生态环境

柳城县隶属广西壮族自治区柳州市，东接鹿寨县，西交罗城县、宜州市，南连柳州市郊区、柳江区，北邻融安县、融水县。柳城县地势东西高，中部低，东部多丘陵山地，西部为岩溶石山和丘陵交错地区，中部是融江沿岸，主要以低丘平原为主。纵贯南北的融江将县境切割为东西两岸，县境内水系发达，流域以龙江与融江为主要河道，大小溪流相互交织且径流量大。总体而言，柳城县地形区位优势显著，可耕地资源丰盛且宜果宜林面积较大。

柳城县属亚热带季风气候，夏季高温多雨，冬季温和少雨，夏秋深受热带气旋影响。由此观之，柳城县地区降雨充沛，阳光充足，夏热冬寒，四季分明，有利于发展生态农业和生态林业。全县植被类型属亚热带常绿阔叶林，低丘平原区多种植水稻、甘蔗，土山区内多桉树林、果林，石山区多为藤灌丛等。

（二）柳城县人文生态环境

柳城县原名龙城县，南梁大同三年（公元537）从潭中县划出，属桂州始安郡，景德三年（公元1006）更名“柳城”。咸淳一年（公元1265），柳州州治迁至柳城县之龙江南，即今南丹村。广西首届歌王方寿德七岁起便生活在南丹村，其师黄三弟也出生在柳江河畔的长漕村赶羊屯，可见这一带钟灵毓秀、人杰地灵。1952年，柳城县隶属宜山专区，1984年2月10日正式归柳州市管辖，县治大埔镇。

柳城县以汉族、壮族人口居多，另有仫佬、布依等27个民族，语言结构包含壮语、仫佬语、客家话（麻界话）、柳州官话、百姓话等。其中以壮语、客家话、柳州官话三种方言盛行，尤其以柳州官话最为通用，几乎人人会说或听得懂，可在全县境内通畅交流。

柳城历来有“彩调窝”之称，民间娱乐活动林林总总。20世纪90年代，柳城县文化部门洞悉了农民对精神文化生活的渴求，借机掀起农村业余文艺队的复兴运动，将这一大众事业称之为“百村百戏工程”。据了解，农忙时农村业余文艺队通常鸣金收兵，农闲时则大张旗鼓地排演，偶尔甚至白昼劳作，入夜笙歌。人们凭借着对命运的感知和对艺术的领会，自娱自乐，演出的节目主要有山歌、彩调、舞蹈等。

柳城地区拥有的博大精深的历史底蕴、坚实广泛的群众基础为该地人文荟萃的形成推波助澜，这些与歌咏习俗的产生、演变、兴盛相辅相成，是柳城民间传统山歌文化能够风靡万家的膏腴之地。

三、柳城民间传统山歌的特征

（一）演唱形式特征

柳城民间传统山歌演唱以对唱为主要形式。对唱俗称对歌，是歌手或歌队之间相互较量、比拼才艺的竞赛形式，具有强烈的竞争性，往往在举办歌圩时进行。歌圩，是壮族的歌会和歌节，壮语叫“圩蓬”，意为“欢快愉悦的墟场”。柳城县有名的歌圩有：东泉对河礼堂码头歌圩、太平壮欢歌圩等。

举办歌圩的地点即歌场，旧时多选在河畔、山坡，如今一般定在公园、广场等地方，其规模少达数十人，多则成百上千。人们常说的“赶歌圩”便是指山歌手与歌迷们一呼百应，在约定的时间从四面八方汇集到一起参与对歌竞赛。活动前，歌手们便结伴相邀，三五成群组成一队，行伍中通常有担任临场编词出曲的歌师一名，负责对垒演唱的歌手若干。

大型的对歌比赛有相沿俗成的流程。开头要唱开台歌，即赛事拉开之前歌手们总要先唱上几段友好的客气歌以示谦礼。随后进入正式对歌比赛阶段，双方锋芒毕露，互不相让，用词通俗幽默，出歌敏捷犀利，想方设法力挫对手。围观的群众成了现场裁判，每到精妙绝伦之处鼓掌声经久不息，呐喊声翻山倒海，现场人声鼎沸、热闹非凡。赛歌接近尾声时，通常输赢已显而易见，双方会自行唱起“分手歌”互祝安好祥瑞，或相约再会，关系亲善和睦。

1992 年，方寿德在广西山歌大赛中脱颖而出荣获广西壮族自治区人民政府授予的第一个“广西歌王”称号，其徒弟黄亚乔荣获“歌师”称号。1997 年，师徒二人在来宾摆擂台，再次击败披荆斩棘、势在必得的各路歌队勇摘桂冠，一举拿下“擂主”“副擂主”称号。此次角逐民间至今交口称誉，其间，脍炙人口的精彩瞬间不计其数：

河池队代表："打完兵仔还剩将，炼完铁水还剩钢；打完老鹰剩老鸟，今天轮到打歌王。"

歌王方寿德："河池老弟你莫狂，莫要出手打歌王；你是豆腐做门坎，轻轻一踩就成浆。"

柳城民间传统山歌的演唱倚靠歌者临场发挥的才思敏捷，对歌者随机应变的能力有较高要求。首先，歌词不仅需要短小精炼、妙趣横生地达到一针见血的目的，基于此，还要运用赋比兴、夸张、重叠等手法，力求对仗押韵，以达到音乐美、韵律美、形式美的三者结合，这无疑是对创作者、歌唱者的高难度挑战。其次，由于山歌深受民间人士的喜爱，往往备受瞩目。山歌的演绎不但考量对垒双方沉着冷静的心理素质、扎实深厚的才艺学识，且需兼顾观众席中的反响，调动所有感官发挥思辨能力与群众搭桥互动，在语言、音乐、眼神、动作等交流中力图引发周边共鸣，缔造登峰造极的佳话。

（二）演唱内容特征

柳城民间传统山歌的内容具有取材广泛、平实亲民、动态变化的特点。丰富多彩的生活为柳城民间传统山歌提供了五花八门的创作素材，亘古通今，柳城人民围绕田间地头、房前屋后的歌唱活动从未止息。日复一日地面对质朴平实的劳作定律，激发了人们主动挖掘山风野趣的兴致，而且柳城当地多民族、大杂居、小聚居的分布特点，为山歌艺术注入了独特的民族特色。柳城民间传统山歌的题材关涉时令、耕作、时事、历史、民俗风尚、婚恋、政治等繁杂内容，受众群体遍及男女老少。

例如有关农业生产的山歌：

问："哪样一年开两花？哪样两年又复渣？"

答："茶花一年开两花；花生两年又复渣。"

问："几时耙田几时栽？几时等得谷花开？几时等得割谷晒？几时等得妹转来？"

答：“三月耙田四月栽，六月等得谷花开；七月等得割谷晒，八月十五妹转来。”[1]

山歌对唱中采用直问直答的方式相互盘考斗智，传授了生产、生活及各方面知识，形象地描绘出田间耕种的场景。

例如有关时事政治的山歌：

解放前，柳城民间著名歌师黄三弟曾做出伸张正义勇救入狱平民的义举，质问县长：“全城百姓议纷纷，都为韦哥抱不平；县长明镜高堂挂，为何不照冤枉人。”勇斗地头蛇，与官家论理：“我告一群丘八哥，头戴帽花十二角；阳关大道抢民女，明目张胆来作恶。”[2] 针砭时弊的歌词充分显现出黄三弟的忠肝义胆，为百姓发声可谓是大快人心。

虽然柳城民间传统山歌在流传中留存不少实物载体，例如：手稿、歌本、光碟等，留下形形色色的优秀曲目，但歌唱内容并非一成不变的。歌唱者没有依赖前人的杰作因循守旧，而是借助即兴歌才编制歌词竞相对唱，如此推陈出新，对歌过程中既有幽默调侃，尖锐指摘，也有慷慨传授、诚挚赞美，对歌现场往往高潮迭起，人们情绪激昂。

例如柳城县部分地区存在一种婚嫁习俗，男方接亲时，女方为了解其家境、人品等会采取以歌代言的方式沟通，而男方也顺势应对。

据音频资料记载：一对新人喜结良缘之日，女方领头的姑娘开口就唱起了《接亲歌》：“石头开花球打球，男家来了一帮牛；是牛不见牛皮锩，是马不见马笼头。”

男方不甘示弱立马还歌道：“屋里妹仔（‘妹仔’意为‘姑娘’）莫恁（‘恁’意为‘这么’）凶，出口伤人理不通；当面讲出无情话，下次相逢脸也红。”

借主家递烟送茶之时，女子乘机反击：“送亲的人不讲脸（‘不讲脸’意为‘不害臊’），来到我家抽黄烟；我家不是开烟铺，烟叶还在岭上边。”

男方答：“屋里妹仔量（‘量’意为‘肚量’）恁（‘恁’意为‘怎

么如此’）浅，吃点黄烟讲半天；吃点黄烟你也骂，问你抵得（‘抵得’意为‘值得’）几多（‘几多’意为‘多少’）钱？”

女子“紧追猛打”：“接亲的人厚脸壳（‘厚脸壳’意为‘厚脸皮’），来到我家把茶喝；我家不是开茶店，茶叶还在半山坡。”

男方连忙回道：“屋里妹仔量（‘量’意为‘肚量’）太薄，喝口清茶讲恁（‘恁’意为‘这么’）多；若是你到我家去，论桶论盆随你喝。”漂亮的接茬引得满堂喝彩。

姑娘们乘势追击，又发起进攻：“接亲哥，听见接亲跑嗦嗦（‘跑嗦嗦’意为‘各处奔忙’）；头上戴顶烂草帽，好比树上烂鸟窝。”

对面则慢条斯理回道：“莫笑哥，新人情投意又和；等到哪天你出嫁，哥也为你跑嗦嗦（‘跑嗦嗦’意为‘各处奔忙’）。”

双方你问我答间笑料百出，现场可谓是热火朝天。

（三）演唱语言特征

1. 山歌语言分类

根据语言种类划分，柳城民间传统山歌主要有壮欢、柳城官话山歌、仫佬歌、客家山歌、百姓话山歌五种。[5]

壮欢是“柳州四绝”（侗楼、瑶舞、苗节、壮欢）之一，而柳州壮欢之妙又以“柳城壮欢”最甚。2007 年 2 月，柳城壮欢走进中央电视台《金土地》栏目，让全国观众感受到民族民间山歌的艺术魅力。2010 年 11 月，柳城县荣获广西民间山歌协会授予的“广西壮欢之乡”称号。柳城壮欢以“四句欢”为基本形式，五言四句或七言四句，讲究押腰脚韵或头脚韵互押[6]，例如：“不唱山歌你就走，两个靓妹我来逗；餐馆酒楼带你去，还想和妹共枕头。”第一句的“走”和第二句的“逗”、最后一句的“头”押脚韵，同时第二句的“逗”和第三句的“楼”押腰脚韵，此歌词较为特殊，同时押腰脚韵和押脚韵。欢的变体很多，主要有：“勒脚（勒脚，状语是复唱的意思）欢”。例如：“夫妻被拆散，心似插钢刀。老天若开眼，大仇定要报。父亲冤枉死，我冤枉坐牢。夫妻被拆散，心似插钢刀。仇苗心中长，恨火心中烧。老天若开眼，大仇定要报……”歌词中开头两句在接下来的表达中被反复咏叹，体现出明显的勒脚歌特征。“嵌句欢”。例如：“每逢三月里，好天气，满山林秀丽；百花开枝头，嫩微微，人人都赞美……”歌词中“好天气”“嫩微微”在“四句欢”中各插入一个短句，体现出明显的嵌入式手法的运用，使歌曲更富有节奏感。

柳城官话山歌是柳城四处最为普遍的山歌种类，通常为七言四句，用官话（即桂柳方言）演唱。例如：“哥为老妹不睡觉，坐在窗前过通宵；鸡叫天亮出来走，出门走路脚打飘（‘脚打飘’，柳州官话，意为‘腿软’）。”

仫佬歌格式与唱法形式多样，约有五六十种，每首字句不定，大体可分为“句子歌”和“字数歌”两类。仫佬歌主要分布在柳城县辖管的东泉、古砦、寨隆等乡镇的仫佬族聚居地区。现在能掌握五六十种仫佬歌唱法的歌师屈指可数，濒临失传。

客家山歌采用客家方言（即麻界话）演唱，主要分布在沙埔镇、东泉镇等客家人聚居地区。歌圩场上对歌几乎都用桂柳话（即官话）演唱，客家山歌歌手为了便于与歌手、观众交流，多数选择放弃使用客家方言。随着老一代歌师的相继辞世，客家山歌传播的范围更是逐渐缩小，长此以往，用特定方言演唱的客家山歌便如明日黄花，面临失传危机。

百姓话山歌采用“平话”方言演唱，主要分布在大埔、古砦等乡镇。和客家山歌情况相同：由于语言限制，受众人群少，因此百姓话山歌在过去传布的领域就已极为褊狭，眼下同样濒临失传。

2. 山歌语言艺术

（1）山歌语言格律化严谨

相较于音乐美，柳城民间传统山歌之所以得名应更大程度的归功于格律美，由于师承关系，歌曲语句对格律严格的要求被一代代承袭下来。例如：“莫唱先，阿姐今天不得闲；等到明年中秋夜，再来和你唱三天。”[3]先、闲、天分别押韵，严谨的格律化在山歌语言的形式上比较注重声韵之美与对仗之美。

（2）充分运用比兴手法

比，即比喻，其中分为明喻和暗喻。例如：“阿妹好比仙桃果，诺

（‘诺’意为‘谁’）没（‘没’意为‘不’）想来诺没争？阿哥如得尝一口，死克（‘克’意为‘去’）三年还复生。”男子运用明喻，将女子（即：本体）比作仙桃果（即：喻体），大方坦率地吐露爱慕之情。例如：“哥是月亮妹是星，星子不比月亮明；妹是池塘哥是海，池水不比海水深。”此处运用暗喻，“哥”“妹”作为本体和作为喻体的“月亮”“星星”“池塘”“海”同时出现，由“是”这一表判断的词语充当喻词，它们之间在形式上是相合的关系，语言更为简洁凝练。

兴，即以他物寄意，落句点题。例如：“大河涨水沙浪沙，鱼在水中摆尾巴。哪天得鱼来下酒？哪天得娘（‘娘’意指‘新娘’）来当家？”歌者借助“大浪淘沙”和“鱼摇尾巴”作为山歌的开端，以引出所要表达的内容——求偶，即渴望寻得心仪的女子结为连理帮忙持家。

（3）充分运用夸张手法

例如：“那天得见妹一面，害哥魂魄满天飞；请了三个道师佬，喊了九天魂不归。”为了表达强烈的思念之情与爱慕之心，歌者运用丰富的想象力，将自身魂牵梦萦的状态夸大其词，增强了语言的感染力，给人以深刻的印象。

（4）充分使用叠句和双关词

例如：“二十七钱摆三注，九文九文又九文（久闻）；蜘蛛结网三江口，水冲不断是真丝（思）。”[1] 此处采用谐音双关，即利用词的同音，有意使语句具有双重意义。“九文”表面上是指钱币，实指“久闻”，久未听闻；“丝”并不单单指蜘蛛网，实则是指大水冲不断的“思念”。

（5）地域民俗色彩鲜明

歌者在演绎山歌时或为了突出情感、释放情绪，或为了使歌词更吸引人眼球，辛辣滑稽，会在句中加入地方俚语，例如：“（嘿啊）今夜出门找歌伴（咧），同来庆祝三月三（啊）；（嘿哈）老妹准备好糯饭（咧），哥也准备好诺腊（额）（‘诺腊’，壮族地方俚语，意为‘腊肉’）。”地方俚语为山歌添加了浓墨重彩的一笔，促成山歌文化与地域民俗特色的精妙结合。

（6）歌词朴实无华

柳城民间传统山歌中的语言，与书面语言相距甚远，却也生动贴切，恰到好处。内容一般取材于生活环境中的柴米油盐、器物用具，自然环境中的花草树木、江河山川等。例如："我也想你想到癫（'癫'意为'发疯'），手拿斧头克（'克'意为'去'）犁田（'犁田'意为'耕地'）。"用下里巴人的文字表达对女方的爱慕与思念，不追求华丽的辞藻修饰与渲染烘托，通俗易懂，平易近人。

（7）语言委婉含蓄

以柳城县古砦乡——全国唯一的仫佬族乡的山歌演绎为例。仫佬族可称是一个爱唱歌的民族，仫佬族情歌属于柳城民间传统山歌的一种，但在把玩赋比兴手法和强调音韵的技巧上颇有独到之处，情歌均以四句七言为主，字字珠玑，环环相扣，多分男女对唱，一唱一和，起落有致、协调饱满、委婉惬意。

例如：男青年演绎情歌这样唱道：

一路唱歌一路来，一路连着桂花开；
妹是桂花香千里，哥是蜜蜂万里来。
高山种树望花开，园中种果望峰来；
只因我俩情意好，穿针牵线引过来。[4]

山歌选取题材朴实亲切、丰富广泛。语言文明规矩、言简意赅，从相会到相思、再到深情、结交，引人入胜，扣人心弦。

再如女青年应和道：

小树长在大树边，嫩笋长在青竹前；
哥你勤劳妹才爱，望哥伸手过来牵。
牛郎探亲下凡尘，织女确实不放心；
只因仫佬姑娘好，生怕牛哥断了情。[4]

以上这些男女情歌通过含蓄对唱创造契机，以便双方相互了解和考察彼此的真诚与才学，一来二往志同道合的异性之间往往互生爱意。

（四）传承方式特征

"传承"既指民俗或文化在时间上传衍的连续性，也指民俗文化纵向的传递方式。民俗文化的传承离不开人的具体传承活动，与传承行动相依相存，传承者处于主体位置。

民间依照演唱山歌技艺的高低及群众反响的好坏，分别封歌者“歌仙”“歌王”“歌师”“歌手”等盛誉，此外还有“歌徒”“歌友”“歌伴”等称谓。歌者身份不仅存在等级之分，还有包含与被包含的关系，相互之间可以转化，例如：普通的歌手勤加学习可能会成为歌师，进而历练荣升为歌王；歌手之间在平时交际和对歌较量的你来我往中有可能结为歌友、歌伴等。

柳城民间传统山歌主要以口耳相传、口传心授、以心传心的方式传承。旧时由于歌手们文化程度较低，认字书写困难，只能由师傅手把手教学，多以歌师办班收徒的方式进行，个别歌手也会师承多位。例如：19 世纪中期，广西第一代歌手张老溜从宜州到柳城地区传歌，培养了张天恩、赖廷标、赵良斌等弟子，而第三代弟子黄三弟七岁起便拜三位为师，得到诸位师傅真传，一时声名鹊起。据《柳城概况》一书记载，1932 年桂系军阀伍廷飏到柳城勘查民情时称黄三弟及其佳作为“平民文学之首”；“土改”期间郭沫若夫人于立群及李大钊女婿贾芝曾到柳城工作，黄三弟的山歌让他们为之倾倒，后来，当地政府遵照贾芝同志嘱咐为已故歌王著书立撰，记载其名扬壮乡的故事供后人纪念传颂，于 1984 年出版《歌王传》；而民间常把歌仙刘三姐与黄三弟并列称颂，有“天上刘三姐，人间黄三弟”之说。毋庸置疑，黄三弟是名扬四方的一代歌王，为柳城民间传统山歌的扩散、传播作出了巨大贡献。

歌师与歌手间存在着明显的业缘关系。人的社会关系可以分为血缘关系、地缘关系和业缘关系，其中业缘关系指人们由职业或行业的活动需要而结成的人际关系，柳城民间传统山歌主要是依靠业缘关系中的师徒传承方式被代代沿袭。

目前，柳城民间传统山歌传承至第六代，传承谱系如下：

第一代：张天恩，男，壮族，柳城县凤山镇赶羊屯人。

第二代：黄三弟，男，壮族，1907 年生，柳城县凤山镇赶羊屯人，“文革”期间被迫害至死，时至64岁。

第三代：方寿德，男，壮族，1936年7月生，柳城县凤山镇川山村人。16岁拜黄山弟为师，1984年获“广西歌师”称号，1992年获“广西歌王”称号，1997年获广西小康民谣歌王大赛“擂主奖”。曾担任柳城县文化馆山歌辅导员至退休。

第四代：黄亚乔，男，壮族，1959年出生，柳城县东泉镇西安乡走马村人。方寿德入室弟子，后结为搭档四处赛歌。1997年获“副擂主奖”，2001年与韦新成、吴大祥搭档获“广西歌王”称号。2003年2月意外去世。

第四代：朱明生，男，1942年生，柳城县太平镇长岭村人。

第四代：梁秀英，女，1943年生，住柳城县交通警局。

第四代：蒋远亮，男，1930年生，住柳城县光荣院。

第五代：刘锦安（朱明生的徒弟），男，1945年生，柳城县洛崖乡下里村人。

第五代：叶社兰（梁秀英的徒弟），女，柳城县渡船社退休工人。

第五代：王立章（蒋远亮的徒弟），男，1943年生，柳城县自来水厂退休工人。

第六代：韦美珍（叶社兰的徒弟），女，1946年生，住柳城县邮政局宿舍区。

第六代：叶壬枝（叶社兰的徒弟），女，1962年生，住柳城县建筑公司宿舍。

第六代：朱德成（王立章的徒弟），男，1944年生，柳城县公路局退休职工。

第六代：兰振龙（王立章的徒弟），男，1946年生，住柳城县邮电小区。

第六代：黄永世（王立章的徒弟），男，1958年8月生，柳城县大埔镇南村人。[1]

四、结语

柳城民间传统山歌短小精悍的歌词、广泛深远的内容、欢脱灵动的旋律以及字顺文从的表达无不绽放着独具特色的艺术风采，为山歌文化注入得天独厚的生命力，具备适应时代变迁的基质与能力，也正是因为如此不凡的文化魅力，更值得学者的挖掘与研究，力求传承与发扬。

参考文献

[1] 互动百科-柳州山歌 [DB/OL]. https：//baike. so. com/doc/2995838-3159572. html.

[2] 黄勇刹，杨钦华，方寿德. 歌王传 [M]. 南宁：广西人民出版社，1984.

[3] 吴波. 城市旅游网-柳州柳城县民间艺术-仫佬族情歌 [DB/OL]. http：//www. china-citytour. com/city/chengshiyishu/7471. html. 2014-01-27.

[4] 文江涛. 柳城壮族歌师传承研究 [D]. 广西师范大学，2017.

[5] 谭竺雯. 浅谈民歌地理之柳城壮欢 [J]. 大众文艺，2013 (21)：23-26.

[6] 陶立璠. 民族民间文学基础理论 [M]. 南宁：广西民族出版社，1985.

浅析“非遗”视野下贵州三都水族马尾绣的工艺传承与发展

汤英　徐月*

（贵州民族大学民族学与社会学学院，贵州贵阳　550025）

摘　要：马尾绣作为国家第一批非物质文化遗产，似乎为这项独特古老艺术技艺带来较好机遇，也为学者提供更好机会了解水族文化。事实上，放眼当今，非物质文化遗产的标签背后对马尾绣的活态保护是一种怎样的利弊状态？文章拟对21世纪大背景下这项古老的技艺背后的价值、机遇及挑战作出剖析并作出反思，使其得到更好的发展。

关键词：水族马尾绣；非物质文化遗产；工艺传承发展

一、马尾绣简介

据文献记载，马尾绣是水族人民特有的一项古老手工技艺。广泛流传

---

* 汤英（1995—），女，汉族，贵州黔西人，贵州民族大学民族学与社会学学院2016级硕士研究生。

徐月（1994—），女，汉族，山东日照人，贵州民族大学民族学与社会学学院2017级硕士研究生。

于贵州省黔南州三都水族自治县，主要集中存在三都县内三洞、中和、廷牌、塘州、水龙等乡镇的水族村寨，三洞镇则是其发源地。水族马尾绣，顾名思义，就是以马尾作为主要原料，辅以金线等包裹后嵌绣于绣片上的一种特殊刺绣技艺，是传承了千年的水族人民的智慧结晶。传说中马尾绣的源起是一名心灵手巧的水族少女喜于坐在水边刺绣。一天，龙王的女儿在岸上玩耍看见了少女，便变幻出一匹马，取其马尾之毛效仿刺绣并教授水族妇女们此方法。水族妇女们看见龙王女儿的绣品极其丰富多彩，也为了纪念被龙王抓去困住的龙王女儿便将这一技艺传承下来。尽管传说如此，这一独特技艺的传承实则与水族人民的迁徙与生活有关。有的学者认为水族人民极其可能是殷商后裔而后融入了百越文化成为其南方民族中的一支。可见，在迁徙过程中，马是极其重要的交通工具。人们在与马朝夕相处的过程中，古来上好马匹的鬃毛可作乐器之弦，想必在行进迁徙的过程中，勤劳的水族妇女运用智慧就地取材用于绣品之上。马其实在水族人民生活中作用极大，从水族的诸多古老节俗里可见一斑。由来已久的九月初九水族端节盛行赛马，男子们赛马，女子们便身着马尾绣盛装参加节日活动。艺术源于生活而又高于生活，马尾绣也是如此，除了养马的生活为其产生提供了前提，水族妇女在长期的生产生活过程中，基于生存压力对自然界中的各种事物产生的敏锐的洞察力和形成的独树一帜的审美能力，就为马尾绣的产生提供了条件。心灵手巧的水族妇女从小就在长辈的精心传授下学做刺绣和剪纸，为学习马尾绣工艺打下了坚实的基础。数千年来，一代代水族妇女在刺绣工艺上积累了丰富的经验，制作出了大量巧夺天工的绣品。一件精美的马尾绣制品耗时长，耗费劳动力，用于最多的是常见的背带、围腰、鞋以及被面和枕面，每个绣片在被组装成件之前会绣上铜片、常见的植物动物以及水族文字或是汉字，而这些审美想象再到制作的背后具有极强的文化内涵。

二、传承发展马尾绣的价值

马尾绣作为水族人民智慧的结晶，蕴含丰富的价值意义：1. 精神内涵：马尾绣来源于生产生活，充分体现出水族人民对劳动生活的热爱以及对美好事物的执着追求，体现人与自然和谐相处的精神内涵。2. 文化价值：作为“非遗”名录，马尾绣蕴含的“隐文化”本质上是中国优秀传统文化。中国是一个善绣之国，自古有苏蜀湘粤四大名绣广为流传。将作为民族特色的马尾绣发扬光大，本质上是文化自信在具体内容上的体现。此外，马尾绣还为我们研究别具一格的水族民俗民族文化提供一扇窗口，提供源源不断的现实资料和田野资料。另外，从这一件件华丽的绣品上，即可窥见人文情怀：外婆将第一份亲手制作的伟大艺术——背带，赠予刚出世的小生命，愿其茁壮成长；母亲将绣品作为嫁妆陪伴女儿出嫁，找到娘家的归属感；马尾绣绣片上图案诸如葫芦、鱼、蝴蝶这一类寓意着多子多孙，背带绣上铜片则为了孩子能够辟邪，这些独特的符号是一种图腾崇拜与鬼魂崇拜的体现。3. 艺术价值：英国“艺术与手工艺运动”的思想领袖约翰·罗斯金主张：“艺术的主要任务是在日常生活中产生真正的效益，而艺术的首要目的是使自己的国家变得光明，使自己的人民变得美好。”马尾绣传承数千年，已然变成了水族独特的文化符号，以马尾绣为契合点，形成了三都水族人民共有的文化认同感和民族凝聚力。4. 社会经济价值：马尾绣蕴含丰富的自然和人文精神内涵，可以转化为巨大的经济效益，带动当地旅游产品产业化的发展，形成以马尾绣制造、销售和传承相关的产业链必将推动本地区的旅游经济发展。5. 历史传承价值：马尾绣是历经千年的历史长河里的积淀物，在这个过程中，其形式和审美导向等必然会因为客观条件而发生一定的改良与变化，比如马尾绣的两条背带主色调，由中华人民共和国成立前的黄色主调变为中华人民共和国成立后的象征光明与胜利的红色主调，同时与今天人们以红色为吉利的观念相契合。

三、马尾绣传承的挑战和机遇

2006 年，对中国的非物质文化遗产来说是一个巨大的转折，文化部副部长、中国非物质文化遗产保护中心主任王文章在《非物质文化遗产概论》中提出了以“生产性方式”保护非物质文化遗产的理论①，这种将非物质文化遗产与产业经济发展挂钩的方式同样使得马尾绣成为当地政府与百姓获益的重要工具。毋庸置疑的是马尾绣被列为首批名录后，显著成效的是在讲究保护的同时，带动了当地旅游发展以及家庭的额外收入。另外，宋水仙、韦桃花、潘小艾作为马尾绣国家级非物质遗产代表性传承人也在政府的有利引导下成立制作公司，这几家公司将马尾绣商品带入市场，满足更多消费者需求，带来更大商机，许多水族妇女也加入其中共同生产。

马尾绣形式多为水族人民生活中的实用品，一件完美的马尾绣耗时长，从材料到绣师的技艺一步步都要求极高。一方面，我们看到了非物质文化遗产的“生产性保护”下带来了一定的利益，但是另一方面，有利则有弊的状态也显现出来，作为一门精益求精的传统手工技艺，“活态保护”更要讲究。究其原因，这项独特的保护名录也依赖着传统生产方式与生活状态。现代化的今天，告诉我们发展带来经济成效的同时也对传统文化产生不可避免的冲击：1. 商业化。科技的提高应用，为了提高产量，使得机器化生产方式运用于马尾绣上，甚至作为自制马尾的材料使用普通的棉纺作为替代，失去原本的质感；当消费者审美标准发生翻天覆地的变化，传统马尾绣花样无法满足消费者众口难调的需求，便融入现代化元素乃至从生活实用品的地位转移到满足其他消费者的需求，从而做出形式上的转变，比如马尾绣钱包、马尾绣高跟鞋等。这种为了适应生产社会的做法使得那些不良商家有机可乘，也让马尾绣工艺制品质量下降以及其内在的文化蕴涵丢失掉。2. 传承问题。大多青壮年妇女为了生计外出打工，使得手艺搁置或者弃置；留在家中的妇女也多在农闲时刻拾起该技艺贴补家用。尽管目前国家级传承人有三位，但是她们年事都逐渐增加。事实上，这项传统的工艺若只有她三人精通的话，那将会出现传承断层的现象。3. 政府责任问题。从表面上看，政府一直在极力支持该项技艺的发展，包括鼓励发展传承人，开设传习所和培训班、举办比赛、开展销会等一系列措施，

---

① 王文章主编．非物质文化遗产概论［M］．北京：文化艺术出版社，2006-1：30.

但是由于资源配置不合理甚至资金投入不够、宣传力度欠缺，使得马尾绣技艺也处于尴尬的地步。4. 其他问题。诸如越来越多的私人收藏使得这项公共文化遗产从公众视野中消失，由于农村文化保护意识薄弱，而这些私人收藏家则通过金钱置换的方式将其收入囊中。这一系列问题亟待解决。搭乘非物质文化遗产保护的大船，抵达其自我保护和传承的彼岸，成为水族马尾绣传承和保护的必经之路，保护、传承马尾绣技法就是保护文化的延续性，也为提供文化研究的材料具有至关重要的意义。

四、对马尾绣传承发展途径的思考

针对上述产生的问题，使马尾绣工艺得到更好的保护与传承，作者对此作出了反思。马尾绣是水族人民智慧的结晶，承载着一代又一代人辛勤的劳动。一张张小小的绣片拼凑起来的成果看起来平凡却内涵丰富：将民族的神话绣上绣片、颜色的运用、外婆的赠品、女儿的嫁妆等都是绣娘们对子孙的美好祝福。2003 年 11 月，联合国教科文组织通过了《保护非物质文化遗产公约》，"人们的目光由物质性的、有形的、静态的遗产，延伸到非物质性的、无形的、动态的、记忆的遗产，显示出当代人对历史文明整体的认识向前迈了巨大的一步。"① 迈出这一步需要共同的努力，对马尾绣作出整体性保护，才能更好发展。1. 孩子是未来的希望，要培养孩子的兴趣，学校和家庭都需做出努力，如在学校开设相关艺术课程，将该文化传播开，培养其动手能力和文化意识，家庭再辅以额外的教授。另外，在职校、技校也可开设相关专业。2. 在大数据下的今天，信息传播快速。马尾绣在利用社会进行传播的过程中，要良好的利用社会的各种资源，例如，政府、社会文化团体、社区以及非营利组织，等等。首先政府加大影响力度，政府要将这一民族特色本土文化推广出去，例如引进专业专家、第三方企业进行开发传播，使其带动第三产业发展。积极开展各种特色活动以及建立文化共享平台，当地民众要积极参加评选活动，做出更精致的

① 张道一．张道一选集［M］．南京：东南大学出版社，2009.

绣品，在面对日渐多样化的参赛竞选活动，鼓励积极参与，做到与时俱进。其次，政府要加大资金投入，建立相关制度，合理分配资源；真正落实到村与民之间开展培训活动，制定适合民众的培训方法及计划推动民族文化的发展。最后，马尾绣同水族人民的卯节、端节息息相关，所以政府需高度重视对这样一种节日习俗的文化空间进行保护。

参考文献

[1] 乌丙安. 非物质文化遗产保护理论与方法 [M]. 北京：文化艺术出版社，2010.

[2] 冯晓宪. 贵州少数民族非物质文化遗产保护与旅游开发的辩证关系研究 [J]. 贵州民族研究，2009 (6).

[3] 余未人. 水族独特的艺术：马尾绣 [J]. 当代贵州，2010 (4)：57.

[4] 韦仕琪，石兴安. 马尾绣的遗存、传承与时代性发展 [J]. 黔南民族师范学院学报，2012 (1)：60-62.

[5] 林毅红. 贵州水族马尾绣背带“奢”与“朴”的文化解读 [J]. 贵州民族研究，2010，31 (5)：54-57.

[6] 陆廷军. 贵州水族民间刺绣：马尾绣的艺术价值 [J]. 贵州大学学报，2008，22 (58)：94-96.

[7] 卢延庆. 水族马尾绣 [M]. 贵阳：贵州民族出版社，2011：53-57.

从政治社会学视角探析我国生态文明体制改革的问题

邢　澂*

（贵州民族大学民族学与社会学学院，贵州贵阳　550025）

摘　要：生态文明体制改革，是研究如何通过法律形式实现政府、市场、社会三者的合理配置，从而建立一个制度完善、组织有效、实施有力的生态文明体制。通过深入了解我国生态文明体制改革提出的背景，对生态文明建设的总体发展目标和国内外生态文明建设的共同点进行探讨，试用政治社会学的视角浅析我国生态文明体制改革的基本内涵，对其存在的问题提供路径选择。

关键词：生态文明；体制改革；路径

引　言

党的十九大报告明确提出：要加快推动生态文明体制改革，推进绿色

---

* 邢澂（1990—），女，汉族，吉林省辽源市人，贵州民族大学民族学与社会学学院2018级社会学专业博士研究生。

发展，建设美丽中国。[1] 由此可见，加快完善生态文明制度层面的建设是推动我国生态文明体制改革的动力来源，也是守住我国生态与发展两条底线的重要保障之一。体制建设是确保制度合理运行的关键，它涉及各部门、各人员权利与责任的配置，其核心在于通过法律的形式实现政府、市场、社会三者的合理配置，从而构建一个制度完善、组织有效、实施有力的生态文明制度体系。

一、我国生态文明体制改革提出的背景

目前，我国生态文明体制建设基本附属于政府体制，社会和市场发挥的作用还比较小，本文主要对社会各参与生态文明建设的行政主体如何合理分配各参与主体的资源配置问题展开论述。比如，社会各层级间的治理体系如何做到统筹协调？如何能够更好地发挥市场运作资本、社会维护效益的积极作用？对于我国如何推进生态文明体制改革的问题研究，首先应充分了解到我国生态文明体制改革提出的历史背景和基本内涵，了解影响我国生态文明体制改革发展的制约因素有哪些？如何在推动我国生态文明体制改革的过程中充分体现体制改革的创新与发展。

近年来，随着城镇化步伐的加快，我国社会在不断追求生产方式转变、产业结构调整、空间布局合理规划等过程中，遇到了一系列城市化进程中的环境问题。人们经常用恩格斯的那句“自然报复了人类”形容自然灾害给人类生产生活带来的危害。我国《生态文明体制改革总体方案》于2015年审议通过，该改革方案明确提出：要健全自然资源资产产权制度、国土空间开发保护制度、资源总量管理和全面节约制度、资源有偿使用和生态补偿制度、生态文明绩效评价考核和责任追究制度等，[2] 这些重要制度的出台保障了我国生态文明体制改革的深入推进。可是我们是否思考过，产生这些问题的根源到底是什么？目前，中国的环境问题面临的最大不公平就是出现“老板发财、政府埋单、群众受害”的现象，如果从政治社会学的研究视角来看，我国目前存在的环境问题主要是由于社会资源分配不公平造成的。

二、我国生态文明体制的基本内涵及总体目标

从政治社会学视角来看，社会资源分配不均导致社会冲突和矛盾的形成。随着习近平总书记关于“走向社会主义生态新时代”命题的提出，不仅指出了我们党实现中国梦的伟大目标，也是一个重大的政治社会学研究命题。生态文明这一词最初来自中国，在国外人们通常将其称之为绿色文明或低碳发展。中国的生态文明建设又是建立在国外可持续性发展的基础之上的，因此国内相关部门应合理借鉴国外关于可持续发展的制度建设经验为自身所用。例如，美国政府虽然没有成立专门的可持续发展机构，但是议会议员可以提出相关的法律草案，在国会上经过讨论如果通过，就由总统签署法案并实施。在中国，每年的全国人民代表大会也有人大代表就加强推动生态文明体制改革提出议案，我国也相继出台了一些法律法规来保障生态文明体制改革的发展。无论在国际上还是在中国社会，这种通过代表提出议案来推动生态文明立法的方式充分展现了法治社会的民主集中制原则。

（一）生态文明体制的基本内涵

近年来，习近平总书记关于我国生态文明体制改革的相关论述都紧紧围绕马克思主义唯物论和辩证法以及马克思主义历史观等重要政治思想，其对我国生态文明体制的基本内涵有了深刻的阐述，具体体现在以下几个方面。第一，它集中体现了中国传统文化的人文智慧和生态理念。追溯中国历史文化的发展可知，在五千多年的中国传统文化体系中，儒家思想一直是历代执政的重要价值理念之一，其强调天人合一，人与自然和谐相处。而在道家思想文化体系中，也特别强调道法自然，世间万事万物都要尊重自然发展规律。另外，我国传统文化中的释家思想也强调万物平等。以上中国传统文化关于人与自然和谐相处的世界观在我国生态文明体制建设中都得到了充分地体现。第二，它深刻揭示了人与自然之间的变化规律。中华民族的原始文明强调依赖自然、敬畏自然，其

文化特点体现为蒙昧的文明。随着古代社会的进步和发展，中国人民逐渐步入了农业社会，随之而来的农业文明给全人类的启示其实就是要充分利用自然资源改善人类社会的物质文明程度。随着人类社会的进步和发展，人类逐渐步入了现代文明社会，为了可持续的利用开发自然资源，人类逐渐开始转变发展理念，在开展自然生产活动的时候，充分尊重自然规律，开始通过法治的手段保护自然资源，其文化特征表现为人与自然和谐相处的高级文明形式。

第三，它是将人类文明发展规律与历史发展规律有机统一的载体。由于我国生态文明建设经历了马克思主义世界观和历史观的检验，其在历史逻辑上具有极大地优势，同时该体制机制充分尊重和合理利用自然资源的做法也给世界各国的生态文明体制建设提供了较好的依据。

综上所述，本文将生态文明体制的基本概念定义为：有相关工作人员和机构在制定生态文明制度和相关法律法规的过程中，严格执行法律授予其的合法、可行的权威和权利，确保其组织机构的设置及其职能划分和权力配置合理合法，通过常态化的制度安排来实现生态文明体制改革的目标，从而合理完善我国生态文明保障体系。

（二）我国生态文明建设的总体目标

中国共产党第十八次全国人民代表大会明确提出，将生态文明建设纳入我国“五位一体”① 总体战略发展布局具有重要的现实意义，旨在为把我国建设成为富强、民主、文明、和谐、美丽的社会主义现代化国家[3]而努力完善的制度体系，在加快推进生态文明建设的过程中，应有发展目标导向，充分尊重人与自然和谐相处的客观规律，合理规划土地资源，加快对我国生态环境进行立法保护，将我国社会建设成为资源节约型、环境友好型社会。其中，在合理规划土地资源方面，应明确土地资源的用途管制职责，加强自然资源产权的立法制度安排，对我国各地区的自然生态环

① “五位一体”是十八大报告的“新提法”之一。即包括经济建设、政治建设、文化建设、社会建设、生态文明建设——着眼于全面建成小康社会、实现社会主义现代化和中华民族伟大复兴。

境要做到实时监测，实时保护。这些都是我国生态文明体制改革的发展方向和建设目标。

三、我国生态文明体制改革存在的问题

我国生态文明体制在建设的过程中，应确保政府、市场和社会三者之间的权责分明。虽然目前从国家层面上暂时还没有成立专门的生态文明体制指导委员会等机构，但是地方各级政府在生态文明建设过程中也结合当地的发展规划制定通过了一些地方立法。只是目前在全国层面上缺乏相关立法的约束，因此生态文明体制改革刻不容缓。马克思主义唯物史观就提出世界上任何事物的存在都是有其自身的价值和意义的，事物与事物之间是相互联系和发展起来的。在推动我国生态文明体制改革的具体实践中，各地区遇到了诸多问题，其主要体现在以下两个方面。第一，生态文明制度建设不尽完善。虽然我国各个省市在生态文明建设方面都成立了相关的地方法律条规，但是在法律条规的具体实施过程中仍存在政策执行不到位，责任追究机制不完善等问题。第二，我国生态文明建设的组织体系不健全。目前，我国生态文明建设的相关组织机构存在行政职能相互交叉，工作效率较低等情况。因此，应有针对性的解决这些问题，才能合理有效地推动我国生态文明体制改革逐步稳定地发展。

四、我国生态文明体制改革的路径选择

推动生态文明体制改革应处理好政府、市场、社会三者之间的职权资源配置问题，充分发挥各自的功能和作用，并实现三者之间的有机统一和协调发展。我国在生态文明体制改革的过程中应始终坚持政府起监督作用，市场和社会充分发挥相互的协调性，共同维护我国生态文明建设的顺利开展，通过各种宣传加强公众对于保护生态环境、合理利用生态资源的意识，让政府、社会、市场三者在生态文明体制改革进程中的权利得到法律保障，从而将我国生态文明体制建设成为一个制度不断完善，组织有机

配合，措施实施得当有力的体制机制。主要可以从以下几个方面展开。

第一，完善我国生态文明制度体系的建设。各级有关部门应充分认识到我国生态文明建设的总体目标和任务，不断完善当地有关生态文明建设的法律法规，使各省、自治区、直辖市的有关部门明确其责任、权利和义务。第二，强化组织有效原则。在我国国家治理体系和治理能力现代化的背景之下，生态文明建设的各个组织机构应不断提高工作人员的工作能力和道德素质，加强领导人员的指挥协调控制能力，明确员工的奖惩权利和相关的规章制度。同时，应加强社会组织参与生态文明建设的力度，给予他们更多的资金和人力保障，完善社会组织成员的参与渠道和保障机制。第三，完善我国生态文明监督体系的建设。明确各参与主体的工作职能，强调各参与主体要有自查意识，实现相互监督。

从人类生产生活的基本社会层面来看，良好的自然生态环境是绿水青山更是金山银山，是人类可持续发展的重要保障条件，也是充分尊重和保障全社会人民环境权和发展权的重要路径之一。对于全社会公民而言生态资源是最为公平的公共产品，是需要全社会共同努力维护好的可持续发展资源。生态文明体制改革强调生态环境的优越性，它关乎民众的基本权益，因此，应进一步加强相关立法，对于全社会普遍存在的环境污染问题，各相关部门应充分重视人民的生命健康问题，通过制定一些立法程序保障广大人民群众能提升生活质量，在食品健康、住房保障的基础之上有一个优渥的自然生态环境。人的全面发展离不开必要的物质基础和良好的生态环境，应全面推进生态文明建设，强调人与自然和谐发展的重要理念，用制度来保障生态文明体制改革的有效运转。

参考文献

[1] 习近平：决胜全面建成小康社会　夺取新时代中国特色社会主义伟大胜利——在中国共产党第十九次全国代表大会上的报告［EB/OL］. http：//www. gov. cn/zhuanti/2017 - 10/27/content _ 5234876. html. 2017 - 10-27/2018-9-10.

［2］中共中央　国务院印发《生态文明体制改革总体方案》［EB/OL］. http：//www. gov. cn/guowuyuan/2015-09/21/content_ 2936327. html. 2015-9-21/2018-9-11.

［3］任进. 新时代呼唤加强宪法实施和宪法发展［J］. 理论视野，2017（12）.

浅谈大方白族《赵氏族谱》的数字化保护

喻晓庆　赵艺*

（贵州民族大学人文科技学院，贵州贵阳　550025）

摘　要：在全球化与信息化的大趋势下，任何资源都可以以数据的方式保存起来。传统的纸质族谱受到挑战，以大方白族《赵氏族谱》为例，就存在保存难，翻阅复杂等问题，而族谱数字化通过建立族谱数据库为族谱的保护和发展提供一种崭新的途径。既有利于族谱的修复和保护工作，同时也有利于族谱中优秀文化传统的保护与传承。

关键词：白族；《赵氏族谱》；数字化

族谱，又称家谱、宗谱、家乘、谱牒等，是一种以表谱形式，记载以血缘关系为主体的家族历史沿革、世系繁衍和重要人物事迹的书。而大方白族《赵氏族谱》，规模大，体例新，全书共1300多页。本文针对大方白族《赵氏族谱》的保护现状、学术价值，重点阐述大方白族《赵氏族谱》

---

* 喻晓庆（1982—）女，穿青人，贵州大方人，贵州民族大学人文科技学院管理学院讲师，硕士。

赵艺（1997—）女，汉族，贵州遵义人，贵州民族大学人文科技学院文化产业管理专业学生，本科。

的数字化保护途径及其意义。

一、大方白族赵氏族谱的现状

白族人口近193.2万，其中80%的人口分布在云南省，10%分布在贵州，其余部分散居在四川、湖南、湖北等省份。而贵州的白族主要分布在黔西北地区，以赵姓人口为最，支系繁多。而大方县白族赵氏主要聚居在响水白族彝族仡佬族乡、核桃彝族白族乡和长石三个乡镇①。随着经济文化的发展，许多民族都开始兴起修谱之风。大方白族赵氏就在这一背景下，也开始大兴修谱，据调查，大方县赵氏在2002年续修了《赵氏族谱》。全书130多万字，共1376页，内容共八篇十二章八十二节，好似一部家族内部的“百科全书”，内容囊括了历史源流、分流支系、入黔情况、民俗民风等，丰富详尽。谱书不仅有一般家谱清源流、明昭穆等内容，还涉及科教文卫、风情民俗、道德风尚、古今人物，更有民族成分内容的讨论。是少数民族中罕见的谱书。《大方赵氏家谱》在长达四年的时间内编撰完成，根据族人意愿共印刷1000册。原计划以长辈为首的一个家庭持有一本家谱。家谱的持有者主要集中在十五个支系，由于一些家庭比较积极，所以一些男丁兴旺的家庭就持有多本族谱，而部分家族则没有家谱。这种情况下，根据族人的意愿，想再次印刷家谱时发现未保存电子档，以至于很多家庭很遗憾。

目前，由于受到资金的限制和数字化人才的缺乏，全国性的族谱数据库资源还是相对较少的，大型的族谱数据库内容和系统性的缺乏，使得族谱数据库的建立发展缓慢。现在最大、最全的家谱全文数据库当属上海图书馆建立的。随着大数据、信息时代的到来，浙江各地的图书馆也开始尝试建立家谱全文数据库，现在很多地方的公共图书馆及高校图书馆已经启用了家谱数字化项目，但是大方白族《赵氏族谱》还未参与进来，形成资源共享局面，不利于族谱优秀文化的传播。

---

① http：//www. bijie. gov. cn/sq/xzqh/30915. s. html.

二、大方白族《赵氏族谱》的学术价值

我国有正史、地方史、野史等，而族谱作为一种特殊的文献资料，是中华民族五千年文明史中具有民族性、民间特色的特殊文献。就其族谱的丰富性及史料性来讲，族谱对于社会学、历史学、民族学、人口学、经济学和民俗学的学术研究，有着补充性和不可替代性的作用。

从历史学的角度，族谱即是一个家族史，它记载了一个家族繁衍生息、迁徙定居。从历史学的角度，大方白族《赵氏族谱》中保存的丰富民俗学资料，可作为研究了解大方白族历史的不可替代的资源，亦可作为一个家族不同时期的文化变迁的参考资料，并且家谱里记载的“名人”及“德高望重”的历史人物还有专门的传记，有官职的还有专门的官阶的记载，可以作为一个考证历史人物的重要资料来源。

从民俗学的角度，五千年的文明史，使得我们对家庭教育非常重视，而族谱中记载的族规家训等内容，为传统的家庭教育提供了参考资料。大方白族《赵氏族谱》不仅讲述了赵氏家族对子孙后代的教育的重视，还介绍了家训里面的礼训、耻训、义训和廉训等，以此来教化族人。家谱就是很好的教育教材，不仅仅族规家训规范后人的行为，激励子孙后代积极进取，也为教育提供了一套完整的体系。

从民族学的角度，一部族谱就是一个家族的文化史。《赵氏族谱》里的风情民俗篇就记录了大方白族的服饰文化、婚姻文化、丧葬礼仪、节日等，族谱作为一种民族文化的象征，不仅可以寻根问祖，还可以传承民族文化，进行文化交流。

从人口学的角度，人口学是研究人口发展变化、人口与社会经济等相互关系的数量关系和规律性及其应用的科学总称。由于人口学这门学科的综合性特征，家谱中的世系图或者世系表资料，可作为人口学的研究资料。大方白族《赵氏族谱》第八篇“世系发展与黔地迁徙”中记载了黔地迁徙的十五支系，分别记录了各个支系的世系表和世系图。世系表和世系图记载着家族内部每个成员详细的资料，为人口学研究提供支撑材料，如

人口统计、年龄结构、男女性别、职业状况，等等，具有珍贵的史料价值。

从社会学的角度，族谱保留的社会内容就是大方赵氏白族的社会史，它能够反映大方赵氏白族的社会结构变化与变迁。

从经济学的角度，比如《赵氏族谱》中就有专门一章“经济与科技”，浓墨重笔地描述了从上古时期一直到现当代的经济发展，为经济学提供了史料支撑。

三、大方白族《赵氏族谱》的数字化保护的途径和意义

（一）族谱数字化保护途径

“数字化包括文化资源的数字记录与处理、数字再现和虚拟展示、数字化技术的标准化和规范化，以及数字考古、修复、保存、集成、管理、出版和传播等技术。”① 而数字化保护是运用现代信息技术，以数字化的影像采集技术，数据存储技术和网络技术为基本手段对族谱进行数字化记录、保存、保护等。目前大方白族《赵氏族谱》网上信息资源匮乏，且现在纸质版的族谱难以长期保存下去。因此，我们要与大数据相结合起来，提高大方白族《赵氏族谱》的利用率，促进族谱的发展。

第一，建立族谱全文数据库。随着网络的广泛应用，纸质版的族谱已不能满足当前广大读者的需求，海量的族谱信息更为广大受众所追求。如果能建立族谱全文数据库，从一定程度上说，更能满足广大受众的需求，会改变受众的阅读方式，进而改变受众的习惯及生活方式。实现族谱全网普及，提高资源利用率，能方便受众查询、研究和续修族谱。其次，族谱全文数据库的建立能更好地保护族谱，族谱是文化遗产的重要组成部分，更是一种不可再生资源。然而族谱的数字化是对族谱开发和利用有可再生性保护作用。具体可采用族谱数字化技术，比如，对大方白族《赵氏族

---

① 姚伟均．文化资源学［M］．北京：清华大学出版社，2015.

谱》文献转化为数字化、电子化的光盘文献或网络信息。中华民族具有五千年的文明史，作为文化遗产的重要组成部分，《赵氏族谱》记录了大方白族古代政治、经济、文化、科技、宗教、民俗、人口迁徙、艺术、教育等各领域的重要史料。族谱数字化的基本目的是保存与普及传统文化，最高目标则是以知识发现来服务学术研究及优秀传统文化的传承，我们可通过对传统纸质族谱进行校勘整理的基础上，利用现代计算机技术将族谱采用全彩影像扫描、影像效验、影像光盘储存、光盘效验及影像递交入库；还可以将《赵氏族谱》里记载的文物、遗址等以三维激光扫描技术和 CCD 成像技术为主要数据获取手段，利用多源信息技术的处理方式，为族谱里的资源保护提供三真数字化模型，即真三维、真尺寸、真为例。

第二，采用现实虚拟技术。族谱的底本一般会随着时间的累积越来越稀少，也越来越珍贵，族谱也难以得到保存。而虚拟技术能够复刻真实的环境，使得在许多方面虚拟现实系统可以被得到广泛应用，且人们能够介入其中并参与交互。随着各种技术的深度融合，现实虚拟技术为族谱的保存和发展提供了更为先进的手段和方法，可以采用 VR、AR 等技术恢复和再现族谱的原貌。通过虚拟技术可以把枯燥的文字和数据变得鲜活，例如《赵氏族谱》中从血缘始祖到现在的赵氏祖先的记载，以及族谱中以优秀忠孝的人物来教化族人的例子这些篇幅，就可以采用构建地理环境、故事场景，呈现历史真实性，再辅助文化艺术性，利用数字化技术、计算机 2D、3D 动画以及虚拟现实（Virtual Reality，VR）技术等，实现对大方白族《赵氏族谱》里故事性记载的人物、事实、遗址、数字化采集、加工、处理及传播。虚拟技术既可增大族谱文化资源受众面，宣传大方白族《赵氏族谱》文化，同时也使文字变得鲜活起来，更有利于族谱里优秀文化的传播。

第三，打造网络共建共享平台。如果能由国家图书馆、国家大型收藏机构牵头建立一个全国性的族谱文献资源共建共享平台，把全国各地公共图书馆及高校图书馆联合起来，建立一个数字化的网络云端与全文数据库相链接起来，只要用户注册登录云端，即进入全文数据库，搜索需要的内容，无论检索者身在哪个区域，都可检索到其他区域的族谱文献资料，实现族谱文化资源的共建共享的普世性价值。

（二）族谱数字化保护的意义

1. 有利于族谱的保存

族谱在记载家族源流、传承家族世系上曾发挥了积极而重要的作用，是前人为我们留下的宝贵财富。族谱数字化保护通过计算机技术使族谱中丰富的信息资源得到更加系统、全面的保存和发展。大方《赵氏族谱》由于没有电子版，所以基本为纸质版的族谱，大家把族谱领回家中，一般都是放置在家中或者供奉于家庙宗祠。这种方式使得族谱不易保存，一些家庭因为长期不会去翻阅，容易被潮湿、粘连。并且普通家庭在印制族谱时对纸质的选取不会特别讲究，日积月累，纸张本身氧化侵蚀严重，环境潮湿，虫蛀等原因，族谱会出现粉状掉渣、水侵、霉斑等情况，造成族谱容易烂、脏。所以一般藏于家中传统的纸质版族谱，容易造成信息资源的缺乏，随着现代网络技术的兴起，实现族谱数字化，这种空间上的阻碍会被打破，实现信息的共享，可以多途径的将大方白族赵氏族谱文化传输到社会的各个领域，让更多的人了解，研究大方白族人口、婚姻、风俗、教育等，实现真正的资源共享，为大方白族研究发展提供无限的机遇。

2. 有利于族谱的修复工作

现在的《赵氏族谱》实际上已是几个支系的联谱，是续修的谱书，续修时也搜集了几个支系原来的老谱作为基础，很多老谱也存在破旧、遗失等问题，现在新修的谱书在过十年、百年后，仍然存在之前谱书的问题。所以如果现在就采取数据化的方式录入族谱，一方面在录入过程中，能够确保信息的正确度，会采取先修复后录入的流程；另外一个方面，也做到了族谱资源的再次整合，一定程度上也抢救了一大批族谱。

3. 有利于族谱的文化传承

族谱文化也是一种社会系统的重要构成方式。事实上在大方白族社会的社会发展和运行上，族谱文化一直起着独特的作用。其功能主要表现为认同功能、整合功能、规范功能和教化与教育的功能。比如族谱里有对民族的认同、规定着族中社会成员的社会生活与行为方式，正是有了族谱文化的教化功能，文化才得以一代一代传递和延续。中华文化就是在长达数千年的时间里，通过教化功能传承至今，大方白族的族谱文化，亦是如此。族谱数字化使族谱不仅满足家族成员需求，使族谱中的传统文化精华得以留传，而且把族谱的社会价值、学术研究价值的功能发挥到最大，使得族谱更加焕发活力，更加凸显其社会价值。

4. 有利于族谱的资源整合

文化资源的数字化建设过程中普遍存在着低水平、重复建设、资源分散的情况，如何通过有效组织和规范化描述资源，构建族谱资源网络，建立资源共享服务管理平台，通过资源注册、登陆、检索和访问等服务，实现对各类族谱资源有效地管理和利用。族谱的数字化保护，有利于资源整合，资源整合的最终目的是实现资源共享，提高族谱利用率，最大限度满足族人、用户和学者的需求。

总之，族谱是我国非物质文化遗产的重要组成部分，是中华民族智慧的结晶，里面蕴含了大量各类学科的综合信息，涉及面广。族谱数字化保护是传统与现代的结合，是一种传统文化形式与现代科技融合的过程，实际体现了文化与科技的融合，以文化为载体，运用现代技术，更好的增强文化服务的效果。充分发挥政府和社会民间的积极性，如果能采取政府支持，企业家参与、民间筹集的形式，做好准备工作，那么如何进行有效整理、抢救、保护、开发和利用的问题会迎刃而解。通过互联网查询族谱也已经成为社会发展的必然趋势，不仅能满足族人、用户及学者的需求，也能为后代子孙保存族谱信息，传承家族优秀道德风尚，教化族人的同时，传播优秀传统文化。

参考文献

[1] 郑杭生．社会学概论新修［M］．北京：中国人民大学出版社，2017.

[2] 姚伟均．文化资源学［M］．北京：清华大学出版，2015.

[3] 黄永林．数字化背景下非物质文化遗产的保护与利用［J］．文化

遗产，2015（01）.

［4］包铮．寻根问祖话家谱——家谱全文数字化技术及其网站系统［J］．数字与微缩影像，2004（02）.

［5］李莺莺．图书馆家谱文献的著录与保护［J］．晋图学刊，2017（01）.

［6］毛建军．中国家谱数字化资源的开发与建设［J］．档案与建设，2007（01）.

［7］董坚峰．湘西少数民族非物质文化遗产数字化保护研究［J］．资源开发与市场，2013（12）.

［8］谈国新．信息空间理论下的非物质文化遗产数字化保护与传播［J］．西南民族大学学报，2013（06）.

［9］吴振东．民族建筑文化遗产的数字化保护探索［J］．贵州民族研究，2016（04）.

［10］袁晓莲．新时期客家族谱修撰的文化意义探讨［J］．大众文艺，2011（02）.

［11］李会敏．浅谈家谱文献价值及其开发策略［J］．边疆经济与文化，2015（06）.

［12］毕剑．传统与现代的博弈：客家族谱的社会功能变迁［J］．赣南师范学院学报，2013（04）.

半亩方塘一鉴开*

——《苗族史诗〈亚鲁王〉形象与母题研究》小论

刘莎　杨琼艳**

（贵州民族大学，贵州民族大学人文科技学院，贵州贵阳　550025）

摘　要：从书斋走进田野，用脚丈量学问，用手书写文本。笔者在苗族第一部英雄史诗、非物质文化遗产《亚鲁王》这部著作中，实现多个首次，其一，在研究方法上注重田野资料与文献资料的结合；其二，在研究内容上首部采用母题研究、形象研究，是首部对民俗变迁进行研究的著作；其三，在研究视角上，采用多学科交叉视角，民俗学与民间文学以及社会学等，是一部学理性极强的佳著。

关键词：亚鲁王；形象；母题

继《彝族“支嘎阿鲁”史诗研究》（人民出版社，2015年）后，肖远平新著《苗族史诗〈亚鲁王〉形象与母题研究》（中国社会科学出版社，2017年）一经面世，引发了学界关注。《亚鲁王》是苗族文学史上迄今发

---

* ［基金项目］教育部民族教育发展中心“民族民间文化教育传承创新重点研究基地”（教民中心函〔2017〕23号）的阶段性研究成果。

** 刘莎（1991—），女，汉族，贵州贵阳人，贵州民族大学2017级民俗学硕士研究生。
杨琼艳（1990—），女，彝族，贵州金沙人，贵州民族大学人文科技学院教师，硕士。

现的第一部长篇英雄史诗，口头传承于交通闭塞的麻山地区，活态内嵌于婚丧嫁娶等民俗事项，规模宏大、内容丰富、气势磅礴，但受地理区位与唱诵场域限制，长期以来未受重视，直至2010年被纳入中国非物质文化遗产名录，方才进入各界视野。2011年11月，《亚鲁王》由中华书局出版，影响巨大，但限于麻山地区地势险要，语言晦涩，特别是丧葬仪式的不确定及追踪调查的不可行，学术研究有着天然屏障，肖远平新著显然弥补了此一空白，可谓“不经一番寒彻骨，哪得梅花扑鼻香”。

民间文艺家刘守华先生评论：“远平的《苗族史诗〈亚鲁王〉的英雄形象与母题研究》和《彝族史诗‘支嘎阿鲁’研究》可谓齐头并进的两驾马车，对南方史诗群和中华史诗学的研究有开拓之功。”其一，作为《亚鲁王》研究的首部专著，不仅是《亚鲁王》研究的重大突破，也是南方史诗研究的重要突破；其二，通过南北史诗母题比较，解析母题内蕴文化特质，是南北史诗比较研究的精品；其三，以“历时性轨辙”和“共时性流布”建构《亚鲁王》研究新路径，为“非遗”研究提供了新范式；其四，从走出书斋到迈进田野，从解释文本到阐释文本，从情节阐释到母题探析的研究脉络，无疑是民间文艺学和民俗学学科回应国家文化自信顶层设计的践行之作。巴莫曲布嫫评论：“远平的《苗族史诗〈亚鲁王〉的英雄形象与母题研究》这本专著既有具体的文本分析，又有整体的学理性探讨。”其一，不拘泥于文本分析，从文本分析逐步挖掘史诗深层次内涵，追寻史诗更贴近人民生活的足迹。其二，对于史诗发展的历史性变化情况与史诗在传承过程中的发展趋势进行了文化阐释和深究。其三，透过史诗所处地域，以小见大，以点为例，在当今大时代背景下，在仪式化叙事过程中所面临的现实问题，为学者在非物质文化遗产保护伦理困惑方面指点迷津，提出一点思考和想法。

拟古而不拘，尊古而不复。该著作不仅凝练出史诗古老神秘、雄厚悲壮、禁忌肃穆、完整活态的特征，而且重视文本外的田野调查，通过多学科视角介入人物形象，解析史诗母题，挖掘文化内核，正如其所描述的“以时空为轴，挖掘英雄形象；以母题为纲，探索史诗内涵；以传承为根，寻求转型之径”，清晰阐明了其研究思路与目标，这种较为系统且全面深入的研究，其价值是不言而喻的，且书中的诸多一手资料和研究线索也为学者们提供了新思路，具有很强的启示意义。

一、从走出书斋到迈进田野——用脚丈量的学问

从走出书斋到迈进田野，是史诗研究的重要学术转型。朝戈金认为，“目前我国一批史诗以何谓‘口头性’和‘文本性’的问题意识为导向，突破了以书面文本为参照框架的文学研究模式，实现了史诗研究的学术转型[1]。”《亚鲁王》进入学界视域极短，尚不过10年功夫，文本再阐释显然是重中之重，因此，《亚鲁王》系统研究要有实质突破，需在已有文本外获取新资料，进入田野是必要的。

《亚鲁王》由史诗唱诵者（东郎）口耳相传，其在传唱的过程中必然会有变异性的产生，“民间文学作品由于采用集体的、口头的创作和传播方式，便直接决定了它本身处于不断变化的状态之中”[2]36-37，尽管授艺过程要求一字不漏，但个人接受能力、理解能力、解释能力不同，唱诵场域中主观情感不同，唱诵内容也必然是不同的。事实上，钟敬文先生早已强调：“劳动人民的作品是口传心授的作品，这里的心授正是依靠记忆保存和传授的含义，靠记忆保存民间文学作品是形成变动的内在原因。”[3]37 考虑史诗的变异性与稳定性，作者在麻山地区进行了长期的田野调查，深入苗族人民的生活，与当地百姓同吃同住，建立了深厚感情，多次参加丧葬仪式，深度访谈众多东郎，与搜集整理者们反复交流，这部著作最终才得以面世。这种用脚丈量学问，用心求新求真的学术旨趣无疑是南方史诗研究的一大幸事，同时警醒我们，进入少数民族文学作品，必须走近民众、迈向民间、进入田野。此外，作者并不拘于学术研究，他们还关心《亚鲁王》的未来，参与了《安顺市亚鲁王非物质文化遗产保护条例》的审核修改工作，以学术推动立法。

当然，重视田野调查，并不意味着忽视文本，而是文献演绎与田野调查的互证，正如刘守华先生所强调的：“迈向民族志的民间文学研究应该摆脱传统的文本到文本的研究范式，通过‘深描’尽可能地还原民间文学表演的具体语境，以表演中的民间文学文本为中心，追寻其所隐含的无限的社会内容和历史文化意蕴，真正实现民间文学研究范式的转变”[4]198，

该著正是以地方性知识的再阐释实现了民间文学的文化表达。

二、从解释文本到理解文本——他者的形象描写

1918年12月，周作人发表《人的文学》，阐述了以往的从儒家与道教出来的文学理念，即“人的文学”与“非人的文学”，进而提倡“为人生的文学”和“人道主义的文学”，认为“因为人类的命运是同一的，所以我要顾虑我的命运，便同时须顾虑人类共同的命运”[5]，这是文学反映对象的特殊性决定的，“文学与其他社会意识形态的共同点在于都是以社会生活作为反映对象。但文学之所以成为文学，这首先表现在它所反映的对象的特殊性上。而这种反映对象的特殊性表现在，它所反映的是以人为中心的，具有审美意义的生活的整体”[6]33，文学作品以人物为根骨，通过人物情绪变化、行为模式传递隐藏于生活的事实。任何一部成功的文学作品，均离不开人物形象的塑造，因为只有栩栩如生的人物才能给人们留下深刻的印象，让人萦回脑际、挥之不去，所以孙皓晖强调“人物形象是文学作品的灵魂”[7]6。《亚鲁王》共26000余行，涵括苗族社会生活各方面，涉及万余名人物，也正是这万余名人物形象勾勒出整部史诗的叙事结构，述说了特定时空下苗族人民的历史记忆，呈现出苗族古代社会生活的唯美画卷，在丰富内容的同时，史诗更具磅礴之气势，婉转之情节，历经千百年，依旧如故。

该著以历史语境为横轴，以亚鲁成长为纵轴，由表及里理解亚鲁形象，认为幼年亚鲁尽管历经坎坷，但天生聪慧，以此为亚鲁的英雄事迹打下伏笔；青年亚鲁尽管命途多舛，但风流潇洒，以此为亚鲁的上天眷顾埋下铺垫；中年亚鲁尽管殚谋戮力，但足智多谋，以此为亚鲁的王者风范培育气势。幼、青、中的亚鲁形象分析对把握史诗中心具有重要意义。作者还将亚鲁与对手形象比较，手足相残、诡计多端、狡猾多谋的对手最终还是被亚鲁的智慧、仁义征服，彰显了作为一代领袖应有的智谋和品质，苗族人民的民族性格通过亚鲁的形象淋漓尽致地彰显出来。

人物形象按照性别划分，有男性形象和女性形象，作者除了对男性形

象进行分析外，也没有忽视对女性形象的分析，正如世界上有男人就必须有女人一样，作者认同这种社会文化心理的同时，并未将社会性别作为单纯的文化“修辞”，而是赋予了文化“实质”。《亚鲁王》中女性较少，但作者仍对她们进行了细致分析，如波尼冈嬢、波尼桑、波丽莎、波丽露、波娜榜、波娜英、霸德宙等，她们都是推动情节发展不可或缺的重要人物，作者阐释了她们的形象并归类。在这些女性形象中，她们既有聪慧、勇敢的一面，能为男性排忧解难，是男性的得力助手；但同时也具有无知、天真、愚昧的一面，她们必须依附于男人才能生活，这正是苗族古代社会男权的一种体现，同时也具有其独特的形象价值和文学意义，从男性形象塑造方面来看，她们从客观上起到了不可忽视的作用，透过她们可以反衬出男性的形象，男女形象相对比更可以反映出没有女性的幼稚笨拙、蒙昧无知，就不会有头顶云天、脚踏大地的英雄好汉，没有女性的貌美如花、情感变化，就不会有男性的率性无畏、英勇威武。

三、从情节阐释到母题探析——独特的文化符号

《亚鲁王》史诗母题研究是著作核心，作者安排了大量篇幅解析史诗母题，通过与彝族史诗《支嘎阿鲁王》《俄索折怒王》、北方史诗《格萨尔王》《玛纳斯》等比较，厘清其同质性与异质性，论述得较有深度。母题（Motif）作为一个舶来品，最早于1924年被胡适运用到歌谣研究并由此引入中国，之后不断被学者推广，成为民间文学研究的重要方法，并普遍认同母题中所蕴含的文化符号为该时代所特有，“母题的文化内涵及象征意义的涵盖面是很广泛的，它们所揭示的多为人类原始思维的特点，所反映的也是古代社会生活的民风民俗。”[8]

该著作重点研究了史诗内蕴的特异诞生成长、婚姻、被骗、征战、对手、战争禁忌、心脾禁忌、杀子、考验等9个母题，通过分析母题链结构，探讨内蕴的文化符号，解析独特的文化特质。作者提出了许多符合实际又具深度的见解，“如英雄征战母题中亚鲁王与北方史诗中的英雄不一样，他的征战没有杀戮、没有武力，依靠的是经验和智慧，他是一个兼并文化

与武功的英雄，是南方少数民族史诗中的典型”[9]115-116，“在对手母题中，《亚鲁王》与《亚鲁的传说》中记载的英雄与英雄对手是同血脉的兄弟。两者均流传于麻山地区，其中英雄与其对手同祖、同源的事实表明了苗族先民的人类同源的思想；而在《迁徙的传说》及《直米利地战火起》中英雄对手的身份变成了异族人的现象，则可能是受故事流传地民族观念的影响以及十九世纪七十年代末天主教和基督教在滇、黔、川苗区的影响”[10]127-131，“心脾禁忌母题内蕴着苗族先民的早期农业文明、现实生活中龙神崇拜的反映、权力的象征等十分丰富的原始信息，是《亚鲁王》中独有的母题”[11]157-161。同时，作者还提出一些亟须商榷的议题，如“对杀子母题存在的深层原因和历史背景的探究，英雄杀子极有可能是求雨仪式中为了能够讨雨神欢心而进行的一场献祭仪式”[12]165-172，这些探索性的论点不仅体现出作者深厚的学术素养，也体现出作者对民间文学理论方法和苗族历史文化的高度把握。

值得关注的是，作者还对英雄好战、英雄死而复生母题的缺失进行了讨论，认为两个母题的缺失受文化环境影响，目的在于凸显该英雄史诗的独特性。母题缺失的研究，可谓是母题研究的一次创举，一般的研究仅关注史诗内含的母题，但作者却在此基础上通过比较、归纳出母题中未有的母题并探寻其缘由，亦可见作者的跨文化比较研究视野。

四、从民俗文化到民俗变迁探析——传统与现代互动

社会学家丹妮尔·伦纳认为：“‘过渡人’是站在‘传统——现代的连续体’上的人，是指处在传统社会与现代社会中间的社会发展阶段上混合着新旧两种物质，有着双重价值系统的人们。他们同时兼有传统人和现代人的某些心理文化素质和性格特征。”[13]77 尽管在麻山这个地区受到社会变迁的急剧影响，但因传统的亚鲁王是处于一个封闭空间，不受外界任何因素影响，也正因为如此，《亚鲁王》的史诗传唱才会一直流传下来，活跃并主导着当地的民俗事象。

该著作新颖之处在于从民俗变迁的角度解析亚鲁王，从纵向时间和横

向空间上厘清民俗变迁历程，从演进中的麻山苗族、民俗坚守及文化自觉等方面对《亚鲁王》的过去、现在和未来进行了解析，同时对麻山苗族文化调试及民俗重构进行了思考，认为文化调试是一个能动的扬弃外来文化的一个过程。亚鲁王演唱场域遍布麻山苗族的每个角落，涵盖诸多民俗事象，完整的演唱亚鲁王是在葬礼仪式上，作者从亚鲁王的唱诵、解冤、砍马、送灵四个方面对展演仪式进行叙事并对仪式变迁进行解析。作者在深入田野调查后发现“亚鲁王”这一民俗事象不论社会是如何变迁，它都会以最适宜的姿态活跃在麻山这片沃土上，因为“亚鲁王”这一民俗事象的自我调试反映出现代文明中民俗自我调试的现象，有着它独有的民族性格、民族责任和民族使命感。

黄永林先生认为：“新时期民俗学要走出困境，必须突破传统的民俗学视角，采用整体研究、综合研究的视角。”[14] 该著采用多学科交叉视角，从民俗学、民间文学、社会学等角度追溯亚鲁王一生，在现代文明场域下，从坚守、发掘、复苏、变通、转型，从多面剖析出史诗在传唱过程中会受到传统文化和现代文化的相互制约。即使是处于一种传统的传承模式下，当受到政策冲击或市场冲击以及受到外来因素的影响时，亚鲁王也会因地理环境和人文环境不同，其民俗文化也会有所不同，受到的制约也会不同。同时，也会因为受到的冲击而去努力保护，努力坚守住属于他们自己的文化，但不论是何种原因，文化的变迁和民俗的变迁是在发展过程中出现的不可避免的客观规律。

五、小结

“文化兴国运兴，文化强民族强。没有高度的文化自信，没有文化的繁荣兴盛，就没有中华民族伟大复兴。”[15] 五千多年中华民族璀璨文明历史所孕育的中华优秀传统文化，正是我们的自信之源、自强之本，《亚鲁王》是苗族人民历经千年孕育的优秀传统文化，显然是中华民族文化自信的源泉。

肖远平新著以多学科理论为指引，以多种研究方法为门径，从文本解释到文本阐释，从《亚鲁王》的过去、现在到未来，由表及里、由此及彼，深入《亚鲁王》神髓，挖掘《亚鲁王》文化内核，不仅实现了《亚鲁王》研究专著零的突破，也为《亚鲁王》更深层次研究夯实了基础，更为众多市场经济冲击下迷茫的民族文化坚守提供一条可行的借鉴模式。

概而言之，《苗族史诗〈亚鲁王〉形象与母题研究》的作者以其开阔的视野、宽广的理论胸怀、深厚的学术素养、深邃的逻辑思维，让南方史诗研究熠熠发光，可谓“半亩方塘一鉴开，天光云影共徘徊”。

参考文献

[1] 朝戈金．朝向21世纪的中国史诗学［J］．国际博物馆（中文版），2010（2）．

[2]［3］钟敬文．民间文学概论［M］．上海：上海文艺出版社，1980．

[4] 刘守华，陈建宪．民间文学教程［M］．武汉：华中师范大学出版社，2009：198．

[5] 原载《新青年》第5卷第6号，1918年12月15日．来源于吴平，邱明：周作人民俗学论集［M］．上海：上海文艺出版社，1999．

[6] 黄晋．文学概论［M］．长春：吉林大学出版社，2014：33．

[7] 孙皓晖．大秦帝国：献给中国原生文明的光荣与梦想——邓本章与孙皓晖的对话［A］．见河南文艺出版社编．创新出版第9期［C］．洛阳：河南文艺出版社，2008：6．

[8] 郎樱．史诗的母题研究［J］．民族文学研究，1999（4）．

[9]［10］［11］［12］肖远平等．苗族史诗《亚鲁王》形象与母题研究［M］．北京：中国社会科学出版社，2017．

[13] 金耀基．从传统到现代［M］．北京：法律出版社，2010．

[14] 黄永林，韩成艳．民俗学的当代性建构［J］．华中师范大学学报，2011（2）．

[15] 习近平．决胜全面建成小康社会夺取新时代中国特色社会主义伟大胜利［Z］．中国共产党第十九次全国代表大会报告，2017．

《高级语言程序设计》课程教学改革的探索与实践

——以物联网专业为例

罗　佳*

（贵州民族大学人文科技学院大数据信息工程学院，贵州贵阳　550025）

摘　要：《高级语言程序设计》课程理论性和实践性都很强，是物联网专业学生学习编程的基础课程。独立学院的编程思维、数学基础相对公立学校学生较弱，物联网专业学生的教学要求不同于计算机专业，想要提高物联网专业学生的学习和编程兴趣，在教学模式、教学方法上应区别于计算机专业的教学。本文结合作者多年来讲授该课程的教学经验和方法，从理论教学内容、实验内容、考核方式等方面对物联网专业的《高级语言程序设计》课程改革进行研究和探讨。

关键词：案例驱动教学法；教学内容 ；考核方式 ；高级语言程序设计

---

* 罗佳（1983—），女，汉族，贵州民族大学人文科技学院教师。

引　言

物联网专业是近年我院设置的新专业，《C 语言程序设计》是物联网专业开设的一门编程类基础课程，是其他编程语言的基础语言。计算机专业对学生的编程要求高于物联网专业，如何提高物联网专业学生的编程兴趣，在教学模式、教学方法上应区别于计算机专业的教学。由于 C 语言课程的知识点多，语法结构抽象，如果只是单一的讲授每章知识点，学生很可能会失去学习兴趣或者只是完成每章的知识点，无法完成综合类程序。因此，引入案例教学方式，通过任务驱动方式将多个案例贯穿整个理论教学和实践教学，对提高学生的学习积极性非常重要。[1]68-70。

以往 C 语言程序设计在教学过程中，任课教师没有抓住独立学院学生的特点，教学方式不是很灵活，按照书本从语法结构开始，学生兴趣不大，学的知识点单一，学生上机不能完成编程题目。学生初学程序设计，复杂的数据类型和语法结构让大部分学生难以理解，学生普遍感觉概念比较抽象，知识结构不完善，动手能力较弱，写程序代码比较困难等。上机课，由于实验内容设置不合理，教师实验辅导也不到位，学生没有明确的实验目标，实验兴趣较低，经常做与编程无关的事情，还影响其他同学，达不到实验教学的目的。[2]120-127。

如何根据人文科技学院物联网专业学生特点和社会对应用型人才的需求，开展 C 语言程序设计教学改革探索，是我们面临的一个重要课题。独立学院学生学习情况不同于“二本生”，但毕业时的质量要求又要与“二本生”一样，也就是说，人文科技学院的新生进校时处在较低的“起跑线”上，而“终点线”又要求相同。[3]47-48 如果完全照搬“二本”院校 C 语言程序设计教学的模式与经验，或把“二本”学校 C 语言程序设计理论型的教育压缩教给学生，这显然是不实际的。[4]7-10 因此，鉴于人文科技学院的物联网专业学生是大学生群体中比较特殊的一部分，准确把握这些学生特点，采取科学的、行之有效的 C 语言程序设计教学改革，对于提高人文科技学院人才培养质量和学校的社会声誉，具有十分重要的理论和实践意义。

本文从教学内容、考核方式、考核评分标准方面进行深入的探讨和研究。

一、教学内容改革

（一）理论教学部分

以谭浩强编写的《C 语言程序设计》为例，理论部分教学不应该全照搬书上的内容，应该做适当调整。内容包含：C 语言的特点、C 语言的标识符、C 语言程序的开发过程；算法的表示：流程图、N/S 图；顺序程序设计、数据类型及运算；选择结构和条件判断、关系运算符和关系表达式、条件运算符和条件表达式、多重选择结构；循环结构设计；while 语句、for 语句、循环的嵌套、break 语句、Continue 语句；一维数组、二维数组、字符数组的定义和使用；函数的定义、函数的调用、函数的嵌套调用和递归调用、局部变量、全局变量；指针的定义、指针变量、通过指针应用数组、通过指针应用数组元素、通过指针应用字符串；结构体和公用体；文件的输入和输出。[5]28-30 算法是程序设计的灵魂，教会学生解决问题的方法和步骤，也是程序设计的基础。数据类型主要让学生掌握整型，浮点型和字符型以及输入和输出的格式的写法和区别。循环、判断结构是程序重要的部分，让学生明白循环、判断结构的语法结构和用法非常重要，它们是函数、数组以及指针的基础。

其中重点是程序的选择结构和多重判断；while 语句、for 语句、循环的嵌套、break 语句、Continue 语句；数组的定义和使用；函数是重中之重，在讲函数之前都是所有程序写在主函数里、没有实现函数的模块化和调用，而函数的模块化和调用是后续面向对象程序设计的基础，这节要求学生把前面循环结构的程序改写为主函数里调用自定义函数的方式。指针比较抽象，学生初学会非常困难，上课时需要把指针、指针变量，以及一维数组里指针变量的指向、指针数组等概念通过多媒体动画或者黑板板书给学生讲明白，让学生充分理解指针变量和普通变量的区别，使用指针的优势。

（二）案例驱动教学

任务驱动是指教师根据教学内容和教学目标，结合教学环境和学生的基础与特点设计任务，在教学中引入，分析任务、组织学生讨论、解决任务、培养学生思维能力、创新能力和解决问题的能力。在程序设计课程中应用案例—任务驱动教学模式，教师和学生在教与学的互动过程中，共同完成一个案例的算法思路的构建，编制和完善项目程序，通过案例的实现过程，引领学生了解算法思想、数据结构、编程语言。设计应用案例贯穿于《C 语言程序设计》的理论教学。[6]7-10 即：采用任务驱动式的方法加强知识点的链接。应用案例应当贴近生活，引发学生的学习兴趣，强化编程思想。

C 语言课程的知识点多，语法结构抽象，如果只是单一的讲授每章知识点，大部分学生会失去学习兴趣或者只是完成每章的知识点，无法完成综合类程序。但如果引入案例教学方式，通过任务驱动方式将多个案例贯穿到整个理论教学和实践教学中，对提高学生学习兴趣非常重要。讲完基本的理论知识后，每节课或者上机实验课通过引入案例来加深教学效果。

在顺序程序设计中通过超市收费、计算圆的面积、周长等程序、让学生知道怎么去定义整型、浮点型变量、掌握程序设计的算术运算、输入和输出语句。在选择结构中通过商场不同打折收费、天然气、电费收费、计算器、自动售货机商品价格的查询等程序让学生理解选择程序设计的思想和语法结构。循环结构是学生开始接触 C 语言觉得比较难的地方，大部分是因为没有理解循环的概念和语法结构，可以通过人机猜数游戏、寻找密码、九九乘法表、用户名和密码验证登录、“韩信点兵”、百钱买白鸡、猴子吃桃、排序等案例让学生理解如何应用 While、do-while、for、break、continue 语句来实现循序，与多重判断 if 或 switch 语句结合运行出结果。函数部分可以通过一个居民收费系统：包括电费、水费、燃气费引入，学生很容易理解电费、水费、燃气费分别定义三个函数来实现，在主函数中去调用就可以得到三种不同的费用，通过此案例也可以让学生掌握函数定义的语法结构。[7]126-129 递归函数可以通过求阶乘、“汉诺塔”问题去让学生明白递归就是不断调用自己直到满足递归出口，通过分段函数的数学表示方法是很容易教会学生学会递归算法的。指针是C语言初学者最难搞懂的问题，可以通过寻找存折密码、交换任意两个数让学生明白“间接”和“直接”的区别，进而明白指针、指针变量、普通变量的区别，理解指针实现变量和内存的灵活访问。通过猜宝游戏、简单电子表格功能等掌握指针作为形参和实参的不同。文件包含文件的打开、写入、保存、关闭。给学生说明白现在没有学习后台数据库，本阶段的数据保存在文件里，查询是从文件里查询。

最后通过一个学生成绩管理系统的实例：从需求分析、系统功能结构、主函数设计、通过录入学生信息模块、查询学生信息模块、删除学生信息模块、插入信息模块、学生成绩排名模块、将整个学期的知识点串起来，让学生理解系统开发的基本步骤为后续的系统开发打下基础。

二、实验课程教学

上机课除了运行出教师在理论课上讲解的案例外，每节上机课还要完成另外布置的上机作业。对于上机中学生出现得多的问题，教师应该亲自写程序，边讲边运行，让学生明白自己在写程序过程中遇到的问题该如何解决。上机实验课，老师需要在学生中不停地走动，解决学生在程序调试中出现的不同问题。[8]30-40 由于有些班级有70多个学生，在有限的时间内无法逐一解决所有学生的问题，我们可以选定该班上该门课程比较优秀的同学或者主动性特别强的同学，作为小组长监督和解答同学的问题，对于他们出现的问题可以提前在课外解答。在以前的实验教学中，学生往往注重程序设计的正确性，忽略了一题多解和程序的调试能力的训练，有些题目鼓励学生用多种不同的方法去实现，对能用不同方法实现结果的加实验平时分。

为了加强实验教学，培养学生动手能力，实验课如何考核是相当重要的。在以前的实验教学中，学生往往注重程序设计的正确性，忽略了一题多解和程序的调试能力的训练，如何对培养学生提高程序调试能力和程序设计的逻辑思维能力引导，实验成绩的评定改革是必不可少的。在期末，上机实验测试部分，给学生将几个综合实验，如：学生成绩管理系统、通讯录管理系统等，上机教师调试程序给学生看，调试系统每个模块实现的功能。部分学生可以模仿老师的代码改写成自己的程序，提高编程能力，对于能做出几个综合模块的同学实验成绩加分数，提高学生的积极性，让他们初步了解程序开发的过程、为后面系统开发打下基础。

三、考核方式的改革及评分标准

所谓“老师期末考核什么内容，学生就学什么内容，学生总以通过考试作为目标”。[9]60-70 传统期末考试以闭卷方式考核学生，闭卷考试题目无非是选择题、填空题、设计题，这些题目只能考到学生部分的理论知识，学生真正解决问题、分析问题、编写程序、调试程序的编程能力是无法考核到学生的。这样就造成了学生可以平时不努力学习，到期末前两周来学习，也可以应付过考试，而且闭卷考试还使部分学生产生作弊的念头，大部分学生考完试就忘记了这门课程学习的相关知识。

因此，为了消除传统考试的弊端，体现本门课程上机实验的重要性，期末实验成绩评定除了每节上机课完成的题目外，还应包括阶段性测试、期中测试、期末测试全面考核学生的编程能力，提高学生的学习紧迫性。根据几年的教学实践经验，这门课程的考核分为平时每周要求完成的上机作业、理论手写作业共占30%，理论手写作业就是每周的课外作业，期末考试占70%。实验考核包含：学生每周提交上机作业、期中有上机测试题目、期末有综合测试题目。实验考核在为培养学生提高程序调试能力和程序设计的逻辑思维能力引导，实验成绩的评定改革是必不可少的。[10]20-40

四、总结

《高级语言程序设计》是编程入门的基础核心课程，作者从事我院计算机本科专业的《C语言程序设计》教学多年，具备一定的教学经验和教学实践，撰写过本门课程的教学大纲。《高级语言程序设计》培养学生的基本编程思想和解决问题的能力，是后续编程语言的基础。针对物联网专业学生的培养目标，对《C语言程序设计》的理论和实践教学模式、考核方法进行改革十分重要。针对我院培养应用型人才的定位，讲授内容的理论部分应根据实际情况做调整，加大实验课的比重。教师应该采用案例驱动的方法通过引入实例让学生理解程序设计的思想和方法。C语言程序设计又是一门实践性很强的课程，实验教学是本课程不可缺少的实践环节。在实验教学过程中要求结合该课程教学的相应内容，由浅入深地指导学生了解和掌握程序设计，加深对语言的理解，得到面向对象程序设计基本方法和技巧的训练，从而巩固和深化所学的知识，真正能用这个强有力的编程工具去解决实际问题。

参考文献

[1] 夏建国．技术应用型本科院校办学定位思考［J］．教育发展研究，2006（13）：68-70.

[2] 黄丽薇，羊栋，史先强，等．应用型本科院校有效教学的涵义与特征研究［J］．高教学刊，2016（7）：47-48.

[3] 蔡泽寰，萧练武，李祥富．推进工学结合培养模式改革 创新产学合作教育工作思路［J］．新课程研究（中旬刊），2008（1）：7-10.

[4] 陈力捷．基于产学合作中心的校企合作研究［J］．中国校外教育，2010（s2）：346-350.

[5] 刘凤云．对“校企合作、工学结合”人才培养模式的思考与实践［J］．教育与职业，2009（29）：28-30.

[6] 张苹迦．英国高等学校“三明治”教学模式简介［J］．教育发展研究，1990（2）：44.

[7] 余芝轩．英国“三明治”教学模式探讨与借鉴［J］．山西青年管理干部学院学报，2011，24（3）：110-112.

[8] 彭熙伟，徐瑾，廖晓钟．英国高等教育“三明治”教育模式及启示［J］．高教论坛，2013（7）：126-129.

[9] 雷正光．德国双元制教学模式初探［M］．北京：科学普及出版社，1992.

对学前教育专业政策法规课程的反思与改革

任沙沙　索芳迪　陈会*

（贵州民族大学人文科技学院大学城校区，贵州贵阳　550025）

摘　要：幼儿教师的教学质量直接影响了幼儿教育事业的发展，因此对幼儿教师的培养直接决定了我国幼儿教育事业的发展。专业的幼儿教师不仅应该具备精湛的专业技能、更应该具备高尚的职业道德。随着国家对幼儿教育事业的重视，幼儿园数量急剧增多，幼儿教师的数量也大幅度上升，教师的教学水平虽然有一定程度的提高，但教师的职业道德一直存在着很大的问题，虐待儿童事件不断出现。为提高幼儿教师的职业道德，各级各类学校应该加强政策法规课程的学习，转变幼儿教师的教育观念，明确教育目标，改革教育内容，采用多种教学方法，建立科学的评价体系，从而促进学前教育事业健康发展。

关键词：学前教育；政策法规；课程

随着国家社会经济的快速发展，国家对学前教育的重视和投入，学前

---

* 任沙沙（1992—），女，土家族，贵州铜仁人，贵州民族大学人文科技学院教师，硕士。
索芳迪（1992—），女，布依族，贵州贵阳人，贵州民族大学人文科技学院教师，硕士。
陈会（1991—），女，汉族，贵州仁怀人，贵州省黔南州龙里实验幼儿园教师，学士。

教育进入蓬勃发展时期。幼儿教育事业的发展不仅仅是幼儿教育机构的增加，更应该培养出高质量的幼儿教师，而高质量的幼儿教师除了需要较高的学历和较强的专业技能以外，更需要高尚的职业道德。为了满足市场的需求，各级各类高校也纷纷开设学前教育专业，各大高校缺少办学经验，师资队伍良莠不齐，课程设置不合理，过多地重视幼儿教师的专业技能和专业理论知识的培养，忽视对幼儿教育政策法规、师德师风的培养。各级各类学校关注的是培养大批专业技能精湛的幼儿教师，却忽略了职业道德的培养。如何解决实际出现的问题，培养出高学历、高素质的幼儿教师队伍，是当下应该思考的重要问题。其中，学前教育政策法规是提高幼儿教师质量的重要组成部分，而学前教育政策法规课程却一直遭到各级各类高校的忽视，本研究的目的旨在提高幼儿园准教师的培养质量，让各级各类学校重视幼儿教师职业道德的培养。

一、幼儿教育事业对政策法规的新需求

中共中央和国务院审时度势，相继出台了关于发展学前教育的若干文件，各省、市、自治区、直辖市根据国家的相关政策，也陆续制定了学前教育发展规划纲要和实施方案，大力兴办幼儿园。这些政策的出台，各种类型的学前教育机构迅速发展，但办学质量不高。幼儿园师资缺口慢慢缩小，但幼儿教师的素质却非常低，各级各类学校只关注技能的培养，却忽视了爱心、责任心的培养，导致幼儿园出现大量的虐童事件。

据联合国 2009 年公布的《世界儿童状况》报告显示，全球每年约 5 至 15 亿儿童遭受暴力伤害。2009 年，云南一所幼儿园的教师用注射器针头扎 20 多名 4 岁的幼儿。2010 年，江苏徐州天马幼儿园三位教师轮流毒打幼儿。2011 年，济南大风车幼儿园的 15 名幼儿被老师关小黑屋、打屁股、蹲厕所。2017 年，北京“红黄蓝”虐童事件。直至今日，幼儿园的虐童事件一直存在。幼儿园教师素质低，最重要的原因是幼儿园教师的职业道德低，因此各级各类学校应该加强学前教育专业学生政策法规课程的学习。

二、学前教育专业政策法规课程的现状分析

（一）目标定位不明确，课程设置不合理

现今学前教育专业人才的培养有两种类型，分别是本科院校和专科院校。这两种院校所培养的学前教育专业人才侧重点不同，本科院校主要培养的是研究人员，自然重视理论的学习和研究素养的培养，却轻视了技能课程的学习，导致很多本科生出去工作后不能适应幼儿园的需要，只能进行科研工作和管理工作；相反，专科院校则重技能轻理论、重能力轻学历，又导致了幼儿园教师的工作没有灵魂。这样的培养模式已经远远不能满足幼儿园的需要，这也是导致幼儿园畸形发展，更是虐童事件出现的根源。很多学校虽然也提及要重点培养学前教育专业学生的教师职业道德，培养学前教育专业学生的责任心和爱心，把健全人格和良好的身心素质放在培养目标里面，但却没有很好的引导学生，相应的课程开设也相对较少。

培养目标不合理导致其课程设置不合理，学前教育课程分为三大类通识教育课程、专业课程和教育实践课程，其中专业课程分为了专业必修课和专业选修课。受培养目标的影响，在整个课程设置中，学前教育政策法规课程所占学时较少，课程性质不合理。从当前涉及师范生培养的教育政策法规课程设置看，大致有三种类型：一是华中师范大学、武汉大学等开设的教育法学课程，课时为 32～48 学时，学分为 2～3 分；二是湖北理工学院等面向所有师范生开设的教育政策与法规课程，课时为 36 学时，占 2 个学分；三是贵州师范大学、温州大学、贵州师范学院等面向教育学院以外师范生、小学教育与学前教育师范生分别开设的教育政策与法规课程，前者设置 16 个学时，占 1 个学分，而后者设置 32 个学时，占 2 个学分，并且查阅的所有学校都只是把教育政策法规课程开设为选修课。从课程性质与学时可见，各类学校对其重视程度较低。

（二）教学脱离实际，教学效果不佳

由于每年都存在虐童事件，教师已经对此类问题麻木，再加上学前教育专业教师缺乏与幼儿园的交流，教师免于麻烦基本都用书上陈旧的案例，教学内容也与实际相脱离。如幼儿园虐童事件包括殴打、扎针、喂药、关小黑屋等，由于课时较少，很多教师只是单纯的照本宣科，脱离实际，并未对其爱心、责任心进行培养，也未讲述触犯法律法规的严重性。又如很多教材都为了学科的完整性，偏重于教育政策的理论学习，对现实案例关注不足，而对于幼儿园的准教师，最重要的就是基于情景对问题的分析和解决。

教师的教学态度直接确定了学生的学习程度，教师认为本门课程不是特别重要，学生也就不会很好的学习。很多教师并没有把本门课程的重要性阐述出来，认为选修课不重要学生想怎么学就怎么学，课堂上不听课老师也不管，未充分调动学生上课的积极性。我们国家学生的一个特点就是为考试而考试，而学前教育政策法规作为选修课，学生认为不考试的课程也就不重要，当然也就不会好好的听课和学习。

（三）教学案例陈旧，缺乏评价体系

教材案例陈旧，无法跟上当前教育法规的改革。很多教师教案和 PPT 演示文稿上的案例都是几年前的内容，并未把当前热点与课程联系起来。如二胎政策的出台学前教育迎来了第二个春天、国家要求创办普惠性幼儿园、第三期学前教育三年行动计划的启动等都意味着学前教育发生了很大的变化，以前陈旧的案例已然无法满足实现的需要。过去陈旧的学前教育专业政策法规，既无法激发学生的求知欲和好奇心，也很难让学生学到解决现实中存在的问题。

与此同时，现今的大学生属于独生子女一代，被家庭包裹得太严实，以自我为中心，对于国家的政策法规视而不见，要让他们重新关注政策法规需要进行重点的学习和考评。然而，从大多数学校开展的政策法规课程来看，评价基本没有，仅以一两个案例作为考核的依据。很多学生能学到

知识也就是通过考试，而这门课程作为选修课根本不能客观的评价学生的学习，更不能让学生掌握政策法规的基础知识。据笔者了解，很多学生如果知道是考查课，根本不会好好听课，更不会倾注精力学习这门课程。

三、学前教育专业政策法规课程的改革建议

（一）转变教学观念，明确教育目标

3~6 岁幼儿特殊的身心发展特点决定了幼儿园教师及相关工作者必须具有特定的专业素养，具有良好的职业道德与态度，需要更多的爱心和耐心。现今，除了培养理论知识扎实、专业技能精湛的幼儿园准教师以外，更应该培养高素质的幼儿园准教师。只有这样，学前教育事业才能更快、更健康的发展，并获得更强的生命力。现阶段新的政策背景下，幼儿园应杜绝虐童事件的出现，就需要从源头上改善准教师的观念，培养他们的责任心、爱心和高尚的职业道德。为此，各级各类学校的政策法规教学应该与幼儿园相联系，结合幼儿园的现实案例，让学生深入情景进行问题的分析与解决，转变他们的教学观念，实现对学前教育学生专业素养和职业道德能力培养的双重目标。

（二）改革教学内容，采用多种教学方法

针对学前教育政策法规教材陈旧，教师教学不能和实践结合的问题，应首先对课程性质进行改革，从专业选修课转变成专业必修课，让教师和学生都从课程性质上了解本门课程的重要性。其次，增加课程的学分设置，从原来的 1~2 个学分转变为 3~4 个学分，让教师针对幼儿园虐童事件（包括针扎、摔打、揪耳朵、强迫吃饭等）、校园暴力（包括敲诈、殴打、性侵等）结合具体案例进行详细讲解，提高他们处理各种问题的能力，从而杜绝虐童。

学前教育政策法规课程偏向于理论的学习，教师要改善传统的教学方式避免学生在课题上做自己的事情，采用合作式探究学习和互动式学习，

比如分小组让学生分析案例，让每一个学生都说出假如自己作为一名幼儿园教师的处理办法，从而调动每一个学生的学习兴趣，能解决现实中存在的问题。教师的讲授方法直接决定了学生学习的兴趣，好的授课应该采用多种教学方法来提高学生的学习兴趣，比如精讲法可以让学生很快的掌握重点知识；设问法可以调动学生参与学习的积极性，促进学生的思维活动；示范法把理论和实践联系起来，让学生巩固知识点。

（三）建立较为科学的评价体系，激发学生的学习兴趣

学前教育政策法规是现今幼儿园发展的重要部分，让学生明白本门课程的重要性，为此必须改革传统的评价方式，把政策法规作为考试课，如果考试不过不予毕业。教师可以采取赏识评价，把握全局，充分调动学生的学习兴趣和主动性。教师还可采用个别点评和集体点评相结合，既关注整体的学习情况，又关注了每一个学生的学习。最后，教师还可采用过程性评价和终结性评价相结合，除了考试的成绩，还要加上平时上课的成绩。教师要做好过程性评价，在教学过程中实行现场考核计分制，不达标的学生不予计分，直到老师指导下能独立完成才给予计分，从而培养出高质量的准幼儿教师，促进我国学前教育事业健康发展。

新闻信源保护在媒介伦理中的困境与对策*

肖婷婷**

（贵州民族大学人文科技学院文学与新闻传播学院，贵州贵阳　550025）

摘　要：保护新闻信源是世界新闻传播业同行心中不言而喻的重要媒介伦理准则，因为新闻信源是新闻的血液，承担着一则新闻是否得以形成的重要责任。但新闻从业者保护新闻信源失范，也会成为虚假新闻、恶意诽谤“滋养的温床”。不仅会影响单个媒体公信力，长此以往，整个媒体行业都将陷入虚假新闻和失实报道的泥潭中，影响了整个媒介的生态环境。

关键词：新闻信源；新闻真实；舆论监督；媒介伦理

一、新闻信源及信源保护的概述

新闻信源，即新闻的消息来源，是指新近发生事实的消息提供者。①

＊［基金项目］中国南方少数民族文学艺术与文化传播研究基地 2017 年度科研基金项目的阶段性成果［编号：17jdxm06］。

＊＊ 肖婷婷（1993—），女，汉族，贵州贵阳人，硕士研究生，主要研究方向：传媒伦理与法规。

① 陈力丹，费扬生．隐匿权·新闻真实·审判公正——从水门事件中的“深喉”说开去［J］．当代传播，2005（06）：47-49.

美国著名的媒介法学家唐・R・彭伯（Don. R. Pember）将新闻信源比作新闻界的血液。新闻记者是社会的记录者，每日发生在社会各角落的新闻之多，记者无法亲自到达现场。于是，来自社会各个阶层的普通大众就充当了记者的耳目，成为给新闻媒体提供消息的信源。他们大大扩展了新闻报道的覆盖面，满足了公众对社会信息的知情权。2001 年《纽约时报》就曾分析了自己当年度的版面新闻采用率，其中完全由自家记者编辑采写的原创新闻，称为“第一落点”的新闻报道，只占到了全部版面新闻总量的 20%；占了 80%的“第二落点”的新闻报道均来自于他人提供的线索。①

新闻从业者保护新闻信源，指的是不在未经信源主体许可的情况下随意透露其姓名、身份等可供他人识别的个人信息。在新闻从业者的心中始终坚信着，如果相关媒体报道了信源主体向他们提供的可用于公开报道的信息，但公开信源主体的身份信息势必会对其造成伤害，媒体则不应该公开主体身份。英国新闻控诉委员会对此项内容进行了明确规定，要求新闻记者恪守为新闻信源保密的职业道德。

新闻从业者之所以宣扬的信源保护行为正是由于它一定程度上保护了言论自由、维护了公众知情权，是善良的、符合伦理要求的。然而，凡事具有两面性，信源保护的界限在哪里？新闻从业者若是轻易答应对方的保护要求，就会出现大量的匿名报道，而公众是否能够对这样的信息表现出信任，这也是媒介需要承担的风险。换个角度来看，如果信源主体自身的意图存在问题，记者和媒体就有可能在不经意间为其提供了保护伞。但是，若强制公开的报道方式，很可能会错失不少的新闻机会，影响了言论自由不说，更伤害了公众知情权，使公共利益受到损害。

二、新闻信源保护的真实性困境

真实性是新闻的基本原则，是立足之本，更是立命之本。1991 年颁布的《中国新闻工作者职业道德准则》就明确规定了：新闻工作者必须维护

① 胡青云．“新闻线人”现象析［J］．新闻记者，2004（05）：33.

新闻真实性；坚持客观公正原则。这是我国新中国成立后第一个统一的、适用全国的新闻职业道德规范，可见，保证“真实性”是新闻活动的第一要义。《纽约时报》总编辑艾布·罗森索就提出过保护信源与新闻真实性之间的矛盾关系：一方面，对于信源本身来说，新闻工作者的保密是其提供信息的基础，只有保证自身信息的安全，信源才有可能向新闻工作者和媒体提供信息，使受众获取更加丰富的信息资源。另一方面，如果一味地对信源进行匿名处理，就会“使读者怀疑新闻的可信性。”[①] 换言之，对新闻信源进行保护，伴随而来的是新闻真实性遭受质疑。

2003 年 5 月，“布莱尔造假事件”可谓是《纽约时报》创刊 152 年以来的最大的丑闻。社内时年 27 岁的黑人记者杰森·布莱尔通过所谓的“信源保护”进行“剽窃和造假”新闻报道。当月 11 日报社被迫在头版显著位置刊登长篇文章承认新闻失实并道歉。根据调查，杰森·布莱尔于 2002 年 10 月至 2003 年 4 月期间写作的 70 余篇新闻稿件中有 30 余篇涉及剽窃与造假。[②] 美国得克萨斯大学新闻学院的学生们曾经跟随导师对五个美国知名媒体从 1998 年到 2010 年所有经证实涉及造假的 400 篇报道进行过量化分析，结果发现记者个人以“伪造来源”的方式造假出现频次最高——400 篇中出现了 174 次。

新闻从业者保护信源而采取了匿名的方式，一直被称作民主的安全阀和良心的避难所，但这一做法对新闻报道的真实性暗藏危害，不谨慎使用便造成新闻失实，损失的不仅仅是某一媒体的公信力，更可能使社会中整个媒体都陷入虚假新闻的泥潭中，影响整个媒介生态环境。

三、新闻信源保护在舆论监督中的困境

公民自由行使知情权是一个开放社会的基本前提，新闻界一直以来都扮演着探照灯的角色，密切注视着社会中的公共利益的事件，曝光各种违

---

① 许加彪. 道德和法律视野下记者拒证特权的思考［J］. 新闻界，2008（01）：51-52.

② 人民网. 纽约时报自揭家丑“名记”炮制 36 篇假新闻［EB/OL］. 2003-5-12. http：//media. sohu. com/84/31/news209203184. s. html.

纪违规的现象，且引导民众广泛关注舆论，并进行监督。因此，社会健康发展离不开新闻自由。如果想借助鼓励表达的多样性来保护我们宪法传统中自由选择的最大化，那么很明显，我们就还需要一个独立的新闻界通过报道来传播富有活力的不同信息和观念。巫国平就社会对媒体的态度进行了论述，认为社会对媒体容忍能力的高低与社会的进步程度正相关。从这个意义上来说，想要真正意义上建设成一个文明、民主、进步的社会，就需要利用好媒体的舆论监督作用。①

“坚持党性原则，坚持正确舆论导向”是被写进《中国新闻工作者职业道德准则》的重要规范。新闻舆论监督的概念是中共十三大报道正式提出的，其实就是要求新闻媒介要发挥其批评建议权的作用，通过新闻报道，包括对违法违规行为、党和政府的方针政策落实情况，党纪政纪执行情况，侵害群众利益行为和社会丑恶现象，不道德行为和不良风气进行揭露并有所改善。

在保护信源的情境下，新闻工作者都被设定成理性的、值得信赖的、伦理高尚的；但不可否认新闻业内不乏一些素质低劣、道德沦丧的记者利用匿名信源来达到不法的利益。休·卡伯特森（Hugh Culbertson）所言：“不署名的消息源被称作民主的安全网也是良心的庇护所但同时它也是那些懒惰、马虎的记者的拐杖。”② 一个独立的媒体的确可以实现监督社会的职能，但谁来监督这样的媒体呢？当保护新闻信源成为一种企图逃避犯罪起诉的产物，这是十分可怕的，也违背保护新闻信源的初衷。保护新闻信源的新闻报道是幌子还是真实，引导的是积极健康的舆论还是一种恶意诽谤。这把双刃剑的使用与新闻媒体的公信力密切关联。

美国前国家安全档案馆主任汤姆·布兰顿曾经就新闻的可信度问题发表了自己的意见，他认为，就当前的新闻环境来看，华盛顿的新闻不再为读者展示过程，其可信度也有所下降。而C-SPAN③ 则有取而代之的趋势，

---

① 朱雨晨．温铁军是否会“出卖线人［J］．瞭望东方周刊，2004（25）：35-38.

② 克利福德·克里斯蒂安．媒体伦理学：案例与道德论据［M］．北京：华夏出版社，2000：77.

③ 美国一家提供公众服务的非营利性的媒体公司，由美国有线电视业界联合创立。

因为他们向公众展示出整个新闻的过程。① 大多数情况下，媒体都是披露的事实，从而发挥舆论监督的作用；但新闻的社会监督作用就是要以事实为基础，报道中的事实又必须是可以证明的，因此在披露之前，媒体就应该考虑到有可能发生的后续问题，并且摆正自身的位置，发挥社会赋予的舆论监督职能。

四、如何合理合法地保护新闻信源

保护新闻信源实则就是保护新闻自由最重要的价值。于社会而言，新闻自由具有公共利益的属性，但并不是绝对权利，必须在与其他社会利益权衡过程中得以实现。以赛亚・柏林说过："自由是一种价值，平等或公正也是一种价值，而这几乎等同，也并非不存在因果关系。"② 所以，当谈及信源保护时，必须得融合新闻自由、司法公正和传播职业道德三方理论，以新闻信源保护为主体，以媒体与权力、媒体与职业道德、媒体与司法为研究客体，探析在中国特色社会主义现代化法治社会的情境下，新闻从业者们如何才能合理合法地进行新闻信源的保护。

美国著名的媒介法学家唐・R・彭伯（Don. R. Pember）在《大众传播法》一书中，给出了新闻从业人员在保护新闻信源时出现困境该如何化解的建议：

（1）不要把对承诺保密作为采访的基本技巧；

（2）避免绝对的保密承诺；

（3）尽量说服消息源在你接到传票的时候同意泄露他的名字；

（4）不要完全依赖由匿名信息源提供的信息；

（5）从其他非匿名信息源或文件上寻求帮助。

由我国著名媒体法和伦理学者徐迅等十位学者编著的《媒体人新闻业务守则》是近年来媒体法和媒体伦理研究的一项重要成果，旨在为新闻从

---

① 魏永征，周琳．媒体在名誉权案中的举证问题——从证据视角说"世奢会"案［J］．新闻界，2014（12）：21.

② ［英］以赛亚・柏林．自由论［M］．胡传胜，译．南京：译林出版社，2003：278.

业者提出并确立新闻业务合理且可操作性的规范。在第一章“新闻真实”部分就强调指出：……对消息源要求匿名的确切原因，应当作合理的评估与判断。必须使用匿名消息来源时应做到：

（1）至少有一名编审人员知道匿名消息源的真实身份；

（2）在报道中解释匿名消息源的背景；

（3）信守承诺，不暴露匿名消息源的真实身份，并准备承担履行这一承诺带来的不利于自己的法律后果。①

由于影响信源可信度的因素较多，需要综合多方面的因素，结合信息本身对其可信度进行评估。需要注意的是，新闻记者在搜集信息时，经常会与相关人士建立起长期的关系，由这些关系人提供的信息同样也需要进行可信度的调查。所以，当务之急是要加强新闻从业者职业伦理规范的构建：

首先，加强新闻审查力度，构建起有效的问责机制，追究虚假新闻相关人士的责任。

其次，记者要有证据和司法意识，避免以单一信源为主的新闻报道。魏永征教授指出，为了保证信息的准确性，新闻报道，尤其是批评报道，必须拥有两个及以上信源的佐证。这不仅是保证新闻准确性的要求，同时也能够在很大程度上避免承担不必要的法律责任。如果记者在进行新闻报道前，对所报道的内容进行了深入调查，掌握了充分的证据，那么在可能发生的诉讼案件中，通常可以通过其他方法证明消息的准确性，不需要透露秘密信源主体的信息，这也能很好地避免伦理和法律之间的冲突。②

最后，坚持平衡报道原则。记者必须明确自身的职业定位，在报道的新闻事件中只是记录者和传播者，并非判决者。报道的基调要注意多种观点平衡报道，在复杂事实报道过程中不能以偏概全、先入为主。

新闻信源是新闻报道的基础和源泉，保护新闻信源是新闻传播得以顺

---

① 《媒体人新闻业务守则》编写组．媒体人新闻业务守则（释义）[M]．北京：中国政法大学出版社，2015：15.

② 魏永征．新闻媒体没有不举证就胜诉的特权［EB/OL］．中国新闻出版网，2015-1-20. http：//news. xinhuanet. com/zgjx/2015-01/21/c_ 133934555. html.

利进行并取得报道效果的前提，因此，保护新闻信源在世界各国新闻从业者们的心中是一道不言自明的职业伦理规范。我国的新闻业界需要建立可操作性更强的新闻媒体保护新闻信源的职业规范，让保护意识深入每个人的内心。当然，在新闻工作者遇到需要保护信源的具体案例中也得时刻谨记新闻第一原则要求的真实性和客观性，在进行信源保护时要坚持“有利、有理、有制”的原则，进一步完善记者和媒体的把关能力，优化媒介生态环境，以创造和谐的社会生态环境。

参考文献

[1] [美] 唐·R·彭伯．大众传播法 [M]．张金玺，赵刚，译，展江，校，北京：中国人民大学出版社，2005.

[2] [美] 约翰·D·泽莱兹尼．传播法：自由、限制与现代媒介 [M]．张金玺，赵刚，译，展江，校，北京：清华大学出版社，2007.

[3] 陈力丹．新闻隐匿权与新闻职业道德规范 [J]．新闻与写作，2015 (3).

[4] 杨保军．隐匿新闻源主体中的道德问题 [J]．新闻界，2010 (1).

[5] 张俐，刘蓓．论新闻信源的核实及保护 [J]．新闻世界，2011 (12).

[6] 陈力丹，曹文星．论新闻隐匿权 [J]．新闻前哨，2012 (1).

[7] 人民网．纽约时报自揭家丑“名记”炮制36篇假新闻 [EB/OL]，2003年5月12日．http：//media. sohu. com/84/31/news209203184. s. html.

独立学院学前教育专业发展的困境与对策研究

张 英*

（贵州民族大学人文科技学院文学与新闻传播学院，贵州贵阳 550025）

摘 要：独立学院的发展与自身的专业发展有着密切的联系，为了完善学院专业体系，一些独立学院依托高校优势资源，设置了学前教育专业。学前教育专业如今发展势如破竹，备受众人关注。独立学院开设学前教育专业也是顺应时代发展要求，紧跟时代步伐所做的努力。但是，独立学院发展有着自身特殊性，如何办好学院学前教育专业，是独立学院专业发展中的任务之一。探析独立学院学前教育专业发展实况，针对学院学前教育专业发展中存在的问题，进而提出相应对策进行解决，以期独立学院学前教育专业办出自己的特色，学前教育专业的成长之路越走越宽阔、高远。

关键词：独立学院；学前教育；专业发展

随着社会经济发展，纵观中国国情，人口老龄化趋势不容小觑，国家“二胎”政策也随之放开。一个家庭不再是只能生育一胎，从而幼儿数量开始逐步上升，与之配套的幼儿教育事业也获得迅速发展。现今父母养育

---

* 张英（1989—），女，汉族，贵州湄潭人，安徽师范大学教育科学学院硕士研究生。

子女观念有所进步，不再是曾经吃饱穿暖那么简单，无论医疗还是教育，都是父母不得不为幼儿考虑的大事。在教育系统里，学前教育就越来越备受各界关注，其发展也势如破竹。不论是中职学校、高职学校，还是大专、本科院校，都有学前教育专业存在的身影，并且在大力发展学前教育。与此同时，国家也重视学前教育，也在积极投入为学前教育立法工作之中，给予学前教育在法律上的保障。这也适时顺应了社会发展对学前教育发展的需求。本文主要关注独立学院学前教育发展现状，通过实地调查取样，窥见其发展过程中存在着一些亟需解决的问题。独立学院开设学前教育专业课程，一方面可以丰富学院学科体系，另一方面可以为社会培养更多更好的幼教工作者。现今，幼儿教育事业亟需大量幼儿教育工作者，在报考专业选择上，选择从事幼教工作的学生也越来越多，可见学前教育在人们心目中的重要地位。独立学院作为高等院校，为使学科多样化，专业选择更人性化，学前教育专业在独立学院应该有其自身特色，同时学院也有其责任办好学前教育专业，有办好学前教育专业的必要性。

一、独立学院办好学前教育专业的必要性

儿童是国家的未来，祖国明天的希望。儿童受教育质量程度在一定意义上影响着一个国家、社会的发展。幼儿教育工作者肩负着培养优秀儿童的重大责任与义务。至此，幼儿教师的能力与水平决定着学前教育质量的好与坏。独立学院主要以培养社会需要的应用型人才为主，顺应时代发展需求，开设了学前教育专业，设置了相关课程。办好学前教育，最终就是为社会培养更多优秀的幼教工作从业者。独立学院办好学前教育专业，有其必要性：

从国家层面来说，近些年，在各级政府部门高度重视下，学前教育事业获得了快速发展，不论是幼儿园园所数量的增多，还是学校增设学前教育专业，都在一定程度上助推了学前教育事业的积极发展。独立学院作为高等院校之一，有责任承担为国家培养人才的责任，这也是独立学院办学的初衷。独立学院办好学前教育专业，是积极支持政府民生工程的体现，

是响应国家办好学前教育事业的号召的表现，也是为国家对学前教育发展的人才需求尽一份力。学前教育作为我国学制的第一阶段、基础教育的有机组成部分，必然对我国教育事业的整体发展，尤其是基础教育的发展具有重要的作用与影响。[1]

从社会层面来说，学前教育事业的健康发展不仅需要经济基础作为支撑，需要政府的大力支持，同时也需要更多乐于从事学前教育工作的人们积极参与。反之，学前教育就不可能又好又快地发展。独立学院肩负着为社会输送有用之才的责任，办好学前教育专业，就是为社会学前教育事业发展贡献一己之力。

从学校层面来说，独立学院要发展，不但明确目标、方向坚定，同时更需要提升自己的办学实力，丰富学院的专业设置，这样才可以促进学院向更好的方向发展。学前教育专业属于教育学下面的一个分支学科，是教育的起点，办好学前教育专业，对独立学院的教育科学发展也是相当有益的。学前教育专业学生以后大部分都是幼教工作从业者，需要具备独特的知识和技能，具备较高的基础素质，能够接受系统的专业培养。[2] 学院办好学前教育专业，促进学院自身专业发展的同时也是为国家、社会培养优秀幼教从业者。

二、当前独立学院学前教育专业发展存在的问题及原因分析

独立学院在开设学前教育专业上，由于经济支撑有限、经验不足等原因，对学前教育专业发展有着不同程度的影响，存在着一些不足。

首先，经费不足，使得学前教育专业缺乏充分的物质保证。通过实地调研，了解到独立学院在学前教育专业上投入有限。专业所需器械、设备不足，仅能满足部分学生使用，比如，因为专业学习需要，钢琴房、舞蹈室、手工活动室等配置不足，一个年级上百人，但是练琴房比较少，满足一人一台钢琴的条件有限，不便于学生实践操作。因为独立学院办学的特殊性，办学经费主要由学院自己出，政府只是在财政上给予一小部分支持，支持力度有限，所以独立学院办学几乎全部由学院承担学院运营的绝

大部分资金。因为独立学院要发展，但是没有充足的资金作为保障，发展速度有限，在办学硬件设施方面能够投入的力量也是极为有限的。

其次，专业专职教师数量紧缺。独立学院办学过程当中，师生比例存在一个比较大的差距，大多数独立学院的师资力量都存在不足的问题。一般独立学院学前教育专业学生上百人，但是相应的专业专职教师却很有限。欠缺的那部分师资资源，要么由合作办学的学校支持部分教师，要么就是外请一批代课教师，通过这样的途径适时解决教师队伍人数不足的问题。学院专职教师数量不足，首先是学院办学经费有限，不能在教师队伍建设方面投入更多；其次是学院的人才培养制度存在缺陷，大部分教师在学院任教时间不长，教师流动性很大；再次是部分教师工作量超负荷，长此以往，失去了工作积极性，选择离开；最后是学院的教师奖励机制不够健全，教师工作积极性有待提升。

第三，专业人数分班不合理。独立学院注重学前教育专业发展，招生机制符合政府要求，但是在班级设置，学生分配上存在大班学习的现状。即一个班级学生人数不是按照一般标准配备，一般一个班级有 60—70 名不等的学生，一个年级两个班级就可以把一级学生全部安排好。这样大班教学难以保证教学质量，同时教师工作量也势必会加大。出现这样大班教学的现象，一是独立学院专业办学定位倾向“大众化”，二是鉴于学院师资力量有限，大班教学可以节约部分师资，三是学院能够提供的专业硬件设备有限，所以大班教学可以让更多学生共享一部分教学设备，可以节约一定专业教育成本。

第四，专业课程设置缺乏弹性。独立学院在专业课程设置上，一般比较固化，弹性课程较少，即使设置了部分选修课程这样的弹性课程，可是在具体执行过程当中并不是全由学生选择后就可以开设，还得根据学院的师资、设备、场地等因素酌情考虑开设。专业课程设置缺乏弹性，这与学院的实际办学条件有着密切的联系，学院在专业发展过程中，时常感到心有余而力不足，所以需要时间去调整。信息时代的今天，学前教育信息化强调的不仅仅是信息技术对学前学生发展的直接支持，更重要的是，要从支持学前教育学生学习和发展的整个生态环境来看待信息技术的应用，强调学院、实习基地借助信息技术的交流合作与相互学习，共同支持学前教师的学习和发展。[3] 这就需要独立学院根据时代发展情况适时设置一些弹性课程帮助专业发展。

第五，实习实训基地有限。专业发展不仅需要雄厚的师资力量、丰富的教学场地、齐全的教学设备，同时也得注重实践方面的运作，实习实训基地建设是专业发展过程中必不可少的。通过走访调查，很多独立学院与专业相匹配的实习实训基地有限。以学前教育专业为例，实习实训基地可能不与学院在一个城市，这样就不利于实训课程的开设。有的实习实训基地与学院在一个城市，但是基地有限，这也是一个问题。实习实训基地有限，一方面是学院的力量有限，不能更好地为实践课程的开设提供更多资源，一方面是专业所属部门不够重视，没有想方设法积极去对外联络专业发展基地，或是有意识去对外联络基地，但是工作进度不大，所以跟不上专业发展需求，进而不利于学生在实践方面的学习。有部分学生会利用假期时间，自己联系一些园所进行实践学习，但是这样积极学习的学生只是一小部分，大部分学生因为没有条件，无法去实践中加强学习，夯实自己的专业。

第六，专业办学经验有限。独立学院有自身的特殊性，主要依靠自己的力量办学，在新专业设置开发过程中，经验不足，大多都是参照其他本科院校的办学经验而办学，再结合自身学院的实际情况，可以吸取的办学经验是相当有限的。这样的情况最终还是因为独立学院自身的特殊性，在很多方面不能给予专业设置很好的发展空间。

第七，活动空间狭小。学前教育专业可谓是一个培养学生多才多艺的专业，不仅要学习与之相关的理论知识，更需要把所学的理论知识运用到实际当中。这就需要学院为学生提供一定的活动空间，让学生在模拟情境中发现自己优势的同时也看到自身的不足之处。但是，经过调查发现，学院为学生提供活动场地方面的工作还需继续努力，以期为促进学前专业的健康持续发展做足工作。

三、解决独立学院学前教育专业发展问题的对策

1. 学院应加大对学前教育专业经费投入力度。基于独立学院自身的特殊性，即它是实施本科以上学历教育的普通高等学校与国家机构以外的社会组织或者个人合作，利用非国家财政性经费举办的实施本科学历教育的高等学校，民办高等教育的重要组成部分，属于公益性事业。因此，独立学院的办学经费相对公立学校而言，要少很多。加之独立学院经费主要依靠自己的力量去解决，所以学校在经费使用方面比较紧张。通过调查，针对独立学院学前教育专业经费使用情况，远远不能够满足专业发展需求，只是暂时可以保证专业的一定发展。基于这样的现实，独立学院在学前教育专业经费开支方面需要适当加大对该专业的经费投入力度，保证专业的又好又快发展，满足专业发展在“软实力”和硬件设施方面的需要。

2. 合理配置专业专职教师。一个专业的发展离不开教师队伍的建设。充足的师资力量可以保证专业教学的稳定、提高。独立学院的学前教育专业，一方面学院比较重视专业的发展，另一方面学院在专业师资队伍建设方面存在师资力量不足的问题。要想专业能够得到发展，专业教师队伍建设是一个重要方面，有利于保证专业教学的顺利开展，特别是专业专职教师队伍人数的合理性。专业要发展，教师力量是保障，没有稳定的师资力量，难以确保专业的稳定发展。

3. 课程设置趋向特色化。独立学院学前教育专业主要培养的是社会需要的应用型人才，能够通过专业的学习，以后可以很好地从事幼教工作。培养专业人才，在课程设置方面要充分考虑学生的发展诉求，合理设置相关专业课程进行系统学习。课程设置可以借鉴普通本科公立高校和一些高职院校经验，结合独立学院的特殊性设置相关专业课程，这样就有利于学院学前教育专业的发展，进而有利于学院打造学院特色专业，特色课程。

4. 注重实习实训基地建设。专业发展不仅要有学院的资金投入，稳定的师资力量，也需要配套的实习实训基地对人才的实践教学培养。实习实训基地建设结合学院自身实际情况进行选择、联络。最好方便学院在这方

面的操作，不宜选择较远的地方，让学生的实训、见习学习较难安排、施行。就近实习实训基地，便于教师及时进行实践指导的同时，也便于学生实践学习、操作。

5. 扩大专业活动空间。专业的发展也需要一定空间的支撑，鉴于学前教育专业的特殊性，学生主要是将所学知识能够运用到实践之中，在幼儿教育方面能够真正对小孩起到引导作用。学生的专业活动空间的扩大，有利于学生在实际中发现自身的优劣，适时进行自我能力的提升。

6. 做好保障措施。学前专业的发展，不仅需要人、财、物的支持，也需要相关的规范予以保障。在独立学院专业建设规范里，应当加强专业建设的制度保障，在一定程度上，让专业建设有制度作为支撑。完善相关学院专业建设制度，对专业建设有着明确规划，不仅有利于专业发展，也有利于独立学院专业建设更加完善、具体。

7. 结合学院实际情况，借鉴其他高校专业发展特色。独立学院自身有其特殊性，基于自身的特殊性，再善于借鉴学习，那样学前专业发展就会有很大提升空间，进而发展成为学院的特色专业。一般高校的经验不能照搬照学，毕竟高校起点、人文环境、办学资历不一，所以必须结合学院自身的特点，有的放矢地进行学习，通过对比，融入与学院实际情况相统一的要素，这样就会让学院的学前教育专业既有一般高校的特点，又有学院的特色。

参考文献

[1] 庞丽娟，胡 娟，洪秀敏．论学前教育的价值 [J]．学前教育研究．2003（1）．

[2] 彭世华，皮军功．学前师范教育急需调整发展机制、加强宏观调控 [J]．调查与研究．2006（02）．

[3] 郭力平，赖佳欣．我国学前教育信息化的思考与展望 [J]．幼儿教育（教育科学）．2011（12）．

全国独立学院国际交流与合作办学现状分析

李莉娅*

（贵州民族大学人文科技学院，贵州贵阳　550025）

摘　要：高校开展国际交流与合作，即跨国、跨文化的教育交流与合作，既是当今经济全球化进程的结果，也是高等教育教学改革与发展的趋势。我国很多独立学院都与东盟国家、美国、日本、韩国等进行了不同程度的交流与合作，并保持着快速增长的势头，独立学院以其灵活的办学机制，在开展国际化合作办学中将具有很强的优势。

关键词：独立学院；高等教育；国际交流；合作办学

一、发展现状

2003 年，我国教育部首次提出关于规范并加强普通高校以新的机制和模式试办独立学院的管理意见，并于 2008 年颁布了《独立学院设置与管

---

* 李莉娅（1983—），女，汉族，贵州省六盘水市人，硕士，贵州民族大学人文科技学院对外合作处副处长。

理办法》，自此，新机制的独立学院也随之出现。2017 年“国家教育部教育发展统计公报”显示，全国共有 2631 所普通本科高等院校，其中就有 265 所是独立学院，可见，独立学院的迅速崛起，已成为我国高等教育事业的重要组成部分，这极大地推动了我国高等教育的大众化进程。独立学院开展国际交流与合作，首先应树立国际化教育教学的理念和意识，重视吸收和借鉴各国、各地区的先进思想、运行机制和管理方法。自 1995 年，教育部颁布了《中外合作办学暂行条例》，2003—2007 年，又先后颁布了《中外合作办学条例》《教育部关于当前中外合作办学问题的意见》和《教育部关于进一步规范中外合作办学秩序的通知》，由此算来，中外合作办学发展至今已走过了 20 多年的历史。

（一）国内发展现状

截至目前，全国经教育部批准的中外合作办学项目和机构涵盖了研究生类、本、专科类以及中小学类等各级办学层次。全国范围内涉及的省市有北京、上海、辽宁、山东、浙江、江苏、广东、天津、湖北、陕西等；经统计，合作较多的国家和地区有美国、英国、法国、澳大利亚、新加坡、德国、加拿大、俄罗斯、日本、韩国。2012 年，教育部先后批准设立五所独立的中外合作的大学，包括上海纽约大学、昆山杜克大学、温州肯恩大学和香港中文大学，并批准设立中国人民大学中法学院、上海交通大学巴黎高科卓越工程师学院、华中科技大学中欧清洁与可再生能源学院、北京工业大学都柏林国际学院、东南大学—蒙纳士大学苏州联合研究生院、中山大学卡内基梅隆大学联合工程学院等 6 所高起点的中外合作二级学院。

2015 年 3 月，经教育部批准的中外合作办学机构共有 53 个，项目共有 847 个。2016 年，孔子学院已遍布 126 个国家和地区，中外合作办学机构涵盖各级各类教学，涉及科学技术、农业、医学、人文、社会科学等 200 多门专业。据不完全统计，目前各级各类的中外合作办学大约有在校生总数约为 55 万人，其中有 45 万人属于高等教育层次，占全日制高校学生总数的 1.4%。中国已有 150 多万中外合作办学的高校毕业生。近日，教育部发布通知，批准终止部分中外合作办学机构和项目，依法终止中外合作办学机构和项目 234 项。这是完善和创新近年来中外合作办学监督模式的重要成果，也突出了坚决推进中外合作办学领域淘汰、更新和优化升级的政策指导。截至 2018 年 6 月，全国共有中外合作办学机构和项目 2342 个，其中共有本科以上的机构和项目 1090 个。

（二）国外发展现状

中外合作办学是发达国家如美国、英国、澳大利亚等国向我国输出教育教学资源的重要形式。在欧洲，尤其是西欧，它是当代世界高等教育的发源地，并且还诞生了跨文化学习和国际教育的先驱——意大利波伦亚大学和法国巴黎大学（因为这两所古老而著名的大学当时是欧洲知识传播和研究的中心），德国柏林洪堡大学曾经成为世界教学和科研的主要阵营。正是由于欧洲大学跨文化研习的优良传统，高等教育的国际化作为一种国际教育思潮从 20 世纪 50 年代开始悄然形成，并逐渐得到国际教育界、理论界和学术界的认可，欧盟国家的高等教育国际化便逐渐开始稳步发展。扩大留学生市场已成为欧盟各国的共同战略。今天，越来越多的国家将目光转向亚洲和中国，外国对中国优质教育资源的潜在需求也在不断增长。

（三）内容及形式

目前中外合作办学项目主要有以下几种形式：

1+2+1 模式。在合作项目的第一年，学生在中国就读，奠定良好的语言基础，提高他们外语的听说读写能力，并从第二年开始在国外学习两年的专业基础课程。完成大部分教学计划和课程后于最后一年回国，并完成特色专业的课程及论文答辩，双方互认学分。考核完成后方可以获得中外双方颁发的学位证书，优等生可以直接申请进入合作方院校攻读更高级别的学位。

2+2 模式。合作项目的学生在中国学习了头两年，聘请合作方院校的教师来华担任部分课程的教学，使用合作方教材，并按照合作方的教学模式开展教学和考试，让学生出国之前就可以提前熟悉到国外教育机构的理念和教学方法。后两年，学生到国外合作方的教育机构进行学习，双方互认学分，学生按照要求完成教学计划要求的课程学习，完成论文和答辩后可以获得中外双方颁发的学位证书。合作双方建立管理团队，共同管理及时沟通，确保教学质量。优等生可以直接到合作方教育机构继续学习攻读更高的学位。

4+1 模式。合作项目实施并引进外国先进的教育资源。学生在国内就读 4 年，国外合作方教育机构负责所有课程 30%的教学工作，使用合作方教材并选派优秀的教师来华进行教学。双方建立管理团队，共同管理，及时沟通，保证合作办学的教学质量。在国内学习期间，学生可以完成教学计划所要求的课程，再赴外方进行一年的学习并完成论文和答辩后可以获得中方的学位证书和外国合作方的写实性结业证书，优等生可以直接在合作方进行更高学位的攻读。

3+1+x 模式。该项目的学生在中国进行前三年的学习，在第 4 年将国外教育机构的课程、教材和教学计划植入进来。之后将学生派送到国外合作方教育机构继续学习，完成论文和答辩，双方互认学分。学生便可获得中外双方颁发的学位证书和合作院校的硕士学位。实现国际合作的本硕联读。

上述中外合作办学模式均为分段式教育模式，极大地丰富了我国高等教育的办学的形式。合作办学加快了我国教育教学改革的步伐，促进了我国教育的国际化，近年来看已具有显著的成效。

三、当前我国独立学院在开展国际交流与中外合作办学的局限性

在合作办学项目的实施过程中，学生由国内向国外的单向输送趋势是显而易见的，缺乏实际意义的双向互动合作。然而，当前国内许多独立学院将合作项目的主要工作重心放到将学生引荐到国外的高校进行短期的交流和学习，也就是常见的游学，对合作方院校没有进行真正意义上的深入沟通和了解。因此，在不同级别和层次的中外合作项目的实施进程中，为

学生制定一套切实可行的培养方案是十分必要的。

合作办学的办学水平难以保证和评估。目前，中外合作办学尚未有教学质量评估体系，其中最直接的表现是在国内外开展合作教学评估时，没有传统的评估体系作为标准，无法监控教育教学质量，因此，中外合作办学在尚未有基本的质量监督体系来保证和约束的同时，也带来了发展的新问题。许多合作办学在发展中存在着很多短板，如水平重复，缺少特色，规模小等现象很普遍。这些问题的出现制约了合作办学质量的提高。在这种前提下，只有真正突破教育教学质量的问题对国际交流与合作办学所带来的影响，才是未来发展的重中之重。

不同的教育教学模式、不同国家的教育环境、教育理念也给合作办学的教学和管理带来了困难。每个国家的国情和高等教育的发展是不同的，学生的需求也会有所不同，这将对高等教育合作办学的教学质量产生很大的影响。因此，中外合作教育的实施应具备高度的灵活性。同时，我国独立学院的办学水平和学生素质有很大差异，校园环境和办学理念也不尽相同，这些都局限了中外合作办学的健康发展。

四、结语

独立学院作为高等教育事业的重要组成部分，正经历着从参与到逐渐发挥重要角色的过程，国际交流与合作实现国际教育资源的互补，充分利用本国和他国的教育教学资源，进行优化配置，在办学上联合打造强势专业，发挥其最大优势，从而推进全国高等教育的国际化。

参考文献

[1] 涂和平，韩菲．教育国际化与中外合作办学研究［J］．中国电力教育，2010（18）：4-6.

[2] 赵彦志．中外合作办学：治理与发展［M］．大连：东北财经大学出版社，2010.

[3] 张希胜，黄自萍，王从．独立学院开展国际交流与合作办学研究[J]．邯郸学院学报，2010（3）：98-101.

[4] 程良龙．中外合作办学历史·政策·现状［M］．北京：北京交通大学出版社，2014.

[5] 吴坚．当代高等教育国际化发展［M］．北京：人民出版社，2009.

对提升贵州独立学院毕业生能力的思考*

张皓云　杨郑**

（贵州民族大学人文科技学院，贵州贵阳　550025）

摘　要：为了解贵州企业对独立学院毕业生的能力需求如何，在 2015 年 9 月至 2017 年 6 月，我们对 71 家用人单位进行了问卷调查。调查结果显示，越来越多的企业更希望聘用本科及以上的高学历人才，而高学历人才当中的应用型人才是企业青睐的。企业在招聘时比较看重毕业生的职业道德、学习能力、创新能力和团队协作能力等综合素质。因此，独立学院应当结合学生的特点，加强对学生择业观和人生观教育，培养学生的职业道德素养，提升学生的专业技能和综合素质，采取有效的合作方式，拓宽校企合作空间，努力提高独立学院毕业生的就业率和就业质量。

关键词：贵州独立学院；毕业生能力；提升

随着大学生的就业竞争越来越激烈，就业的压力也越来越大。作为新机制独立学院的毕业生，所面临的挑战比传统本科院校要严峻。贵州目前

---

* ［基金项目］贵州民族大学人文科技学院科研基金资助项目［编号：16rwjs019］。

** 张皓云（1985—），女，穿青人，贵州纳雍人，贵州民族大学人文科技学院讲师。
杨郑（1989—），男，仡佬族，贵州大方人，贵州民族大学人文科技学院助教。

共有 8 所独立学院，独立学院作为一种高等教育办学体制改革的新模式，其培养的学生既有当代大学生的共性，又有比较鲜明的个性。进入企业工作是大学毕业生就业途径中较为灵活的一种就业方式，同时企业也是用人需求较大，就业人数较多的地方。根据往年贵州高校毕业生的流向数据显示，毕业生在贵州本省就业所占比率较大。社会各界及贵州的独立学院，都比较关注贵州企业对各高校毕业生，尤其是独立学院的毕业生的能力需求情况。为了了解贵州企业对独立学院毕业生主要需求是什么？了解独立学院所培养的应用型、学术型和综合型人才哪个更容易受到企业的录用？企业在招聘时最看重独立学院毕业生哪些方面的能力？以及企业最希望学校在学生哪些方面加大培养力度？从 2015 年 9 月至 2017 年 6 月，我们对贵州企业关于独立学院毕业生能力的需求情况进行了调查研究，调查的结果可以帮助我们了解企业对人才的需求，拓宽学校与企业合作的空间，提升学校毕业生的就业竞争力，促进毕业生充分就业。

一、贵州企业对独立学院毕业生能力需求的基本情况

（一）用人单位的基本情况

从 2015 年 9 月至 2017 年 6 月，我们对 71 家用人单位发放了调查问卷，本次调查采取的是随机问卷调查的方式，回收 71 份，有效问卷 71 份。在参与问卷调查的 71 家用人单位中，大多为民营/私营/个体企业，同时也有少量的国有企业和合资企业；参与调查的用人单位所属行业分布较多的为信息传输、批发和零售业、制造业、教育、文化、软件和信息技术服务业、房地产业、金融业、住宿和餐饮业、体育和娱乐业等；在用人单位的规模方面，500 人以上的占总数的 36.7%，规模为 100—499 人的单位最多，共 29 家，占总数的 40.8%；在提供的工资待遇水平方面，用人单位提供的工资待遇，在当地的水平大多是中等偏上。总的来说，这次调查的用人单位主要为企业，仅有一家为事业单位，在各类行业均有所分布，规模在 100 人以上的企业占 77.5%，企业所提供的工资待遇中等偏上到高档

的占70%以上[①]。由此可以看到，我们这次调查的用人单位从行业分布、规模和提供的工资待遇方面都具有一定的代表性。

（二）用人单位（主要为企业）对毕业生的基本需求

关于企业对毕业生的学历需求，相关的数据显示：随着社会的进步与发展，越来越多的企业要求应聘者具有本科以上的学历，这给独立院校带来了新的机遇和挑战。在对人才类型的需求方面，80%以上的企业需要应用型人才。在对专业的需求方面，管理类、经济类、电子信息类、计算机类、语言类专业的毕业生比较受用人单位青睐。

（三）招聘时对毕业生各方面能力的重视程度

相关数据显示，企业在招聘毕业生时非常看重以下因素：综合素质、职业道德、学习和创新能力、工作效率及质量、团队协作能力、人际沟通能力及发展潜力。

总的来说，通过问卷调查的结果发现，越来越多的企业要求本科以上的高学历人才；企业主要需要应用型人才；管理类、经济类、电子信息类、计算机类、语言类专业较受企业青睐。企业在招聘毕业生时，非常看重毕业生的职业道德、学习和创新能力、工作效率及质量、团队协作能力、人际沟通能力及发展潜力等综合素质。同时，企业希望学校能在学生综合素质、学习和创新能力等方面加大培养力度[②]。

二、贵州独立学院毕业生能力存在的问题

众所周知，独立学院是指实施本科以上学历教育的普通高等学校与国家机构以外的社会组织或者个人合作，利用非国家财政性经费举办的实施本科学历教育的高等学校。在高等教育的发展和人才培养中，独立学院发

① 数据来源：课题前期成果《关于贵州企业对独立学院毕业生能力需求的调查报告》。
② 数据来源：课题前期成果《关于贵州企业对独立学院毕业生能力需求的调查报告》。

挥了重要的作用。贵州共有 8 所独立学院，作为高等教育办学体制改革的新模式，其学生有一定的特殊性。总体来说，贵州独立学院毕业生能力存在的问题主要表现在：

（一）专业技能不扎实，社会认同度较低

独立学院依托母体学校，依靠母体学校的优质资源，在专业设置方面，大多借鉴母体学校的专业学科。因此，导致专业特色不明显。随着社会的发展，人才市场对知识的广度和深度有了更高的要求。企业主要需要高学历的应用型人才，要求较高的专业素质。独立学院的学生专业素质总体偏低、专业技能不扎实，与公办高校的学生相比，在市场上竞争力较弱，没有明显优势。

贵州的独立学院普遍成立于 2001 年之后，办学时间较短，社会认同度偏低，社会的知名度不如传统的公办本科学校。毕业生在求职过程中，用人单位也常有偏见，认为作为独立学院的三本毕业生，其能力不如一本二本的毕业生。这样的认知偏见给独立学院的学生就业带来了巨大的压力。

（二）文化基础薄弱，综合实力较差

独立学院办学机制灵活，费用较高，师资力量相对薄弱，其特殊性决定了其录取分数低于普通本科的录取分数，生源质量相对偏低，学生文化基础较薄弱。独立学院的学生大多是高考中的差等生，存在自制力较差、上进心缺乏、生活自理能力差、学习目标不明确等特点。学生对于毕业的文凭还有较强的自卑感，这导致在专业知识掌握程度、学习和创新能力、团队协作能力、人际沟通能力等方面较弱，综合实力较弱。

（三）需要更高的就业指导服务水平

近年来，贵州独立学院不断地发展，在人才培养和就业服务方面有一定的举措与成效。但由于受到理论水平、师资力量及校方投入等方面的影响，各独立学院的大学生职业发展、就业指导等课程建设比较薄弱；就业指导的质量与效果差强人意，就业指导服务水平有待进一步的提升。

（四）实践能力不强

由于我国教育教学的重应试教育模式，整体素质教育没有得到重视，使得部分大学生眼高手低，只说不做，实践能力弱。在人才培养过程中，独立学院常以讲授理论知识为主，实践教学环节薄弱。同时，由于经费、师资等方面的限制，实践教学的软硬件设施欠缺，实践教学的需求难以得到满足。学校对学生实习实训的过程和效果不够重视，校外实习、实训基地的建设还不够成熟。再者，贵州独立学院对学生的学习评价体系依然把考试分数放在首位，从而忽视对学生实践能力的培养，导致学生的大部分时间和精力都花在了应付考试上，很大程度上制约了学生创新能力、实践能力的发展。

（五）职业生涯规划不明确

良好的职业生涯规划对于大学生能力的培养及未来的发展有着重要的意义。大多独立学院的学生没有明确的职业生涯规划，没有树立正确的职业意识，职业方向不清晰，职业价值观模糊，职业生涯目标不明确。

独立学院学生由于生活、工作经验欠缺，不能客观地看待自己的优势和劣势，常常有过高的就业期望，“眼高手低”是现在大学生的常态，毕业生在求职过程中遇到困难和挫折时，容易因为心理承受能力较差而产生心理障碍。在择业方面，毕业生的就业意识还未转变过来，大多数毕业生在激烈的就业竞争中往往随波逐流，倾向于选择报考“铁饭碗”如公务员、事业单位的职位。而在企业就业的意愿较低，或者是不能稳定地在企业工作，流动性大。

（六）创新创业意识不强

大学生创新创业教育日益成为高校职业发展教育和人才培养的热点议题。由于理论、实践经验缺乏，尤其是师资力量的严重不足，国内创新创业教育整体仍处于初期探索阶段。同时，创新创业的门槛较高，虽然有各种扶持政策，但由于毕业生对目标的把握不是太准确，以及经验少等各方面的原因，导致创业的成功率不是太高。

大部分毕业生受传统思想的影响，比较偏向于选择稳定的职业；随着生活水平的提高，这一代大学生普遍吃苦较少，抗挫折的能力较差；大部分学生不敢创新创业，害怕创业失败，缺乏创新创业意识。

三、提升贵州独立学院毕业生能力的对策建议

独立学院毕业生就业问题受各种因素影响，其中政府的宏观调控、经济的发展、用人单位的需求，以及高校的招生、专业设置与培养方式、大学生自身的素质是大学生就业问题的主要影响因素。当前，贵州独立学院毕业生能力存在不足。如何提升贵州独立学院毕业生综合能力，从而帮助和促进毕业生实现充分就业，可以从以下几个方面思考对策：

（一）深化人才培养模式改革

高等教育质量中的核心是要提高人才培养的质量，人才培养始终是大学的根本任务和首要职责。高等教育的发展必须树立科学的办学观和质量观，坚持优化结构、稳定规模、强化特色、健全保障，坚持以质量提升为核心的发展道路。独立学院应结合毕业生的就业情况和就业质量的反馈信息，以及各类毕业生的特点；进一步深化人才培养模式改革，促进学生全面发展。全面提高学生的能力、知识及个人素养；深入了解社会需求，尤其是在招生和专业设置上以社会和市场需要为参照基准，合理调整招生计划和专业设置，使人才培养能够更好地适应经济和社会的发展。

（二）巩固基础能力，增强综合素质

独立学院需根据毕业生的特点，合理安排教育教学。在进行专业知识传授的同时，加强对毕业生的世界观、人生观、价值观的教育，实施个性化的就业指导和服务，帮助学生学好专业知识，拥有过硬的专业素质。同时鼓励学生根据自己的能力、兴趣和爱好，扩大自己的知识面，加强自己各方面的能力培养。通过加强对大学生综合素质的培养，提高他们的职业

素养和专业技能，增强就业竞争能力。

（三）提升就业指导服务水平

就业指导服务工作是提高学生就业率的关键。独立学院应关注学生全面和谐发展，以促进学生健康成长为宗旨。不断深化教育教学改革，积极提升就业指导和服务水平，适应新时代的要求。

1. 关注国家项目，积极引导和鼓励毕业生面向基层就业工作，将其作为就业指导工作以及学生思想政治工作的重点。根据贵州独立学院的实际情况，积极实施国家、贵州省促进高校毕业生就业的专项计划。

2. 积极拓宽毕业生就业渠道。第一，组织毕业生参加招聘会，校园招聘活动常态化。独立学院就业部门应当积极主动与用人单位沟通联系，为毕业生和用人单位牵线搭桥，拓宽毕业生就业渠道。举办大型校园招聘会，使校园招聘活动常态化。第二，全面掌握和深入研究国家有关毕业生就业、创业扶持政策，真正做到政策用足用活。第三，深入周边企业和公司，积极做好就业需求调查，及时为毕业生提供就业信息，引导毕业生面向中小企业充分就业。

3. 加强就业工作信息化建设，提升就业服务水平。随着信息技术的发展与普及，网络逐步取代传统的方式，成为高校毕业生就业指导服务工作中的重要载体和交流平台。独立学院应充分利用新时代的信息技术，加强就业部门与毕业生、毕业生与就业部门、企业与毕业生、学校与企业的联系；多方式、多渠道进行就业信息发布，提高就业信息的及时性、时效性及利用率。

4. 加强师资队伍的建设。高素质教师队伍的建设是提高教学质量的重要保证。独立学院应加强师资队伍的建设，注重提升教师队伍整体水平，努力建设一支师德高尚、结构合理、业务精湛的高素质专业化教师队伍。

（四）实践教学

毕业生在求职过程中，用人单位要求有一定的实践经验。独立学院应根据各专业自身特点，加大实践教学的比例，构建以能力为本位，突出学生动手能力、创新能力、解决实际问题能力、团队合作能力的实践教学体系，使毕业生真正能学以致用。同时，可结合专业特点，与各类企事业单位建立长期合作关系，搭建学生就业实习平台。

（五）职业生涯规划

从学校的层面来说，独立学院从学生入学开始，就开始开展职业发展教育，包括完善自我认识、开展生涯规划与实践、进行职业教育与职业探索等内容，帮助学生在校期间做好自我认定和生涯规划，不断积累与就业相关的工作经历和经验。同时加强对学生心理素质的指导和毕业生思想教育，提高学生的自我调节能力和心理承受能力，引导学生转变就业观念，树立“先就业，再择业”的思想。

从学生自身来说，必须树立正确的职业意识，明确职业方向，制定和落实个人职业生涯发展规划；客观地分析自己的优势和不足，理性地制定个人未来的目标；自律、自信，勇于面对失败，积极迎接社会的挑战。

（六）创新创业意识

创业是毕业生就业的重要途径之一。近年来，有关部门出台了鼓励高校毕业生创新创业的相关政策，为毕业生创新创业提供了一定的条件和保障。同时，企业在招聘毕业生时，非常看重学习和创新能力等因素。因此，独立学院要加强学生创新创业教育：对在校生开设创业指导课，培养创新创业意识和能力，提高毕业生就业创业能力；积极搭建各种平台，鼓励学生积极探索，广泛开展创新创业。

总的来说，提升大学生能力、促进毕业生充分就业，需要社会、学校和学生多方面共同努力。独立学院要从实际出发，以市场为导向，改革人才培养模式，提高学生综合能力，加强校企合作。用人单位应客观对待毕业生群体，着力于大学生就业能力的开发，避免就业偏见。学生需要掌握扎实的专业技能，努力提高自我调节能力和心理承受能力，转变就业观念，勇于创新创业，尽可能地参与实践，提高自己的综合能力。只有多方面、多层次的共同努力，才能有效地提升毕业生就业竞争力，促进独立学院更好的发展。

参考文献

[1] 庄小将，吴波虹．企业需求视角下高职毕业生就业能力结构实证研究［J］．职业技术教育，2013（25）．

[2] 郭欣，陈跃华．高校人才培养视角下大学生就业能力结构的实证分析［J］．中国大学生就业，2018（4）．

[3] 曾湘泉，李晓曼．破解结构矛盾 推动就业质量提升［J］．中国高等教育，2013（Z2）．

[4] 王霆，曾湘泉．高校毕业生结构性失业原因及对策研究［J］．教育与经济，2009（01）．

[5] 冯惠敏，熊淦，刘彦军．大学生就业能力提升研究——以 W 大学为例［J］．领导科学论坛，2017（19）．

[6] 郭欣．中国当代大学生就业能力培养研究［D］．吉林大学，2017．

[7] 金昕．当代大学生就业能力结构及其现状的实证研究［J］．东北师大学报（哲学），2012（6）：237-240．

[8] 陈云．论独立学院毕业生就业问题［EB/OL］．https：//www.xzbu．com/2/view-6442826.html．

关于新媒体时代大学生党建工作的思考

严飞飞　崔慧慧*

（黔南民族幼儿师范高等专科学校，贵州黔南　558000）

摘　要：信息技术的快速发展，以及与各行业的深度融合，新媒体已成为人类社会工作生活的不可或缺的组成部分，它具有传播速度即时化、传播主体多元化、传播对象精准化和传播内容失真化等主要特征。新媒体逐渐生活化、普遍化的同时为学生党建工作带来挑战和机遇。在新媒体大背景下，大学生党建工作必须从改革工作理念、优化党建队伍、创新教育形式、完善考核评价等方面着手，探索符合学生成长规律和新媒体传播文化的党建工作机制，不断提高党建工作实效，努力培养担当民族复兴大任的时代新人。

关键词：新媒体；大学生；党建工作

随着近年来信息技术的迅猛发展，智能手机、平板电脑等数码产品已

---

* 严飞飞（1987—），男，汉族，陕西宝鸡人，黔南民族幼儿师范高等专科学校思想政治理论课教师，助教，研究方向：马克思主义理论与思想政治教育研究。

崔慧慧（1988—），女，汉族，河南商丘人，黔南民族幼儿师范高等专科学校心理学教师，讲师，研究方向：认知发展。

“飞入寻常百姓家”，新媒体逐步渗透到人类日常生活的各个方面。新媒体的发展对于大学生党建工作的影响也正在同时发生着，既有机遇又有挑战。高校党组织作为党的基层战斗堡垒，必须顺应时代发展、迎接新的考验，在熟悉大学生和新媒体的主要特征和发展趋势后，合理利用新媒体打造大学生党建工作新阵地，“自觉承担起举旗帜、聚民心、育新人、兴文化、展形象的使命任务”[1]。

一、新媒体的主要特征

新媒体是相对于传统媒体而言，它是以数字存储、加工、运输（或传播）为基础，以网络技术为依托，以（平板）电脑、智能手机为载体的新型数字媒体形式。相对于传统媒体它具有以下特征：

（一）传播速度即时化

传统媒体（如报纸、杂志、广播、电视等）其主要由相关单位和部门层层把关、按部就班的传递信息和推送广告，甚至限制其内容和形式。其中传播速度最快的当属电视直播赛事、重要节日和重大事件。信息化技术的不断发展，智能手机、电脑和其他移动终端得到广泛普及和应用，这为信息传播提供了便捷，突破了传统媒体时间和地域的限制，不仅可以随时随地发布（推送）新闻、不断更新，而且也可以随时随地浏览新闻和赛事，关注和跟踪自己感兴趣的事，了解最新进展。另外，新媒体的出现也涌现出了网络大 V 和朋友圈以及各种各样的贴吧、论坛、新闻 APP 和客户端，这使得信息接收更加多元，加快了信息传播速度。至此，信息资讯的发布和接收不再受时间、地点限制。在可以期待的 5G 时代，以新媒体为载体的信息传播将更快捷。

（二）传播主体多元化

传统媒体传播主体单一，主要是报纸、杂志、广播和电视等，处于强势地位的传统媒体不仅具有权威性，而且具有极强的垄断性，一般都是以固定的模式和周期单向的传播，受众群体被动接受。随着新媒体的不断发展，手机等智能设备使得传播主体走向多元，每个人都可以成为信息资讯发布者，原有的单向传播模式被打破，传播主体与受众群体之间的距离逐渐模糊，甚至消失。在如今信息化不断发展的今天，人们不仅是信息的接受者，而且经常扮演信息的传递者和制造者的角色，这使得信息传播主体变得多元化。

（三）传播对象精准化

传统媒体信息传播具有广撒网的特征，例如，商家在电视、广播和杂志上投放的广告，受众面非常广，其效果却很差。相比传统媒体新媒体的信息传播更加精准，效果更加突出。一方面通过电脑和智能手机人们选择订阅自己感兴趣的公众号和板块或领域，第一时间跟踪和获取信息；另一方面，广告公司和商家通过用户个人账户信息和浏览记录，为每个人精准推送类似资讯，即实现广告推送符合用户个人偏好。例如，在天猫商城搜索购买帮宝适尿不湿，再次登录天猫商城时网页会自动推送不同品牌的尿不湿和婴幼儿必需品。新媒体不仅根据内容对信息分类实现个性化服务，而且通过大数据为每一个新媒体人“画像”，使得信息传播更加精准，传播效果最大化。

（四）传播内容失真化

传统媒体由于其运行机制和责任风险，以及层层把关，其内容具有权威性。然而新媒体中传播的信息资讯，其真实性需要认真鉴别。现今生活中人们最常用的新媒体工具有微博、微信、博客、QQ、论坛等。个人通过自己的客户端可以随时随地发布诸如位置、状态、心情和所见所闻等各种信息资讯，同时由于互联网的虚拟性，使用者可以自由表达自己的观点，发布消息，转发资讯，可以就自己关心的话题留言、发帖、评论、投票。互联网匿名登录的特性旨在保护用户的隐私，最大程度地实现言论自由，但这也客观上导致虚假新闻和诈骗信息的泛滥。因此，新媒体所传播的信息真实性需要仔细甄别。

二、新媒体时代大学生党建工作面临的机遇与挑战

唯物辩证法告诉我们看待事物需要一分为二，新媒体作为数字信息技术发展的新兴产物，在受到广大青年人的热爱和追捧的同时也需要一分为二辨证地看待。新媒体在为大学生党建工作带来生机和活力的同时，也带来严重挑战。

（一）新媒体时代大学生党建工作面临的机遇

1. 党建工作突破时空限制

传统的党建工作一般是在固定场所开展相应的活动，教育方式和组织生活方式都比较固定和受限制，而新媒体突破了时空限制，其信息传播方式有别于传统媒体。它可以以文字、图片、视频、音频等多种形式向学生传递党和国家最新最前沿的科学理论，学生也可随时随地第一时间获得信息资讯，了解社会的发展变化。例如应用微博、微信、QQ 公众号等推送短小精悍的文章和视频，既具有针对性，又符合青年学生的行为方式。资源获得认可时，可以轻而易举地获得学生的转发传播，更广泛地宣传党的思想和相关教育内容。

2. 党组织活动参与性增强

传统的学生党建工作以党校培训、党日活动、文件精神学习为主，活动虽多，但由上而下、更具官方化、公式化，缺乏灵活性和互动性，广大学生党员仍是被动接受教育。新媒体具有即时性和互动性，一方面，新媒体符合当代大学生的生活方式，能够在学生中得到认可和快速传播，增强大学生参与党建活动的积极性和主动性、拓展学生党建教育形式。另一方面，新媒体的快速有效的连接了信息发送者与受众群体，信息在新媒体平台的快速传播和评论，不仅可以使广大学生不断学习理论知识、形成正确的认识，同时也可以发表个人观点，提出意见建议，有利于党务工作者及时了解学生的思想动态，有针对性地进行思想政治教育和改进党建工作，增强大学生党建教育实效。

3. 党建工作服务理念转变

传统的党建工作以落实党中央和上级政策为主。近年来随着党员管理系统和专业网站的开发使用已为党建工作提供了便利，但其目的仅限于统计和管理，其服务性欠缺。新媒体在大学生党建工作领域的应用，可以将党中央最新的相关规定第一时间传递给广大学生党员，极大提升了信息传递效率。同时新媒体可以开设例如反腐倡廉、模范先进、意见建议、文件下载等相关专栏，这无形中增加了透明度，也为广大学生提供了解、学习继而确立为共产主义事业奋斗终身的便捷通道，使广大学生感觉到组织就在身边，形成有问题找组织的行为习惯。此外，新媒体还可以通过“一事一办，一事一评”来监督党建工作者不断改进工作作风，从源头上转变党建工作理念。

（二）新媒体时代大学生党建工作面临的挑战

1. 一元化指导思想受到冲击

由于新媒体其准入制度比较宽松和其匿名特点，造成其信息资讯来源广泛，真实性难以得到保证。这些信息对大学生的思想认识形成了一定的误导，特别是年轻党员更是产生诸多疑惑，为党员的教育管理带来了一定的困难。

一方面是国内近年来一些歪曲国史、党史、革命史的言论时有出现，一些对邱少云、黄继光和雷锋等历史人物和先进事迹、对计划生育（独生子女）基本国策的质疑也迅速在网络上传播，一些不明真相的网民不加思考、不予考证的情况下便随手转发，这些颠覆大众观念的观点造成广大网民的思想混乱，甚至有部分大学生党员也在转发行列。如果既没有有效遏制虚假信息的传播，又没有坚定的信念和有效的甄别，长此以往理想信念动摇、必将成为垮掉的一代。另一方面，以美国为主的资本主义国家在意识形态方面的西化从未停止过。无论是影视文化还是饮食文化都在潜移默化中影响中青年人价值观的形成。社会中还存在着一批被他国情报部门收买和培养的网络大 V 和学术大牛，这种一呼百应的人渣通过在网络上宣扬西方的自由、平等、博爱思想，鼓吹三权分立，贬低社会主义核心价值观，诋毁“一府两院一委”的制度，对国家反腐成果和建设成就发表有悖于事实的奇谈怪论，跟着西方媒体唱衰中国共产党的执政基础和宣扬中国“威胁”论，制造不和谐因素。

国内外的各种评头论足通过新媒体汇聚到了学生的手机里，影响了他们的认识和判断，造成了他们是非标准的模糊，动摇了部分人的政治信念，正在逐渐侵蚀着党组织的肌体，必须引起党组织和党务工作者的高度重视。

2. 社会主流价值观受到挑战

在校大学生正处于人生观、世界观和价值观形成的重要时期。而新媒体的多元主体性和便利性为网民营造了更为广阔的言论空间。多元主体的存在使每个人成为“主角”，客观上造成以往官方言论的权威性下降。由于新媒体属于新兴事物，涉及面广，监管难度大，其平台中所传播的信息良莠不齐，不仅有贪污腐败案件、虐待老人儿童、贫富差距过大的社会现实矛盾等现象，而且充斥着炫富、色情、暴力、诈骗等信息。这些都与课程教学和党课培训内容相左，严重影响着意志不够坚定、辨别能力欠缺的大学生的价值观形成。

3. 党员教育面临改革创新

大学生党建工作一般模式为学校党委、学院党委（总支）、党支部（党小组）三级管理体系，党建工作基本由教师党员或辅导员兼职，组织活动主要以集中学习、观看影片和参观红色革命基地为主，学生党员选拔主要以专业课成绩、班干经历、遵纪守法，以及人际关系等为主，党员培养学习仅仅停留在入党培训期间。这使得积极分子、预备党员和党员群体的后期培养学习被忽视，而党员培养和学习应该是一个持续不断的过程。大数据时代为大学生党建提供了必要的支持，可以实现全程化教育和过程性考核，使原有主观性较强、难以把握的培养和学习应用大数据进行量化。

三、新媒体时代改善大学生党建工作的举措

（一）改革工作理念，占领舆论阵地

大学生党建工作者必须客观看待新媒体，做到为我所用。新媒体有利

有弊，我们必须善于捕捉和利用其传播速度快、受众面广、易于接受等特点迅速占领网络阵地，“以坚定的理想信念筑牢精神之基，坚定对马克思主义的信仰，对社会主义和共产主义的信念，对中国特色社会主义道路、理论、制度、文化的自信”[2]。

近年来普世价值观、新自由主义论、历史虚无主义等思潮沉渣泛起，开始渗入网络，侵蚀青年人的思想与意志，冲击着主流意识形态。大学生党建工作要占领并引领舆论阵地，就必须坚持虚实共进、疏堵结合、攻防并举的策略，倡导主流意识形态。一方面必须以马克思主义思想为指导，树立马克思主义占领网络阵地的理念，共同推进以新媒体为主的虚拟空间和现实空间的大学生党建工作。同时利用最受大学生青睐的微博、微信、贴吧和论坛等新媒体阵地，拓展习近平新时代中国特色社会主义思想和党的十九大核心内容的覆盖面，以新媒体的感染力促进大学生对马克思主义、中国共产党和中国特色社会主义，以及改革开放40年来中国社会发展取得的成就的认同。另一方面，通过新媒体及时回复和评论学生留言、了解大学生思想动态，对过激言论和思想给予针对性的引导教育，减少负面价值观和思想对于网络环境的干扰和破坏。

大学生党建工作者必须树立服务理念。中国共产党的根本宗旨是全心全意为人民服务，大学的主体与重点在于大学生。因此，大学生党建必须确立以学生为中心的理念。

传统的大学生党建工作主要以发展和培养党员为主，重在统计和管理，而缺乏服务意识。改进大学生党建工作理念，必须将服务放在首位。一方面，在思想上将服务放在首位，凡涉及党组织和广大党员的工作，必须在坚持党纪国法的前提下从全局考虑、统筹规划、拒绝政治命令等行政手段，营造平等参与、自由探讨的组织生活氛围，保障党员正当权利，将工作和组织生活透明化，激发党员同志参与组织活动的积极性和主动性，一改以往被动接受管理、组织生活流于形式的状况。另一方面，在行动上将服务放在首位。中国共产党章程第三十二条规定：“党的基层组织是党在社会基层组织中的战斗堡垒，是党的全部工作和战斗力的基础”[3]。高校党组织要发挥作用，必须理清党组织内部关系，正视领导、党员和群众之间的矛盾，构建党组织成员之间、上下级之间、学生党员与群众之间健康纯洁的关系。同时，党组织必须将工作开展到党员群众中，形成有效的群众路线运行机制，创造组织、领导与党员群众紧密联系的局面，真正做到“从群众中来，到群众中去”。

（二）优化党建队伍，提升工作能力

古语有云：“兵马未动，粮草先行”。新媒体时代，高校党组织和宣传部门要主动抢占网络思想政治教育阵地，必须培养一支又红又专的现代化大学生党建工作队伍。

首先，要把好领导关，精选党支部书记。正所谓“兵熊熊一个；将熊熊一窝”，作为重要的组织领导，学校党委必须选拔配备具有过硬的政治素养、精通业务能力、作风正派、责任心强、勇于担当、甘于奉献的同志担任党支部书记。其次，各党支部必须精心选拔既熟悉学生党建工作，又精通新媒体传播规律和洞悉网络文化特点的优秀教师加入学生党建工作队伍。最后，必须建立定期培训机制和科学的选拔、淘汰机制，并给予充足的经费保障，实现大学生党建工作队伍的可持续发展，保证大学生党建队伍拥有旺盛的活力和最强的战斗力。此外，还需要充分发挥辅导员和学生党员的作用。辅导员与学生接触最多，最了解学生学习情况、思想动态，学生党员更是来源于学生群体，利用学生党员的身份和辅导员一起为党建工作奠定基础。一方面通过他们了解和洞察学生思想动态、关注学生发展趋势，给予适当引导和反馈；另一方面充分发挥他们在学生中的引领示范作用，做好表率。大学生党建队伍的优化建设是一个长期的系统化工程，必须高度重视、常抓不懈。

（三）创新教育形式，增强党建实效

习近平总书记在 2016 年 12 月全国高校思想政治工作会议的讲话中强调：“要运用新媒体新技术使工作活起来，推动思想政治工作传统优势同信息技术高度融合，增强时代感和吸引力”[4]。新媒体已逐渐成为商家乃至学生普遍热衷和追捧的事物，其日常使用频率和时长普遍高于其他物

品。所以，高校党建必须“两条腿走路”，既开展好现实中的学生党建工作，又利用新媒体创新党员培养、教育和管理的新形式，抓好虚拟空间学生党建工作，不断增强学生党建工作实效性。为此，必须从多方面入手。首先，延伸网络党建阵地，采取多种形式实现新媒体教育功能。例如建立学生党建QQ群、微信群等实现党和国家新理论、新政策、新举措的正面宣传，并就学生关注和疑惑的社会热点问题、突发事件进行互动交流，或建立学生党支部微博、微信公众号等宣传党的相关理论和模范先进事迹，发布党组织活动通报和开展普法宣传活动，等等。其次，丰富虚拟党支部建设，实现新媒体服务功能。开发自主点单式板块或专栏，如图书推荐、心理健康、专业发展、就业技能、校园生活等，分板块由专人负责搜集、整理，以图片、视频、音频等材料将思想性、知识性和趣味性融于一体，形成大学生最为青睐的新媒体内容。再次，创新组织生活方式，提升学生党员民主权利意识，不断增强党建实效性。新媒体已是大学生最易于接受和最活跃的“活动场所”，通过创造条件和机会，引导学生党员积极参与到党建工作中来，促进广大党员平等意识、权利意识和责任意识的觉醒，深刻认识民主集中制在组织生活中的重要性。

（四）完善考核评价，彰显公平公正

科学的考核评价体系不仅能够督促入党积极分子、预备党员的快速成长，促进老党员时刻保持先进性和模范性，而且还可以保证组织活动的正常进行和评奖评优评先进的公平公正。党员的培养、发展和教育不是一蹴而就就能成功的，而是一个长期而复杂的系统工程，这就要求大学生党组织必须做到考核评价体系具有针对性、科学性、系统性和可操作性。在发展党员过程中，既要重视党的相关理论知识掌握，又要通过便捷的新媒体广泛征求意见，了解该大学生在学习生活中的表现，剖析其入党动机的纯洁性。第二，在一般党员的教育培训中，应用新媒体的便捷性和数据记录特点，将教育学习进行到底，对其过程进行量化。第三，在党员评价中必须将虚拟组织生活和现实组织生活中的政治思想、履职尽责、发挥先锋作用、参加组织生活、自觉服务群众等方面综合考评。

参考文献

[1] [2] 习近平在全国宣传思想工作会议上强调举旗帜聚民心育新人兴文化展形象 更好完成新形势下宣传思想工作使命任务 [N]. 人民日报，2018-8-23 (01).

[3] 党的十九大文件汇编 [G]. 北京：党建读物出版社，2017-11.

[4] 习近平在全国高校思想政治工作会议上强调：把思想政治工作贯穿教育教学全过程 开创我国高等教育事业发展新局面 [N]. 人民日报，2016-12-29 (01).

贵州传统技艺类“非遗”进校园路径研究*

赵尔文达　王月月　姜华君**

（贵州民族大学人文科技学院，贵州贵阳　550025）

摘　要：贵州传统技艺类“非遗”经过多年“民族文化进校园”活动的探索与发展，取得了宝贵的“贵州经验”。文章通过对贵州传统技艺类“非遗”进校园过程中传承保护模式进行探究，提出在保护的基础上进行传承、转变各传承主体的思想观念、“双师型”师资队伍培养等解决路径。

关键词：传统技艺；非遗；传承；保护

传统技艺类的非物质文化遗产（以下简称“非遗”）是指有一定历史积淀手工技术与工艺的实践，包含了服饰、饮食、建筑、交通工具、生产生活器物等的手工制作技术，与人们的衣食住行用等方面息息相关。贵州省是少数民族人口大省，2010年第六次全国人口普查数据显示，贵州省少

---

* ［基金项目］人文科技学院2016年教师科研基金立项项目“民族民间工艺进校园理论与实践研究——以贵州民族大学人文科技学院苗绣研习班为例”（编号：rwjs016）研究成果。

** 赵尔文达（1991—），女，苗族，硕士，贵州民族大学人文科技学院讲师。
王月月（1989—），女，汉族，硕士，贵州民族大学人文科技学院讲师。
姜华君（1997—），女，苗族，贵州民族大学人文科技学院文化产业管理专业2016级学生。

数民族人口达1254万余人，约占全省总人口的36.11%。[1] 其中，主要有苗、布依、水、土家、仡佬、侗等17个世居少数民族，集中分布在黔南、黔东南、黔西南三个少数民族自治州，三都、松桃、玉屏、印江、务川、紫云等多个少数民族自治县，在历史长河中留下了绚烂丰富的民族文化资源。这些文化资源不仅是贵州民族文化精神内涵的体现，更是各民族个性魅力的文化标识。近年来，贵州省各级各类学校开展了不同形式的传统技艺类“非遗”进校园活动，在传统技艺类“非遗”可持续保护和传承方面取得了丰富而宝贵的“贵州经验”，同时也为贵州文化资源的利用和发展注入新的活力。

一、相关概念的界定

联合国教育科学及文化组织《保护非物质文化遗产公约》（中文版）对“非物质文化遗产”（以下简称“非遗”）的定义是：“被各群体、团体、有时为个人视为其文化遗产的各种实践、表演、表现形式、知识和技能及其有关的工具、实物、工艺品和文化场所。”[2]

而我国文化部（今文化和旅游部）公布的四批国家级非物质文化遗产名录中，将所有的“非遗”项目划分为十大类，分别是：民间文学类、传统音乐（民间音乐）类、传统舞蹈（民间舞蹈）类、传统戏剧、曲艺类、传统体育、游艺与杂技（杂技与竞技）类、传统美术（民间美术）类、传统技艺（传统手工技艺）类、传统医药类、民俗类。

文中探讨的“传统技艺类”，不局限于国家级或贵州省省级名录中的“传统（民间）技艺（手工技艺）类”非遗，还包含所有教授和传承内容为“技艺”的部分其他类别的“非遗”项目。如贵州省雷山县、花溪及剑河县的苗绣，三都水族自治县的水族马尾绣，均因其图样背后所蕴含的文化内涵和丰富多彩的色彩搭配等入选国家级第一批非物质文化遗产名录中民间美术类“非遗”，但贵州省各级各类学校将以上“非遗”项目引入校园，是将其传承人傍身的技艺作为学习的内容而开展的。

二、传统技艺类“非遗”项目进校园的“贵州经验”

（一）构建传承与创新传统技艺的政策体系

贵州省提出“高度重视贵州非物质文化遗产，在保护中发展，在发展中保护”的思想。为与国际保护和国家立法同步，保护贵州丰富的“非遗”资源，还通过一些地方性法规、政策，如2003年1月起施行的《贵州省民族民间文化保护条例》、2012年5月1日起施行的《贵州省非物质文化遗产保护条例》，以及2014年5月出台的《贵州省非物质文化遗产保护发展规划（2014—2020年）》等，将贵州省非物质文化遗产保护纳入法制化轨道。

为促进包括传统技艺类在内的民族民间文化在各级各类学校有效传承，贵州省实行了“民族文化进校园”工程。自2002年贵州省教育厅联合贵州省民委印发《关于在全省各级各类学校开展民族民间文化教育的实施意见》以来，2008年贵州省教育厅、民宗委发出《关于大力推进各级各类学校民族民间文化教育的意见》；2014年省教育厅、省文化厅、省民宗委联合印发《贵州省推进职业院校民族民间文化传承创新工作实施办法》（黔教民发〔2014〕331号）；2016年4月，贵州省民宗委、教育厅、文化厅联合印发《关于全面推进各级各类学校民族文化进校园工作的实施方案》；2015年12月，贵州省人民政府印发《关于贵州省加快发展民族教育实施方案的通知》黔府办函〔2015〕213号，以上一系列文件保障了贵州民族民间文化进校园工作的有组织、有计划地开展实施。

（二）实施“锦绣计划”，“传承”与“脱贫”相结合

贵州省将“传承传统技艺”与“脱贫致富”的两个目标相结合，2013年7月，贵州省政府下发了《关于实施妇女特色手工产业锦绣计划的意见》（以下简称“《意见》”），开启“锦绣计划”——让留守贫困妇女在继承优秀传统技艺的基础上实现“家门口”就业创业，脱贫致富。2016

年，贵州率先提出“文化助推脱贫”，出台并实施了《贵州省传统手工技艺助推脱贫培训计划（2016—2020年）》。贵州省各级妇联组织绣娘骨干进行培训，带动16万在农村地区的绣娘开展刺绣、蜡染培训，以期将“指尖绝技”转化为“指尖经济”，与此同时，绣娘们还纷纷走入校园，为这类“指尖技艺”寻求传承群体。如贵州民族大学人文科技学院开展苗绣研习班，邀请到黔东南苗族侗族自治州台江县苗绣传承人李春英老师作为授课老师，教授学员平绣、堆绣、绉绣等刺绣技法。

（三）全面提升各级各类民族教育水平

2016年，贵州省教育厅与贵州省民族宗教事务委员会联合启动“双百工程”，即在“十三五”期间，创建一批具有示范带动作用的民族特色建设中小学（幼儿园），打造一批民族教育教学名师，以带动民族地区教育的整体发展水平，使之全面提升。目前已公布三批“民族特色建设示范学校和百位民族教育教学名师”名单。此外，为鼓励各级各类学校积极开展包括“非遗”在内的民族民间文化传承活动，近年来公布了一批“贵州省民族文化进校园项目示范学校”“贵州省民族民间文化教育项目学校”“参与非物质文化遗产传承人群研习培训计划院校”等。目前，共有近5000所学校开展了民族文化进校园活动，各所学校开设了苗绣、剪纸与相关专业，如：美术、设计、文化产业管理等融合教学，有助于普及和推广“非遗”文化，从而确立其文化地位、唤醒学生对“非遗”的热爱。这些活动的开展让学生们不仅有效传承了民族文化，夯实了民族团结的思想基础，还丰富了校园文化生活，提高了学生素质，促进教育教学质量不断上升。

三、贵州传统技艺类“非遗”进校园存在的问题

贵州省民族文化资源相当丰富，传统技艺类“非遗”更是涉及人们衣、食、住、行等方方面面，在现已公布的四批国家级“非遗”名录中，贵州就有苗族蜡染技艺、苗寨吊脚楼营造技艺、苗族芦笙制作技艺、玉屏箫笛制作技艺、苗族银饰锻制技艺、茅台酒酿制技艺、皮纸制作技

艺、苗族织锦技艺、枫香印染技艺等项目入选。“非遗进校园”作为行之有效的传统技艺类“非遗”传承途径，如今仍然存在着不少尚待进一步改进和解决的问题。

（一）技艺及其传承人仍在不断减少

随着社会的发展，科技的不断进步，传统技艺的生存空间因机械化生产的逐步替代而不断压缩甚至消失。传统技艺制作出的产品因其本身属性所限，出现生产周期长、生产成本高、设计更新慢的特征，一定程度上很难跟上大众的品位和需求。贵州许多民族性、地域性较强的民族服装、民居建筑、交通工具、生活生产器皿正逐渐被大众化、普通化的服饰、民居、出行方式及生产生活工具所替代，相对应的传统技艺便逐渐被更迭和埋没。如今能够引进校园的传统技艺类“非遗”，更是仅存于世的优秀传统技艺中的少数部分。

传承人是传统技艺的载体，是整个传承技艺的核心，随着传统技艺市场的逐渐萎缩，传统技艺传承人的收入和生计也受到影响。因此，很多传承人放弃自己原有的技艺，选择前往外地务工。以国家级“非遗”传承人为例，在我国现已公布的五批国家级“非遗”传承人名单中，贵州省传统技艺类传承人仅有 22 位。[3] 从传承人数量上看，不占优势；从男女比例上看，在 22 位传承人中，男女比例为 19∶3，男女比例不够均衡；从整个传统技艺类“非遗”的传承现状看，传统技艺类传承人数量在不断地减少，传统技艺项目后继乏人的处境愈加明显。因其年龄偏大、语言交流等问题，如今能够引进校园的各级“非遗”传承人更是少之又少。

（二）国家教育绩效考核机制与“非遗”传承脱节

“非遗进校园”的深化发展始终受制于学校的升学率与我国实用主义的教育思想，在这样的教育体制下，“非遗进校园”就基础教育阶段的学校、教师、学生这三方而言，都并非是必不可少的内容，既不能影响学校升学率，也不能体现教师工作绩效成绩，更不能提高学生的升学分数。特别是在高中阶段，在迎接高考的强压下，能否进行“非遗”的传承和培训似乎并不重要，能够进行传统技艺类培训大多仅仅是点缀，锦上添花而已。基层政府及学校领导在面临现实中的诸多压力和困难的情况下，忙于完成诸多“硬任务”，很难将传统技艺类教育这样的“软任务”落到实处。

（三）未形成具体的考核标准

将传统技艺类“非遗”引进校园，对带动全体师生深刻认识中华优秀传统文化，培养民族认同感和自信心具有积极作用。但在具体实施的过程中，往往是为了完成任务而缺乏长远和整体的规划，人才培养模式、课程的目标、考核方式、考核标准、评价方法等内容均未形成体系，无法准确考量传统技艺类“非遗”进校园实施的力度和效果。因此，如何根据传统技艺类“非遗”的特性构建和制定出有效合理的传承指数及指标评价体系，也是目前存在且亟须解决的问题。

（四）部分“非遗”传承人存在教学的局限性

贵州省将“非遗”引进校园，“非遗”传承人作为教师对学生进行手把手教学。在教学过程中，传承人将自己精湛的手工技艺教给学生，但在很多情况下无法将传承的技艺中所蕴含的丰富文化内涵一一传达给学生，往往会出现学生“知其然而不知其所以然”的情况。再者，部分“非遗”传承人由于长期生活在比较封闭的原生态环境下，习惯运用方言或民族语言进行交流，这无疑在传承人和其他地区或其他民族的学生之间形成语言障碍，在这样的情况下，很多传承人选择闭口不言，沉默地演示性教学，很大程度上影响了传承效果。

四、贵州传统技艺类“非遗”进校园进一步推行的路径

传统技艺类“非遗”进校园，是在传统技艺类“非遗”传承、保护与民族文化教育互动关系的一种尝试，给二者都带来了发展机遇。“非遗进校园”经推行以来，因“非遗”本身“活态性”传承的特性，仍需不断

改进和推进。

（一）在保护的基础上传承

首先，是对各级各类“非遗”项目的保护。重视已被列入各级名录的传统技艺类“非遗”项目，发掘仍未被收录入各级名录的优秀传统技艺。利用数字化技术“可再现”的特性，对传统技艺的实际操作过程进行数据采集、储存，实现部分逐渐消失的传统技艺的永久性保存，使其成为可共享、可再生的文化资源。另外，还应注意传统技艺类“非遗”在民众日常生活中的生命力的延续以及其实际功能的凸显。对相关传统技艺类“非遗”进行适度、合理的变革、创新，使其在当今生活中发挥其自身的作用，体现自身的价值，才能体现传承的价值和意义。

其次，是对传承人的保护。传承人是整个传承过程的主体和核心，传承人的缺失或断层直接影响传承的可持续性。应在加大对传统技艺传承人的保护扶持力度的同时，以培养特长生的方式鼓励青少年积极主动承担起保护和传承传统技艺类“非遗”的责任，从而解决传承人队伍青黄不接、年龄断层的问题。

（二）转变各传承主体的思想观念

传统技艺类“非遗”进校园的宗旨在于，将优秀传统文化引入校园，从小培养保护传统文化的意识，把传承引向自觉，拓宽传承渠道，从而解决优秀传统文化的保护和传承问题。整个传承过程是需要传承各方积极参与，协同共进的过程。对于学校而言，应该有针对性地选择引入优秀传统文化，比如，传统技艺类“非遗”往往适用于中小学及职业院校，中小学阶段在于培养学生的兴趣爱好，而对于培养技术型人才的职业院校，应意识到传统技艺的生产特性和传承人的职业特性，选择与当地紧密相关的传统技艺类“非遗”，有的放矢地打造传统技艺特色专业；对于学生及其家长，则需要正视学习传统技艺类“非遗”的价值，在经济快速发展的今天，人们对精雕细琢的手工制品的喜爱更甚，对“工匠精神”更是追崇和敬佩。应鼓励孩子学习传统技艺，成为专攻某项传统技艺的巨匠。

（三）“双师型”师资队伍培养

“双师型”教师指的是既要具备一定的理论涵养，又具备实践操作能力的教师。结合普通教师实操性不强，传承人理论性欠缺的现状，应加强对传统技艺类“非遗”传承人的理论培训，如语言培训、文化修养、民族文化理论、“非遗”的内涵及其保护等；另外，组织具有民族文化基础专业的教师，如民族学、民俗学等专业教师进行传统技艺类“非遗”的学习，并掌握其实际操作。培养双师型师资进行传承活动，才能保证理论与实践并重，不仅使受众能学到传统技艺，更能体会到其中的文化内涵，真正意义上体现传承的效度。

小　结

学校教育起着储存、选择、传播、传承和创新文化的功能及作用，传统技艺类“非遗”走进校园，利用学校的文化功能不仅向学生，更向社会大众传播了传统技艺类“非遗”的文化价值。学校教育，利用学校教育的文化功能，为传统技艺类“非遗”的传承开辟了新的路径。随着国家对中华优秀传统文化的重视和大力弘扬，贵州传统技艺类“非遗”的教育之路也势必将向前迈进一大步，在这条教育之路上，还需政府、学校、教师、社会大众等各方协同共进。

参考文献

［1］数据来源于：国家统计局．贵州省 2010 年第六次人口普查主要数据公报［EB/OL］．http：//www. stats. gov. cn/tjsj/tjgb/rkpcgb/dfrkpcgb/201202/t20120228_ 30386. html.

［2］联合国教育科学及文化组织．保护非物质文化遗产公约（中文版）［R］．

［3］在前四批国家级“非遗”名录中，贵州省共有 12 位传统技艺类

“非遗”代表性项目传承人，此数据来源于：李任．贵州传统技艺类非物质文化遗产发展现状与思考［J］．长江师范学院学报，2017（02）；在文化和旅游部2018年5月18日公布的《关于公布第五批国家级非物质文化遗产代表性项目代表性传承人的通知》文旅非遗发〔2018〕8号文件中，贵州省共有10位传统技艺类“非遗”代表性项目传承人。由于在国家级“非遗”名录中，很多“非遗”项目例如“苗族刺绣”“苗族剪纸”等均因其特殊的图样及色彩被列入“传统美术”类“非遗”中，为避免争议，以上数据仅统计国家级“非遗”传承人名录中的传统技艺类。